全国房地产优秀案例3

中国房地产业协会　中国建设教育协会　房教中国
组织编写

周　滔　主　编
刘洪玉　张永岳　刘贵文　主　审

北京理工大学出版社
BEIJING INSTITUTE OF TECHNOLOGY PRESS

内 容 提 要

本书为高等学校房地产相关专业的系列教材，是一本在经济转型和行业转型背景下，对典型房地产企业创新实践进行系统梳理和总结，服务于房地产及其相关专业教学参考的辅助用书。本书聚焦企业的创新实践，收录了星河湾、融创、荣盛、建业、金茂、东原、远大住工、易居8家企业的案例，根据案例的特点分为人居、旅居、社群和创新4个板块。案例展示了相关企业在产业链拓展、社群营造、产品打造和创新赋能等方面的创新实践，可以使读者深入了解房地产企业的创新逻辑。

本书可以作为房地产类相关专业主干课程的教材或教学参考用书，也可以作为房地产从业人员的专业培训教材或辅导用书。

图书在版编目（CIP）数据

全国房地产优秀案例. 3 / 周滔主编.—北京：北京理工大学出版社，2021.9

ISBN 978-7-5763-0328-5

Ⅰ.①全… Ⅱ.①周… Ⅲ.①房地产开发－高等学校－教材 Ⅳ.①F293.34

中国版本图书馆CIP数据核字（2021）第182066号

出版发行／北京理工大学出版社有限责任公司
社　　址／北京市海淀区中关村南大街5号
邮　　编／100081
电　　话／（010）68914775（总编室）
　　　　　（010）82562903（教材售后服务热线）
　　　　　（010）68944723（其他图书服务热线）
网　　址／http://www.bitpress.com.cn
经　　销／全国各地新华书店
印　　刷／北京紫瑞利印刷有限公司
开　　本／787毫米×1092毫米　1/16
印　　张／17.5
字　　数／352千字
版　　次／2021年9月第1版　2021年9月第1次印刷
定　　价／56.00元

责任编辑／申玉琴
文案编辑／申玉琴
责任校对／周瑞红
责任印制／边心超

全国高校房地产专业案例教材
编审委员会名单

组织编写　中国房地产业协会　中国建设教育协会　房教中国

顾问委员会

冯　俊　中国房地产业协会	王凤君　中国建设教育协会
耿建明　荣盛集团	吴惠珍　星河湾集团
丁祖昱　易居企业集团	胡葆森　建业不动产集团
刘洪玉　清华大学	张永岳　华东师范大学
冯长春　北京大学	吕　萍　中国人民大学
李启明　东南大学	黄　花　品玥策略机构
邓宏乾　华中师范大学	王幼松　华南理工大学
刘亚臣　沈阳建筑大学	

主编

周　滔　重庆大学

主审

刘洪玉　清华大学
张永岳　华东师范大学
刘贵文　重庆大学

副主编

周国军　房教中国

编委会

主任：

　　刘贵文　重庆大学

副主任：

　　谭伟江　星河湾集团　　　　伍小峰　荣盛发展
　　张崇飞　东原地产　　　　　李　峰　中国金茂
　　邢　凯　融创中国　　　　　唐　芬　远大住工
　　陈国胜　易居企业集团　　　闵　闵　建业文旅

委员：

　　曾德珩　重庆大学
　　金海燕　重庆大学
　　李世龙　重庆大学
　　何凤麟　重庆大学
　　张佳竹　荣盛发展
　　余　尾　东原地产
　　孟　洁　房教中国
　　杨金枝　房教中国

房地产行业正在经历着深刻的变革,行业集中度提升、产业链更加复合、开发模式更为精准,行业的变化引致了对人才需求的调整,具体表现为:由传统的以房地产开发业为主的人才需求,向以物业投资与运营、房地产金融、房地产资产经营管理等方向为主的人才需求转变;由以住宅开发经营与管理的人才需求为主,向住宅开发、商业地产和其他类型物业开发经营管理人才需求并行发展的方向转变;由早期的对房地产经营管理通才的需求,向更强调实操能力的专业化、精细化人才需求转变,综合而言可以概括为"知识多元、能力立体"。在新的形势下,房地产开发与管理专业的人才培养体系面临着诸多挑战,迫切需要在教学手段、教学资源上进行创新。案例教学是打通理论与实践、知识与能力的桥梁,而案例教学需要大量高质量的行业案例。

2019年3月,由中国房地产业协会指导,房教中国发起并筹划,重庆大学编撰的《全国房地产优秀案例》正式出版,2020年9月,《全国房地产优秀案例2》正式出版。这两本聚焦标杆房企创新、面向房地产人才培养需求的案例教材,上市后得到了不错的反响。这也让编撰团队深感欣慰,同时又觉重任在肩,于是重拾初心,再次出发,开展了第三本案例教材的编撰工作。

本书聚焦创新,创新始终是房地产企业发展的原动力。房地产行业的创新在于对空间的深入理解,在于对产业链的深入挖掘,在于对新技术的有效运用。一些优秀的企业勇于探索,走在了行业的前端,在产品线上回应了人民群众日益增长的美好生活需要,在产业链上丰富和优化了传统的房地产业谱系，在新技术上建立了这个传统行业与前沿技术的联系渠道。在房教中国和重庆大学编撰团队的共同努力下，遴选了当下具有代表性的 8 个案例，涵盖相关企业在产业链拓展、社群营造、产品打造和创新赋能等方面的创新实践，且每个案例都各有特色和侧重，基本可以展示主流房地产企业近年来的实践前沿。

从实践素材到教学案例是一个由认知展开到认知折叠的过程，编写团队尽了最大的努力将案例所蕴含的丰富信息加工为适合阅读及教学的文字和图片材料，其间得到了相关企业的鼎力支持。但是限于时间紧张、信息多元等因素，书中难免存在一些疏漏乃至不当之处，敬请各位读者批评指正。

参与本书编撰的重庆大学团队成员有周滔、曾德珩、李世龙、金海燕、何凤麟、胡竣蓉、阮文英辉、魏繁璐、孙晓君、王锐、唐靖、袁亚、刘宵、王亦君。参与本书编撰的房教中国团队成员有周国军、孟洁、杨金枝、韩江华。

展望未来，教材团队将会不忘初心，继往开来，一直坚持把本系列教材做下去，努力为中国房地产教育贡献光和热。

重庆大学　房教中国

2021 年 5 月

目录

第1篇 人居

长沙星河湾

融创·大河宸院

人居文化、传统与现代结合、精致服务

打造品质人居，让人们住有宜居、住有优居

以敬畏土地、读懂城市、尊重用户的初心

将产品和服务落地于所入驻的每座城市

承载起业主对于城市美好生活的希冀

美好，为城市造城，为社区赋能，助力宜居城市高质量发展

1 长沙星河湾:

新一线城市品质人居新典范

唯精唯诚,方能动人。

案例导读

"天下之势不盛则衰,天下之治不进则退。"面对百年未有之大变局,推动高质量发展,创造高品质生活成为"十四五"乃至更长一段时间我国发展的主基调。在以人为核心、以高质量为导向的城镇化发展新时期,房地产行业需要肩负起让"人民生活更加美好"的社会责任。二十余年来,星河湾集团始终坚持舍得、用心、创新的企业价值观,以创造美好生活为己任,将匠心工艺与人居文化融入每部作品,与每座入驻的城市共生共情。继广州、北京、上海、太原、沈阳、西安、青岛、汕尾等城市之后,星河湾集团落子新一线城市——长沙。长沙星河湾项目顺应城市发展趋势,深刻体认湖湘人居文化,顺应城市发展趋势,以工匠级星河湾4.0标准与优质生活方式,树立新一线城市人居生活与人居文化的新典范。

2021 年是"十四五"开局之年。面对世界百年未有之大变局，我国面临发展的重要战略机遇期，处在加快构建新发展格局的关键期。我国社会的主要矛盾已经转变为人民日益增长的美好生活需要和不平衡不充分的发展之间的矛盾，打造以国内大循环为主体、国内国际双循环相互促进的新发展格局，"推动高质量发展，创造高品质生活"已成为"十四五"乃至更长时期我国经济社会发展的主题。

城市正是肩负这一历史使命的重要载体。过去三十年，我国经历了人类历史上最大规模的城市化过程，已经进入成熟城市化阶段。"十四五"时期，我国城市发展站上新起点，宜居城市、韧性城市、智慧城市成为城市发展的关键词，居住需求逐步从住有所居向住有宜居、住有优居转变。响应高质量发展的新要求，顺应城市格局的新变化，满足人民美好生活的新需求，正成为房地产企业需要集体面对的新课题。

"十四五"时期，房地产行业将从土地红利、金融红利时期向管理红利时期转变，进入品质竞争与服务竞争的时代。房地产企业唯有顺势而为，因势而动，服务于国家战略，服务于城市发展，服务于人民需求。城市只有提供高品质的产品，提供美好的生活体验，方能立于不败之地。面对大势，国内房地产企业纷纷布局长三角、大湾区、长株潭、成渝等城市群与都市圈，转型定位于"城市运营商""美好生活家"，通过升级产品理念、功能、结构等，从单一产品到产品线再到产品生态，力求不被时代抛弃。星河湾集团自成立以来，二十余年一直坚守高品质稳健发展之路，用高品质产品与美好社区生活圈获得了数十万家庭的认可。在不断拓展的城市布局中，无论是北上广等一线城市，还是西安、太原、沈阳等新一线城市，星河湾项目都成为城市的人居标杆。2020 年，星河湾进入长株潭城市群中心城市长沙，在深刻体认长沙文化"基因"与人居需求的基础上，于湘江新区打造中国首座果岭之上的星河湾，成就了新一线城市的标杆人居典范。

1.1 城市：新发展格局的新动力

1.1.1 集聚：城市发展的新格局

城市，尤其是城市群与都市圈，具有区域经济优势和人口承载能力，是各类要素、资源的高度集聚区。十九大报告提出，"以城市群为主体构建大中小城市和小城镇协调发展的城镇格局"，为我国新时代城市发展指明了总方向。"十四五"乃至更长一段时间，城市群与都市圈都将是高质量发展最为重要的空间载体。唯有高质量的城市化，才能促进人、资本、信息、技术等生产要素的聚集，催生新的产业和主体，提高劳动生产率，解决触发循环、加速循环的动力源问题。集聚之下的碰撞交流，催生变革与创新，产生带动与辐射，进一步成为推动高质量循环的动力。

> **知识点：**
>
> 城市群是城市发展到成熟阶段的最高空间组织形式，是指在特定地域范围内，一般以 1 个以上特大城市为核心，由 3 个以上大城市为构成单元，依托发达的交通通信等基础设施网络所形成的空间组织紧凑、经济联系紧密，并最终实现高度同城化和高度一体化的城市群体。城市群是在地域上集中分布的若干特大城市和大城市集聚而成的庞大的、多核心、多层次城市集团，是大都市区的联合体。
>
> 都市圈是城市群内部以超大城市、特大城市或辐射带动功能强的大城市为中心、以 1 小时通勤圈为基本范围的城镇化空间形态。辐射带动功能强的大城市，通常指 Ⅰ 型大城市（中心城区 300 万～500 万人口），或辐射带动功能强的 Ⅱ 型大城市（中心城区 200 万～300 万人口）。都市圈又称都市区、大城市圈；多个相邻的都市圈组成城市群（或城市带、大城市连绵区）。

经济全球化、信息化、新工业化、快速交通、政策支撑和知识经济作为当今六大主要的区域发展驱动力，使得城市的聚集演变理论遵循一条时空路径：从城市到城市组合，到都市圈，到大都市圈，再到城市群。这一条路径清晰地代表了现今全球范围内都市圈和城市群的梯度进化与多层结构模式。每次扩展让城市聚集能够不断地增强辐射效应，即从一城与一城连接，到成为辐射区域、国家乃至国际的增长中心（图 1-1）。

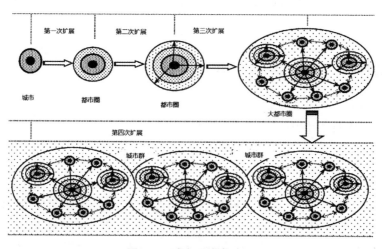

图 1-1　城市群演变过程

从全球城市化历程看，以美国东北部大西洋沿岸城市群、英伦城市群、欧洲西北部城市群、日本太平洋城市群等为代表的世界级都市群，已成为所在国家和地区经济发展的枢纽及参与全球竞争的核心。例如，以伦敦—利物浦为轴线，由伦敦大城市经济圈、伯明翰城市经济圈、利物浦城市经济圈、曼彻斯特城市经济圈、利兹城市经济圈构成的英伦城市群，面积为 4.5 万平方千米，占国土面积的 18.4%，人口 3 665 万，占总人口的 62.7%，集中了英国经济总量的 80%。同为世界级城市群的美国东北部大西洋沿岸城市群包含了纽约、华盛顿、波士顿、费城等美国的主要城市，是美国最核心的经济带，制造业产值占全国的 30%，这里不仅是美国最大的商贸中心，也是世界上最大的国际金融中心。不仅如此，随着世界城市化进程的不断发展，全球范围内，除以纽约、伦敦、东京、巴黎等为核心城市的发达国家都市圈、城市群外，在亚洲、拉丁美洲、非洲等欠发达地区，正不断产生更多的大城市，进而促发形成新的都市圈、城市群，成为带动世界城市化发展的重要力量（表 1-1）。

表 1-1　世界城市群数据分析

城市群	占地面积 / 万平方千米	面积占比 /%	总人口 / 万人	人口占比 /%	经济比重
美国东北部大西洋沿岸城市群	13.8	1.5	4 500	20	制造业的产值占全国的 30%
北美五大湖城市群	24.5	2.5	5 000	22	汽车产量和销售额约占美国总数的 80% 左右
日本太平洋沿岸城市群	3.5	6	7 000	61	分布着日本 80% 以上的金融、教育和研究开发机构，工业产值占全国的 65%
英伦城市群	4.5	18	3 650	55	经济产值超过英国的 50%
欧洲西北部城市群	145	14	4 600	6	经济产值占全欧洲的 22%，是世界上现代工业最发达的地区

"十三五"以来，我国不断加强区域布局，大力推进京津冀协同、粤港澳大湾区、长三角一体化、长江经济带、黄河流域生态保护和高质量发展等区域重大战略。2018 年 11 月，国务院发布的《关于建立更加有效的区域协调发展新机制的意见》提出，以京津冀城市群、长三角城市群、粤港澳大湾区、成渝城市群、长江中游城市群、中原城市群、关中平原城市群等城市群推动国家重大区域战略融合发展，建立以中心城市引领城市群发展、城市群带动区域发展新模式，推动区域板块之间融合

互动发展。2019年2月，国家发展和改革委员会出台《关于培育发展现代化都市圈的指导意见》，进一步突出了核心城市的战略地位，提出选择核心大城市作为国家中心城市战略来进行建设。从空间分布看，在工业化和信息化加速发展的推动下，相继出现了京津冀城市群、长江中游城市群、成渝城市群、哈长城市群、长三角城市群、中原城市群、珠三角城市群、关中平原城市群八大国家级城市群。其中，长三角、京津冀、珠三角、长江中游和成渝五个国家级城市群的综合竞争力领先全国，2020年经济总量占全国的64%，拉动了区域整体竞争力快速提升，而且产业与人口还在持续向这些城市群集聚。2020年年底，中国常住人口城镇化率提高到60%以上，户籍人口城镇化率提高到45.4%。"两横三纵"城镇化战略格局初步形成。城市群稳步发展壮大，19个城市群承载了全国70%以上的人口、贡献了80%以上的国内生产总值（图1-2）。

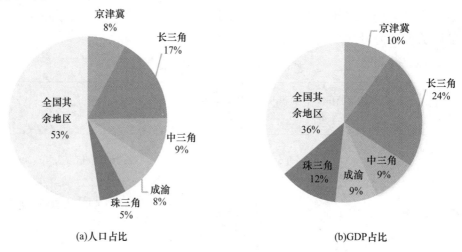

(a)人口占比　　　　　　　　　　　(b)GDP占比

图1-2　中国五大城市群2020年人口、GDP占比

在城市发展新格局下，尊重经济发展规律，发挥核心大城市的辐射带动作用，通过紧密连接周边的中小城市，推动大中小城市之间协同发展，将是我国未来城市格局演变的必经之路。以核心城市带动城市群发展战略中，除广受关注的北上广深等一线城市外，最受关注的无疑是十个"新一线"城市：杭州、武汉、南京、成都、苏州、长沙、天津、重庆、西安、郑州。十个"新一线"城市无论在产业基础、交通区位，还是在辐射能力、政策支持上均有较大优势与发展潜力。相较于一线城市正值"壮年"和三、四线城市尚处"幼年"的发展阶段，作为二线城市中的佼佼者，"新一线"城市正处于快速成长的"青年"时期。

伴随着产业与人口的高速增长，"新一线"城市房地产行业规模快速增长。2020年，"新一线"城市已经全部进入万亿GDP城市。对比二、三线城市，"新一线"城市具有显著的经济产业优势，推进新区与产业升级下不仅具有经济"体量大""增速高"的优势，而基础设施配套相比其他二线城市更完善。在近六年的人口流动中"新一线"城市积累了显著的人口优势。超 2 亿人的人口净流入为"新一线"城市发展注入了新的动力,形成了"经济发展—人口流入"的正向循环,正成为中国经济最具活力与最具潜力的区域。

1.1.2 宜居:城市发展的新内涵

从城市发展进程的历程看,城市发展经历了农业社会、工业社会、后工业社会、信息社会等几个阶段。在由低到高的进化过程中,随着城市的拓展和经济的迅速增长,逐步出现了城市拥挤、交通堵塞、环境污染、空间紧张、生态质量下降等一系列伴随而生的城市问题。人们对生活环境、生活质量、生存状态的要求也在不断发生变化,并且总体上需求越来越复杂,要求越来越高,这个必然的进化趋势导致人们越来越关心人居环境及自身的生存状态。从整体发展趋势来看,宜居已经成为整个世界城市的发展趋势。

宜居是社会经济发展到一定阶段产生的新需求。站在社会学的角度,社会需求从基本的生存型向发展型和享受型过渡时,才会提到宜居。正如经济增长方式必然要从粗放式向集约式发展,人居环境也要不断优化,城市向"宜居"目标的发展也是历史的必然。宜居不仅要有良好的舒适的居住条件和居住环境,而且应该具备良好的人文社会环境,包括良好的社会道德风尚、健全的社会秩序、覆盖率高的社会福利和充分的就业等。

宜居城市建设较早出现于经济发达的西方国家。它不是一种运动,而是城市发展水平进入高质量阶段的一种必然,是随同城市建设过程"生长出来",被逐步认识并因此开始频繁使用的概念。溯源宜居城市理论的思想,离不开早期重要的城市发展思想。19 世纪末,霍华德提出"田园城市"理论,设想建立一座兼具市区与乡村优点的新兴城市。这套理论被认为是早期对于宜居城市的一种表述,旨在解决工业化对城市居住空间带来的巨大的问题。随着可持续发展理念的深入,特别是1996 年联合国第二次人居大会明确提出"人人享有适当的住房"和"城市化进程中人类住区可持续发展"的理念后,居住环境的可持续发展与宜居性被提上了全新议程。在 2001 年,《巴黎城市化的地方规划》提出将城市生活质量作为巴黎规划和建设一个重要的内容,确保城市功能的多样性和居民的社会融合,在发展经济的同时,保护社会文化和环境。2003 年城市绿化国际论坛上有学者提出"创建城市可居住环境"的概念,这是比较明确的接近宜居的提法。联合国人居署提出的口号是"让我们携起手来共建一个充满和平、和谐、希望、尊严、健康和幸福的家园"。2004 年 2 月发表的《伦敦规划》中,将"宜人的城市"作为一个核心内容加以论述,提出了建设宜人的城市、繁荣的城市、公平的城市、可达的城市和绿色的城市发展目标。对标 2010 年以来全球知名城市规划动向,伦敦 2014 年版规划强调以人为本、公平、繁荣、便捷和绿色发展等理念,纽约 2030 规划的主题思想是建设更

绿更美好的城市，联合国"人居三《新城市议程》"也强调要改善所有人的生活质量，重点提升城市的包容性、健康性、安全性。现如今，宜居已成为现代化城市追求的重要目标。

在中国古文化中，抬头见蓝、低头见绿的山清水秀之地是人们心中宜居场所，中国的山水画、山水诗中所表达的意境情怀也阐述了人们心中对宜居的向往。在城市化已经超过 60% 的今天，宜居之地则代表着城市具有良好的居住和空间环境、人文社会环境、生态与自然环境和清洁高效的生产环境的居住地，是高品质生活最显著的标志。现代化的城市在进一步增强经济活跃度、全球吸引力和影响力的基础上，未来重要的发展方向是给居民提供更加舒适的居住环境、更加公平和包容的社会环境、更加清新宜人的自然环境。我国城市发展已进入了高质量发展的新阶段，居民的日常需求已经开始从"温饱型"向"品质型"跃迁，期盼有更稳定的工作、更满意的收入、更舒适的居住条件、更高水平的公共服务及更优美的环境，城市发展导向的重心由单纯的生产向宜居宜业复合发展转变。城市经济增长驱动力正在发生转变，庞大的人口基数、不断壮大的中产阶层及其对高品质生活的追求，使得城市文化、城市宜居性对城市经济活力的提升带动作用日益凸显。因此，全面提高人居环境质量，满足人民群众对美好生活的向往，增强居民的生活舒适性体验，是推进高质量的城市建设的核心和关键环节。

在新一线城市中，重庆、长沙、成都、杭州等都提出了建设"高品质生活宜居地"的建设目标，其内涵特征主要包含绿色安全、富足乐业、宜学善养、和谐包容四个方面。绿色安全源于让人民群众享有更绿色的环境、更安全的保障；富足乐业源于让人民群众享有更稳定的工作、更满意的收入；宜学善养源于让人民群众享有更便捷安逸的生活环境；和谐包容源于满足人民群众更高层面的精神需求。

从田园城市开始，人类对于未来城市提出了各种各样的设想，在科技不断进步的推动下，原有的想象正在不断照进现实。以人为中心的城市，不仅应该是高密度、高科技、高效率的，还应该有更多体验和交流的空间，有更加接近自然的居住环境与工作环境，承载着城市自己的文化与历史，有更多新的可能，让城市里的人发现、分享与创造。

1.2 星河湾：赢在城市新的起跑线

我国房地产市场已经走过了规模扩张的黄金发展阶段。在各大房企为了抢占市场的高周转之下，在不同的城市、同一条产品线下的房子被不断复制。流水线下的建筑失去了与城市文化的对话与交融。时代在变，随着人民生活水平的不断提高，人民对美好生活有了更多的憧憬，对自己所在的城市有了更多精神上的认同与寄托。扩张时代同质化的房地产产品开始被市场摒弃，过度强调"地段、面积、品牌、折扣"的卖点令消费者麻木，规模化为主导的发展模式已经不能适应高品质生活的时代要求。房地产行业的下半场，需要高标准的人居产品和人居文化，去回应城市人群需求的新变化。

好的住宅不仅是好的房子，还是好的生活。它既需要回归建筑之本与人文关怀，将建筑与人、与生活、与生态、与社区相连接，满足居住者生理、心理和社会适应等多层次需求，又需要在建筑艺术上融入地缘文化与人文记忆，在建筑生态上遵循人文传统的自然环境，将文化与城市有效融合，实现与城市成长全面、协调、可持续发展的共生共鸣。作为美好生活的创领者，星河湾一直以人性化产品提升人居体验，成立至今，从广州到北京，再到上海、太原、沈阳、西安、青岛、汕尾等城市，星河湾的每次革新、每步跨越，都与美好生活的脉搏紧密相连。每到一个城市，其打造的产品凭借设计、质量与服务的综合产品力，成为所在城市的人居标杆。星河湾一直在引领提升房地产业品质标准，探索与实践符合中国文化的高品质生活方式。

1.2.1　星河湾与城市的故事

1. 星河湾的品质之路

自诞生之初，星河湾就将"舍得、用心、创新"作为企业价值观，坚守品质追求。在绝大部分商品房还是毛坯交房的年代，星河湾以开先河的精装修交楼踏上了"品质地产"的探索之旅。当别的企业为了利润追进度、降成本时，星河湾不惜成本追求极致；当大多数房地产商热衷于说速度、讲规模时，星河湾始终聚焦高品质人居的开发营建；当行业迎来上市热潮时，星河湾仍坚持不上市，选择"自主可控"的品质发展道路。

为了"珍惜国家的每一寸土地，使每一寸土地的价值最大化"的承诺，星河湾实现了从产品到生活方式全过程高品质实现。高品质就是将"造房子"当做作品般精雕细琢。不急功近利，不唯利是图，从建材选取到建筑施工，从园林设计到硬装，每种选材务必真材实料，每道工序务必精益求精；不患得患失，不瞻前顾后，舍地产上半场急速扩大规模的机会，舍得用一切最好的东西去美化业主生活的小区，用超越地段的一流品质回报社会与客户。星河湾始终用心地通过考究的选址、极致的产品、优越的服务等全方位的品质塑造，令每座星河湾都创造出独一无二的产品气质和不可重复的价值属性。高品质就是对业主始终的诚心与耐心，不仅对电梯、空调系统、入户门、门窗、铁栏杆等部件细节严格要求，更通过私人管家服务、省优教育配套、自主品牌酒店等为业主创造高品质的居住社区。

在坚守品质的道路上，星河湾以业主的需求作为创新原动力和目标追求，不断调整发展战略,不断带给客户全新的居住感受,因地制宜地满足当地客户需求。从1.0时代到4.0时代,星河湾不仅创立标准,更在原有基础上不断突破标准并超越标准,不断通过品质和产品研发推动自我进化与工艺方面的不断进步。在内循环消费升级背景下,星河湾的关注点进一步上升到包括内容与服务的全过程创新,提出从"好产品"到"好生活"的升级,挖掘业主的深层次需求,让客户与市场真切享受到星河湾的服务体系所带来的生活美学。

在星河湾看来,品质不仅是好房子,还是好生活。创造美好生活是时代的主旋律,也是责任企业为之努力的方向。而星河湾"定制"的美好生活,已然成为城市高品质人居行业的风向标。星河湾以极大的诚意和善意坚持全面提升优质生活方式的方法论,适配美好生活,在保障品质化充分发展的成熟产业链基础上,让每位业主都能从社会、城市、产品、服务、文化等多维度中感受到星河湾的热忱和用心。

2. 星河湾与城市的故事

城市是文化的容器,建筑是城市的语言。好的建筑是对城市生活与文化最好的诠释。在工业化和城镇化的高速演进中,中国房地产行业走过了快速发展的三十年。星河湾是为数不多能够读懂城市文化、深谙城市文脉、顺应城市发展的房企。星河湾在每个城市的项目开发建造中,提出要用心打造"四个一工程"。一种承诺——要对得住这座城市的承诺,将自己的楼盘设计成城市的景观;一种态度——要给业主一种态度,让业主知道自己是负责任的;一个标准——要给行业一个标准,让自己的建筑成为示范性的作品;一种文化——要倡导一种健康的文化,要有一种舒适时尚的社区环境。星河湾每到一地都会深入研习当地自然环境和人文环境,因地制宜,做出真正能够融入这座城市的收藏级产品。好产品需要时间,在城市布局中放慢脚步的星河湾,看似错过了一次次行业高速发展期的红利,实则是在以敬畏土地、读懂城市、尊重用户的初心,将产品和服务落地于所入驻的每座城市,承载起业主对于城市美好生活的希冀。

2001年,广州星河湾开幕。在绝大部分商品房还是毛坯交房的年代,星河湾以开先河的精装修交楼踏上了"品质地产"的探索之旅。别具一格的建筑风格、如诗如画的居住环境、高档雅致的室内装修、设施完善的品质社区,一经推出,惊艳华南。18万人涌入参观、学习、购买,江景大宅、园林写意、滨江木栈道至今让人津津乐道,创造出"中国楼市看广东,广东楼市看华南,华南楼市看星河湾"的业界共识。广州星河湾以商品住宅品质化启蒙的方式开启了星河湾1.0时代(图1-3)。

2005年,恰逢宏观调控,"国八条"出台,让原本火热的北京房地产市场陷入一片沉寂,星河湾却悄然"进京赶考"。在周边四五千元楼价的区域,星河湾推出一万五千元的豪宅,同行们都等着看"中国最漂亮的滞销楼盘"。星河湾却自信地表示:"北京没有好房子,我们进去一定赢!"经过三年潜心雕琢的北京星河湾以磅礴之势让冬眠的北京高端住宅市场一夕惊醒。岭南园林与建筑的柔

图1-3 广州星河湾实景图

美结合，如同一件精致的艺术品，征服了客户，也征服了同行。北京市规划委员会、城市规划学会等部门联合编辑出版了《解读广州星河湾》《走近北京星河湾》，将星河湾规划、建筑、装修品质和北方园林环境工程的主要亮点向全行业推荐，这是中国城市建设主管部门唯一一次以出书的形式，将星河湾作为标准与典范在行业内推广。北京星河湾作为星河湾2.0时代的代表作，重新定义了高端住宅产品标准，成为中国品质地产标杆（图1-4）。

图1-4 北京星河湾实景图

2009年，星河湾东进上海，推出星河湾3.0时代力作——浦东星河湾。"全成品房""醉美园林""匠心工艺"震动上海，引发上海房产市场对于高品质住宅的集体思考。2010年，上海星河湾夺得年度销冠，成为上海新的城市人居新地标。在上海，星河湾充分吸收这里精致、国际化的洋场文化，不仅为国际优秀设计作品提供了一个展示和传播的平台，更为星河湾的业主提供了了解中国、了解世界的机会。继威尼斯国际建筑双年展作品"风墙"永久落户上海星河湾之后，在2011年7月23日，意大利国宝级的雕塑艺术品落户浦东星河湾。后续更多来自中国和设计界的艺术品在星河湾搭建的艺术平台上展出，为国际优秀设计作品提供了一个展示和传播的平台。星河湾也因此成为一线城市具有深远影响力的高端人居品牌（图1-5）。

图1-5 上海星河湾实景图

　　2010年，星河湾入驻太原，即使在气候条件制约下，依然打造了同纬度最美园林。随着星河湾系列产品日趋成熟，无论是整体环境、设计理念还是工艺细节，都达到了一个新的高度，星河湾不断开拓西安、青岛、沈阳等城市，向全国性布局迈进重要一步。2018年，星河湾布局粤港澳大湾区，打造汕尾星河湾。同年，星河湾4.0时代正式开启，星河湾生活方式再次升级，以"暑期梦想计划""家庭艺术节""国际葡萄酒艺术社区"等社区活动，多维度满足了星河湾每位业主对"美好生活"的需求。

　　对于城市，星河湾将对城市发展需要与城市文化的尊重放在首位，以守护者与建设者的姿态，着力思考着城市发展与人居诉求之间的关系，创造出了多样化建筑空间和高品质的人居形态。从始终如一的严守品质，到引领生活方式变革，星河湾以"品质诚现未来"优质城市生活方式服务商的定位，站在客户需求升级的视角，理解城市，追溯文化，用心对待每座城市，为城市留下温暖和文明的标记。

1.2.2 星河湾的新愿景与新使命

2021 年的星河湾，从实现工匠精神到建立完整的工匠体系，从打造建筑到打造生活价值观，力求在产品研发、建设、服务中做到精细化创新和系统运营服务，助力城市高质量发展。面对双循环新发展格局与"需求侧管理"，未来星河湾给消费者带来的美好体验，不仅仅限于园林环境和房子本身。星河湾将致力于将生活圈打造为美好生活的代名词，成为城市居民的向往，真正引领和促进大众的多元需求，引领中国高品质生活的潮流。

未来，星河湾将围绕国家经济社会发展大局，通过建造硬实力、运营软实力、科技驱动力，构建一个"高品质、有温度、会思考的星河湾城市服务体系"，为人们的生活搭建更美好、更多元、更丰盛的场景，助力经济、社会可持续发展，发挥高质量产品优势协同中国经济结构升级和城镇化发展。

1.3 星河湾落子长沙湘江新区

1.3.1 湖湘星城：长沙

长沙位于湖南省东部偏北，湘江下游和长浏盆地西缘，总面积 11 819 平方千米。作为中国首批历史文化名城，长沙历经三千年城名、城址不变，素有"屈贾之乡""楚汉名城""潇湘洙泗"之称。马王堆汉墓、四羊方尊、岳麓书院等厚重、神秘的历史文化遗迹，凝练成以"经世致用、兼收并蓄"为标志的湖湘文化底蕴（图 1-6）。

进入 21 世纪，长沙这座千年古郡开始步入新时代、缔造新梦想。长沙作为湖南省省会，是长江中游城市群和长江经济带重要的节点城市、全国"两型社会"综合配套改革试验区，京广高铁、沪昆高铁、渝厦高铁在此交会，是综合的交通枢纽，也是长株潭经济一体化的核心城市。长沙市辖 6 个区、1 个县、代管 2 个县级市及 4 个经济技术开发区，总人口 1 004 万人，其中市区人口 598 万人。

不断集聚的人潮，不仅给城市带来了人力资源和城市消费，还推动了长沙的崛起。2017 年，长沙 GDP 总值迈入了万亿大关，这是长沙第一次加入全国 GDP 万亿俱乐部。从此一路突飞猛进，经济总量持续扩大，经济实力不断提升。2020 年，长沙 GDP 总量达到 1.21 万亿元，综合竞争力排名全国第十六位。长沙成为改革开放"40 年来经济发展最成功的 40 城"之一，从 2017 年开始稳居新一线城市之列。

1. 湖湘文化代表

古代长沙称"潭州"，别名星城，是著名的楚汉名城、山水洲城和快乐之都。长

图 1-6　长沙实景图

沙建城达 3 000 余年，作为我国首批历史文化名城，具有三千年灿烂的古城文明史。长沙其名，有据可考，最早见于《逸周书·王会》关于"长沙鳖"之说。春秋战国时期，长沙属楚国，楚成王时设置黔中郡，辖长沙。秦始皇统一中国后，长沙郡为秦 36 郡之一。现代长沙是具有深厚湖湘文化底蕴的历史文化名城和优秀旅游城市。

　　长沙文化作为湖湘文化的典型代表，"心忧天下，敢为人先"占据湖湘文化的核心地位。长沙文化集中体现了湖湘文化的优点：崇尚经世致用，崇尚尚武精神，崇尚敢为人先。长沙人文风格深受湖湘文化影响，一是济世讲"里手"（长沙方言，"内行"的意思），二是处事很"霸蛮"（长沙方言，即强悍、倔强、野性），三是行事作风"泼辣"（敢作敢为）。在这种悠久文化的熏陶下，造就了无数济世救国的人才和改革创新的精英。长沙既是清末维新运动和旧民主主义革命策源地之一，又是新民主主义的发祥地之一，走出了黄兴、蔡锷、刘少奇等名人。这些革命者以"指点江山、激扬文字"的豪迈激情，共同谱写出一首荡气回肠的革命史诗。

　　2. 智能制造之都

　　长沙是中国最重要的制造业重镇之一，也是全球唯一拥有 4 家世界工程机械 50 强企业的城市，被誉为"世界工程机械之都"。长沙三一重工、铁建重工、山河智能等全国知名、世界瞩目的工程机械企业用千亿产业托举起一座与全球对话的"力量之都"。中国的"天河"超级计算机、中国国内首台 3D 烧结打印机都在长沙诞生。

　　数年前，长沙发布了"长沙智能制造三年行动计划"，强力推动长沙制造业率先向高端、智能、绿色转化，率先建成智能制造强市。如今，长沙的智能制造装备产业集群已获批国家首批战略性新兴产业集群，全市国家级智能制造试点企业和项目达 27 个，位列全国省会城市第一。与此同时，湖南成立了 100 亿元规模的长沙智能产业投资基金，为长沙智能制造企业及传统的制造企业进行智能化改造提供支持服务。蓝思科技、博世汽车、索恩格、广汽三菱、上汽大众等一大批智能装备、智能汽车、智能终端和功率芯片企业以"智造"赋能这座城市发展的高质量。另外，长沙还集聚了中国（湖南）自由贸易试验区、长沙经开区、国家智能制造示范中心、长沙临空经济示范区、黄花综保区等一批国家级平台，赋予其"打造国家重要先进制造业、具有核心竞争力的科技创新、内陆地区改革开放的高地"的地位。

3. 最具幸福感的城市

2020 年，中国最具幸福感城市调查推选结果在杭州发布。经过大数据采集、问卷调查、材料申报、实地调研、专家评审等环节严格遴选，长沙连续 13 年获得"中国最具幸福感城市"称号。除此之外，长沙还获评全国十佳生态文明示范城市、全球绿色城市，荣获联合国人居环境范例奖、中国可持续发展城市奖。说起长沙人的幸福感，关键词有很多，如美食、娱乐、低房价……不断创造新的快乐是长沙人的理念，更是长沙这座城市一种看得见摸得着的生活态度。

在饮食上，长沙大街小巷遍布各类特色小吃，街头巷尾飘散着一种挑动味蕾的香气。事实上，无论是这些深受游客喜爱的小吃，还是走出省内、走向国际的餐饮品牌，在长沙人自身看来，饮食文化有着特定的语言与讲究，从清晨的一碗粉开始，长沙人便开始了一天的寻味之旅，从多姿多彩的食物中，他们总能够找到生活的快意。

娱乐文化也是长沙的另一张"名片"，素有"不夜城"之称的长沙，傍晚依旧繁华，在这里，年轻人得以释放情绪、感受青春的力量，他们的快乐像是一种态度，像是一种精神，让这座懂得娱乐的城市自有一番别致的风采，让这里懂得娱乐的人也因此活得更加自在。

对于长沙人民来说，幸福感的重要来源还有长沙的房价收入比。房价收入比决定了房贷对一个家庭的压力和他们的消费指数。这十年来，长沙城镇居民的可支配收入一直在高速稳定增长，而在长沙政府的强力调控下，长沙的房价不仅是中部城市中房价最低的，甚至比一些沿海地区的普通县级市还要低。2019 年，长沙以 6.4 的房价收入比"垫底"，是 50 个大中城市中唯一一个房价收入比低于 7 的城市。在长沙，九成以上家庭拥有自有产权住房，居全国大中城市第一位（表 1-2）。

表 1-2　2020 年全国万亿 GDP 城市房价收入比排名

城市	房价收入比	城市	房价收入比	城市	房价收入比
深圳	30.9	济南	16.8	苏州	11.0
上海	28.5	青岛	13.9	南通	10.9
北京	26.4	武汉	13.1	泉州	10.0
广州	20.9	西安	13.1	无锡	9.8
福州	19.8	合肥	13.1	佛山	9.5
天津	19.5	宁波	12.9	重庆	9.2
南京	17.5	成都	12.9	长沙	7.5
杭州	17.3	郑州	11.4		

4. 房地产长效机制标杆城市

作为一个已经跻身万亿俱乐部的中心城市，长沙不依靠房地产经济，以产业兴市。长沙不依赖土地财政与房地产经济，靠的是良性的、可持续的产业经济。因此，在房地产领域，长沙独树一帜，持续将"房价洼地"当作城市竞争优势，严格控制房价的增速。在政府的严格调控下，长沙房子每套均价十年只涨了不到5000元。健康的楼市模式也使长沙的土地供应量一直比较充足，是全国土地溢价率最低的城市之一（图1-7）。

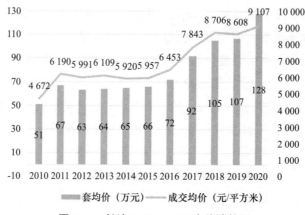

图1-7 长沙2010—2020房价涨势图

房价的调控并没有使长沙的住房需求缩减或降档，产业快速发展反而培育出大量具有较强支付能力的住房需求，刚需、改善等不同层次需求在长沙呈现出百花齐放的态势。据世联行统计，2020年长沙普通住宅的客户倾向于大户型，改善类产品的市场占比逐渐增大，2020年100平方米以上的产品成交占比已经达到83%（图1-8、图1-9）。

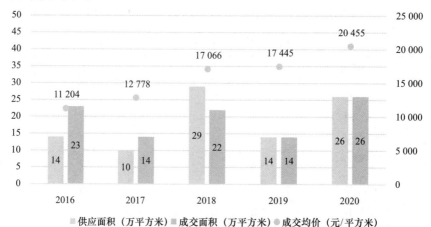

图1-8 2016—2020年别墅年度供销情况

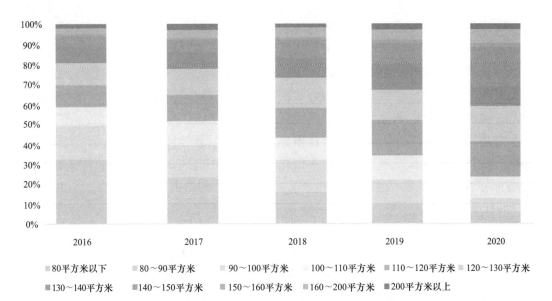

图1-9 2016—2020年长沙商品住宅按面积段成套数占比

图例：■80平方米以下　■80～90平方米　■90～100平方米　■100～110平方米　■110～120平方米　■120～130平方米　■130～140平方米　■140～150平方米　■150～160平方米　■160～200平方米　■200平方米以上

1.3.2　星河湾眼中的长沙

在星河湾眼中，长沙是一座"媒体艺术之都"、一座"工程机械之都"的城市，一座全国文明城市、一座连续12年蝉联幸福称号的城市，更是一座具备独特人文特色与人居文化的城市。虽然市场普遍认为，由于严格的限价政策，开发商没有足够的动力去打造高品质产品。但长沙城市巨大的发展潜力与市民对居住品质升级的热切期望，让星河湾毅然选择了长沙。"吃得苦""耐得烦""霸得蛮"的长沙性格与"舍得""用心""创新"的星河湾核心价值观在这里碰撞出独特的火花。在景观打造上不遗余力，在产品上也是极为用心，星河湾秉承工匠精神，精雕细琢，正所谓吃得了苦、耐得住寂寞、霸气有蛮劲，致力于刷新长沙市民对住宅舒适度的认知。

星河湾对于项目选址，一直保持与城市战略发展的高度一致和前瞻。在星河湾眼里，项目选址地必须具备持续的发展动能。2015年，伴随长江经济带国家重点战略平台、中部首个国家级新区"湘江新区"的挂牌，长沙城市西进的新中心正式确立。湘江新区定位于长沙城市"对外新门户"，是长沙城市发展重心西进的战略布局点，是长沙融入长江经济带和长江中游城市群的战略平台。湘江新区贡献了长沙三分之一的GDP，GDP增速稳居全国国家级新区首位。区内的高铁西城是长株潭城市群的铁路交通中心，坐拥长沙最大的国家级枢纽长沙西站，长沙地铁2号线、10号线、渝长厦高铁等轨道交通相贯穿，对接全省及成渝、华中及华南经济圈。高铁西城对接区内"三横两纵"公路网络，南连高新区和梅溪湖副中心，东连滨江新城。这一位置正符合星河湾对土地储备保值升值的要求，因此，星河湾在长沙首个项目即落子在湘江新区的国家级枢纽引擎高铁西城。

　　每座城市都在等待着属于它的顶级人居的到来。作为长江中游城市群发展的新引擎与特殊地域文化的新一线城市，长沙人同样对于高品质生活有自己的理解。对于长沙来说，从来不缺房子，但缺的是真正的好房子。一座人居品质标杆项目，不仅是长沙建设高品质生活宜居地的必然要求，而且体现着长沙对标追赶一线城市的雄心。星河湾项目历来被作为"中国人居品质教科书"。每到一个城市，其打造的产品凭借高标准的综合产品力，都被视为当地的人居新标杆，推动着当地人居标准的提升。首次来到长沙的星河湾也不例外，致力于在湘江新区这片开发中的热土，打造标杆性居住产品，为推动长沙人居品质再上新的高度。2020年9月，以星河湾4.0标准与星中式风格打造的长沙星河湾正式亮相。这是全国第14座星河湾，也是首座位于果岭之上的星河湾（图1-10）。

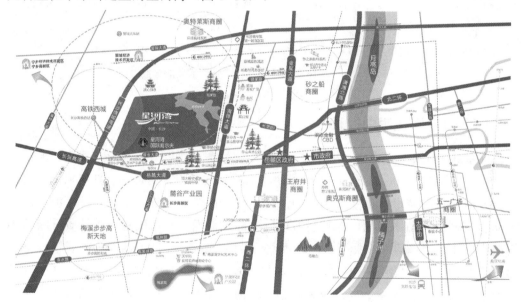

图1-10　长沙星河湾位置

1.4　长沙星河湾：果岭上的品质人居之光

　　星河湾在进驻的每座城市都创造了人居品质经典作品，既是对品质和传统的坚持，又有独具匠心和远见的开创。首座星河湾落子长沙湘江新区，在坚持以"舍得、用心、创新"的核心理念、"星河湾4.0标准"至高准则迭代作品，打造区域高定住宅范本的同时也积极融入湖湘文化。项目将延续星河湾的品质传奇，带动长沙人居品质空间再上新阶梯，同时，也将为这座蓬勃生长的新一线城市，增添一张熠熠生辉的城市名片。

　　长沙星河湾不仅为这座城市塑造出区域核心的繁华印象，还充分满足了居住者对美好生活的细致需求，涵养了高品质生活。作为星河湾的最新的高端人居标杆产品，长沙星河湾在户型格局、全球选材、精工工艺、智能家居等多个方面，严格以星河湾 4.0 全新品质标准与设计风格打造，规划"一栋一岛"，让百米楼距成为长沙的生活标配。长沙星河湾所构建的不只是一个居住空间，而且是一个让业主浸润其中的高品质艺术文化生活圈。

1.4.1　用心打造品质住宅

1. 总体布局

　　保持产品的舒适度和空间感，是品质住宅的基本保证。长沙星河湾在室外的空间布局上力求将生活种进自然里。整体地块坐北朝南，位于星河湾国际高尔夫球场旁，星河湾以"玉如意"为形制，采用"三镶式如意"手法，于山、林、湖、果岭之上，以组团半岛围合中央泳湖水系，再造一个全水域贯连的高端人居群岛。以点状岛屿、带状岛链的方式将土地分割为一座座小岛，建筑排布其上，处处临水，栋栋见水，实现人与水、建筑与自然的零距离亲近，让社区水系、宅间景观更好地和建筑产生互动，给每栋楼都带来优越的瞰景效果、愉悦的居住感受（图 1-11）。

图 1-11　长沙星河湾鸟瞰效果图

　　长沙星河湾尊重原始地形打造三级台地社区，同时，为了让每栋住户都拥有更开阔的视野，星河湾一改传统的社区布局，采用点式布局。由南向北分三级逐步上升，结合"一栋一岛"的规划，错落有序，朝向多，视野广，同时拉开了楼与楼之

间的距离，并且以错落的建筑分布使得前楼后楼之间不再有视野和光照的遮挡，让每户有充足的采光面，同时保障业主的私密性（图 1-12）。

图 1-12　长沙星河湾楼栋布局图

2. 生态景观

在建设生态景观上，星河湾承袭星城风韵，汲传统文化之精华，取东方山水画精髓，融合三度空间形式，将山水意境立体复刻至现代建筑中；细致挑选上百种植物，重现古画中所描绘的"古、奇、雅"。从业主视角出发，确定每种植物的角度，通过复杂的点、线、面综合设计，结合花色、灌木、水生植物，做到全年常绿，四季有花。如此烦琐工艺下打磨出的作品，是人居，也是一幅浓墨相宜的山水画（图 1-13）。

同时，星河湾采用立体平均式园林景观，主动营造场地高差，形成自然的起伏，增加了园林的层次感。园林设计中轻硬质铺装，偏重于软景绿化；组团式规划，以平坡结合、乔灌结合、花草结合的手法营造景观，形成连绵旖旎的特色花园；水景与植物有机地结合，高低错落环绕园区，形成曲径通幽、处处有景的园林布局（图 1-14）。

图 1-13　长沙星河湾园林实景图　　　图 1-14　长沙星河湾园林实景图

3．品质空间

在建筑风格上，星河湾持续雕琢和创新，注重在传统产品的基础上，强调中式元素的融入，重塑中式空间美学；在园林设计上，师法中国国画意境与造园技法，长沙星河湾项目的亭台楼阁、榭宇轩堂，均藏着姑苏、岭南、宫廷、民间等风格建筑，塑造出多重层次的审美，庭前院后古树巨石、小桥流水点缀在楼宇之间，无比巧妙；在室内空间上，长沙星河湾参考历代宫殿的九宫格布局，打造了经典的"十字中轴动线"居所（图 1-15）。

图 1-15　长沙星河湾样板间实景图

长沙星河湾推出的大平层产品层高为 3.3～3.6 米，其中 400 平方米的户型层高达到了 3.6 米，使得房屋整体空间恢宏气派，将果岭风光与园林美景尽收眼底。搭配南北一线双阳台等优势，双面立体光源，让室内光照量得到了质的提升，让生活空间更具光感。全套房、独立分区卧室等设计，将长沙的大平层居住理念再向前升级；八角窗多面采光，充分保留 270° 的风景；法式阔景阳台、生活观景阳台、休闲观景厅、270° 观景面、全卧室一步阳台等设计，即便是主人卫浴间，都能静赏风光，给予人舒适的居住体验（图 1-16）。

图 1-16　长沙星河湾样板间实景：中西双厨

4. 精工装修

在星河湾，所见即所得。自带研发中心、设计中心、全球采购中心及高科技智能家居制造的星河湾，从规划、设计、研发、建模、打版、测试等各环节，建立完整品控体系。

长沙星河湾在装修用料上遵循高品质、高标准，采用天然石材。由于石材运输和拼接过程中报废率高，实际用料成本高，因此极少企业能在装修用料上做到大量使用天然石材。另外，星河湾对居住空间的考究也不只停留在户型平面上，其对户型室内的立体空间，精装设施方面则更为严苛，如德国 KIC 赫曼德高端橱柜、地热辐射采暖、24 小时热水循环系统等（图 1-17）。

星河湾对于细节完美苛求，不允许任何偏差的存在。星河湾擅长运用拼花工艺，通过工匠利用水刀切割将名贵石材进行任意曲线一次性切割成所需造型，遵循毫米级的施工标准，实现无缝拼接，检测标准须刀尖不能进入，用手触摸不能有缝隙感。为了一扇门，精选黑檀木、花樟木、黑尼斯等名贵木材，需多名匠人 9 个月、200 余道工序打磨而成。为营造开合的空间感受，星河湾往往拥有超大面积的天花板雕花，为了呈现完美的效果，星河湾付出比别人多几倍的时间去打磨，用心到极致。天花板和棚顶的平整度在国标中是允许 5～6 毫米误差的，而星河湾提出了更高标准的误差要

图 1-17 长沙星河湾样板间实景：精装设施

求。在施工的同时，地面人员负责查找检测不平整的部分，天花板施工工人纯手工、高强度打磨，互相配合实现高精准要求。即使在看不见的地方，星河湾也没有疏漏，甚至比寻常付出更多倍的努力。与一般卫浴间设置 1.8 米高的防水相比，星河湾的卫浴间墙面防水高度要求施工至天花板顶，有吊顶的至吊顶标高以上 100 毫米。加上独有的反坎多次蓄水试验和更多细致的工序，避免给楼下住户造成困扰，只为给业主提供安心保障，确保未来几十年给业主一个安心无虞的家（图 1-18）。

图 1-18 长沙星河湾样板间实景：落地观景卧室

1.4.2 新时代品质人居

1. 人居文化

纵观中国人的居住文化，深刻蕴含中国式的审美情趣、生活品位、艺术格调、文化理念和精神追求，它们无一不与居住有关，又无一不是文化的集成。人们正是在对人居文化的顿悟之中，攀缘着时代的进步。未来住宅发展最大的思想宝库应该是文化，是人们对人居文化更深层的、更现代的理解与感悟。

老子说："天下皆知，美之为美。"在人居文化中，审美的进步一直占据着主导地位。人们在居住空间的进步中寻觅和探索着美的进步——屋顶是寻找与天相通的东西，翘角是表达天人合一的气息，天井是敬天敬神的眼睛，庭院是保护家庭的围合，园林是悦心悦目的憧憬，中国建筑的结构美和西方建筑的旋律美，共同谱写了建筑美的基调。多年以来，星河湾深究建筑与人居文化的结合，建筑外观设计经过多年的优化和改良，已形成独具特色的"星河湾风格"。钟楼、西瓦斜坡尖屋顶、错落八角房、三段式外立面……都已成为经典，成为"星河湾建筑符号"。线条勾勒出的精致楼身呈现出优雅建筑格调，形成最美城市天际线。

在提倡高品质生活的新时代下，文化在地产中也有着另一层较深层次的表现——审美情趣、生活品位、艺术格调、文化理念、深刻寓意和精神追求。多年来，星河湾一直不遗余力地满足业主的艺术品位与精神追求，推动社区文化建设，打造了一系列文化艺术活动。在不断的探索下，李云迪生活家空间、星河湾宝库艺术空间等文化载体相继落地；一年一度的星河湾大会构筑起一个高品质圈层的价值平台，并携手故宫紫禁书院，共同挖掘传统文化艺术的魅力，创造文化繁盛，让社区文化体验更加多元立体，打造新时代人居文化范本。

2. 精致服务

在坚守产品品质的初心之外，星河湾更致力于做优质生活方式创领者、中国高品质生活方式运营商。社区文化与共同归属感的塑造是星河湾追求的更高标准。星河湾一直以超越业主期望的服务深耕社区，构建高尚社区艺术文化服务体系，满足业主的精神诉求，继而实现业主对于星河湾品牌的文化与价值认同。

随着星河湾集团产品标准的不断提升，以及业主需求逐渐多元化，星河湾物业对物业服务内容进行丰富和服务程序不断优化。一方面，星河湾物业利用互联网+、物联网技术实现社区服务全覆盖。星河湾物业积极探索互联网思维下的O2O社区服务模式，通过"星悦"社区App等渠道，为业主提供优质、便捷的居家生活服务，让业主可以享受更具人文关怀、丰富多彩的生活体验。另一方面，星河湾物业也将整体思维发挥到极致。在全新项目紧跟时代潮流不断提升优化服务标准的同时，旧项目也能同步升级到最新的服务标准，实现全项目全方位的服务提升。

3. 社群价值

星河湾致力于搭建高端社交平台，举办过上千场精彩纷呈的视觉与思想盛宴，为星河湾业主呈现卓然与华彩、时尚汇聚、璀璨星光、精粹艺术，铺就辉煌的前程与世代尊崇。不遗余力的投入与舍得，让星河湾在社区文化建构、品牌跨界平台搭建上，毫无争议地成为多维度优质生活方式创领者。

长沙星河湾不只是一套房子，更是有极致人居追求和向往的生活，这才是一个住宅珍贵的价值内涵。长沙星河湾的建成，将形成最具影响力的社区，也将带动区域发展。在住宅与社群的碰撞中，星河湾带给长沙的，将会是更加丰富、多元的精彩生活。星河湾的品质生活，是住宅之外的、层出不穷的社群价值，让业主们深切体会与身份相匹配的社群文化。作为唯一一座果岭上的星河湾，长沙星河湾曾多次举办高尔夫球比赛，邀请长沙各界精英人士，挥杆果岭畅享竞技运动的独特魅力；还多次举办广州、长沙业主间的高尔夫球友谊赛，让不同城市间的星河湾业主，有了一个沟通、交流、相识、相交的平台。2021 年，长沙星河湾冠名赞助的"BOSS 商学院开学季"，与金一南将军一道，为各商界人士探寻"心胜"之路。品牌间的合作共鸣，也在星河湾的平台上不断发生，阿斯顿马丁＆华为新品，让业主体验了科技与速度的魅力；故宫文创展览，让业主更进一步感受到传统文化的独特魅力；玛莎拉蒂车友会的聚集，更是对匠心的探寻……一直以来，星河湾在塑造居住品质与输出生活文化的路途上从未缺席，在搭建高端社交平台的道路上不断向前。

4. 智慧定制

长沙星河湾在户型格局、智能家居等多个方面都严格以星河湾 4.0 标准打造，凝聚星河湾产品品质大成。长沙星河湾的家居配件配置，注重人性化、高端化、实用性和技术领先性，实现了家居智能化系统定制化与全屋国际知名品牌原装定制化。采用星河湾自主研发的家居智能化系统，可提供包括智能家居、增值服务、智慧社区、可视对讲四大系统。在家庭安全防范智能化上，配置智能安防系统和智能电梯系统等。客厅内的触摸液晶智能面板上还能够实现对全屋所有区域灯光的智能调光与场景一键控制。不同于标准化，定制化需要更加细致入微地研究客群，并针对每个业主的独特诉求提供定制化方案。这也意味着，定制化往往耗时耗力，需要支付更为高昂的成本。谋定而后动，星河湾最终选择了定制化，并将品质做细做精。

1.5 案例总结

2021 年是"十四五"开局之年，也是第二个百年目标新征程的开启之年。面对城市高质量发展要求和居民高品质生活需求的叠加效应，我国房地产行业也面临着新形势与新环境，行业竞争的底层逻辑正在发生改变。房地产企业需要真正地融入与扎根一座城市，顺应城市发展与居民需求，才能被市场认可，获得持续发展机会。

星河湾作为房企高质量发展的范本，深耕每座入驻的城市，将每个项目都当成"作品"而非"产品"来做，将住宅产品与人居文化融合，使每个项目都成为当地的高品质标杆。长沙星河湾作为星河湾集团在新一线城市的代表作品，在城市向西的发展趋势中选址湘江新区，将人居文化注入匠心品质的物质载体，通过空间尺度、精工工艺与社群生活，实现空间营造与生活方式的协调统一，以美好生活图景树立长沙人居品质的新典范。迈入 4.0 时代的星河湾，正在将长期积淀的高品质优势全面转化为发展动能，长沙星河湾等越来越多的标杆性项目，为新时期房地产企业的高质量发展贡献了新思考与新作为。

思考练习题

1. 在我国城市化进入城市群、都市圈发展阶段，全国性房地产企业如何实施战略布局？
2. 房地产企业如何通过高质量发展推动高品质生活？
3. 结合案例分析：房地产企业选择城市原有中心城区或是城市新区的标准是什么？
4. 结合案例思考：在房地产产品设计中，如何融入项目所在地的"人居文化"元素？

2 融创·大河宸院：

传统文化隐喻下北方中式人居空间营造

中国建筑之个性乃即我民族之性格，即我艺术及思想特殊之一部，非但在其结构本身之材质方法而已。

——梁思成（中国著名建筑学家）

🏛 案例导读

我国传统文化源远流长，让居住回归中国式美好已成为一种趋势，中式人居的研发成为新风尚。融创中国自 2003 年成立至今，与美好城市同频发展。2018 年 10 月，融创提出"总有心意传中国"的中式产品战略；2019 年 7 月，融创华北从中式产品的在地性与当代性出发，发布了北方中式产品序列，其中，宸院系还原了文人雅居生活意境，汲取四大书院礼仪轴线、节点建筑和院落空间的布局理念，构建了"出仕"和"入隐"两条轴线。本文以大河宸院为具体案例，解析传统文化与现代建筑的有机融合，响应了梁思成时代开始的中式建筑当代化的倡导。

2.1 中国传统文化与现代建筑的融合

随着社会经济的快速发展和建造技术的不断进步，中国现代建筑繁荣发展、多元共生，出现很多新中国风特色的建筑，即中国传统文化与现代建筑的有机融合，可以称为"新中式"建筑或"现代中式"建筑。吴良镛曾说："必须明确建筑形式的精神要义在于植根于文化传统。"为了提高现代建筑的精神内涵，需要在现代建筑设计中融入传统文化元素，在满足现代建筑功能的基础上隐含和响应我国传统文化。

2.1.1 传统文化融入现代建筑的发展历程

20 世纪初，中国近代建筑开始向现代主义建筑过渡，最先做出改变的是定居中国的牧师及商人，他们用现代技术转译中国传统建筑的形式，留下了圣约翰大学、南京大学等建筑作品；另外，中国建筑的式样也熔铸到每位年轻有为的建筑师骨髓里。民国初期，爱国官员及建筑师们以"吾国固有之形式"为原则，将西方现代建筑与中国传统建筑相融合；梁思成倡导"中而新"[①]的建筑设计理念，探索中国建筑发展的新方向。1930 年，中国营造学社于北平创立，从事传统建筑实例的调查、研究和测绘，以及文献资料搜集、整理工作，突破了匠人代代口传心授的方式，开创了中国建筑史研究的先河。

1949—1955 年间，在抵制美国文化、学习苏联的背景下，"大屋顶"建筑风格盛行，建筑师对民族建筑形式的研究达到了顶峰。1955 年后，在反浪费思想影响下，我国提出了"适用、经济、在可能的条件下注意美观"的建造方针。改革开放后，有些建筑师过度地追求建筑设计的现代化和国际化，忽视了中国传统的设计思想，导致建筑缺乏灵魂和竞争力。随着传统文化的复兴与我国建筑设计的发展，中国建筑师开始采用变形与抽象的方式将中国传统文化融入现代建筑中，涌现出了一批传统文化成功表达的案例。1982 年建成的北京香山饭店，设计师贝聿铭将传统建筑符号抽象提取后作为装饰元素运用到建筑立面上，实现了传统元素与现代建筑的有机结合。2004 年建成的中国美术学院象山校区，设计师王澍在整体设计中采用合院式的设计手法，结合传统合院与园林庭院的特点，顺应山势和水势坡度，营造传统院落空间，成功表达并转译出中国传统书院的空间意向。建筑师们在现代语境下对中国传统建筑文化的研究与继承是中国建筑领域符合时代特色的有益探索。

---

① "中而新"指的是不割断中国传统文脉的当代创新设计之路。

2.1.2 传统文化与现代建筑的融合理念

关于传统文化与现代建筑融合理念方面，很多专家学者发表了各自的看法。

（1）有些学者强调因地制宜和对本土文化的尊重。彭一刚院士认为只有对本土的文化传统进行深入的挖掘研究，将现代建筑文明与实际紧密结合，才能创造出具有活力的地域特色建筑产品。张锦秋院士坚持传统与现代结合的创作理念，因地制宜，充分尊重地域环境，通过现代工艺与材料的运用，创造出了"新唐风"建筑形式。

（2）有些学者主张传统文化的创新与传承。齐康院士指出建筑文化要有传承、转化和创新精神，在建筑文化的新陈代谢中，发展保护是硬道理，地域建筑文化要与全球文化融合。何镜堂院士提出了"两观三性"建筑创造理论。"两观"即"传承与创新是文化发展的基本点"与"和谐观是中华建筑文化的核心"；三性为"地域性""时代性""文化性"，且三性应和谐统一。另外，何镜堂院士还强调传统文化内涵与现代科技的有机融合。专家们对传统建筑文化的传承、发展与创新的研究，为我国建筑设计的发展指明了方向。

2.1.3 传统文化与现代建筑的融合路径

1. 注重形式的进化

中国传统建筑的形式美依赖建筑细节的表达。无论是中国传统建筑还是西方古典建筑，建筑材料在短时间内很难发生较大的改变。因此，确定现代建筑设计方案时，可通过综合考虑传统建筑功能特性与现代化新技术、精细化设计理念等要素，重视建筑形式进化程度的深化，并深思如何科学有效地应用丰富的传统建筑文化，促使最终得到的现代建筑设计方案有着良好的结构形式及深厚的文化内涵。同时，形式进化一般通过形体模仿的具体手法实现，将传统建筑、古代器物及文字等代表中国传统文化的形象用现代的材料和建造技术表现出来。形式进化的典型案例是上海金茂大厦，通过运用中国传统建筑塔的形式，赋予建筑新的现代功能，促进形式与功能的有机结合。

2. 注重符号的运用

符号指的是从传统建筑中提取出来的、带有文化色彩与韵味的一类元素。这类元素在应用过程中识别性强，容易引起共鸣。将传统建筑文化融入现代建筑的过程中，设计人员根据建筑所在区域的环境状况、整体布局及设计要求，呼应地理环境气候、城市气质、文化性格与生活习俗，合理并有效地运用能够凸显当地建筑特色的符号，通过符号的新旧对比、抽象简化或材质还原三种方法，将传统文化融入现代建筑设计中，同时，注意给予其科学设计水平提升及设计思路拓宽以专业支持，为建筑增添地域特色文化属性。为了顺应新需求，根据建筑的实际情况对传统符号

纹样进行一定程度的简化，增强其现代建筑装饰效果，实现传统建筑文化与现代建筑的融合。

3．注重意境的传递

1932年，梁思成、林徽因在《平郊建筑杂录》一文中提出建筑意境的概念，认为古建筑的美，在建筑审美者的眼睛里都能引起特异的感觉，在诗意与画意之外，还感到"建筑意"的愉悦。天然的材料经过建造，再经受时间的洗礼，不仅是技术与美的结合，还是历史与人情的凝聚，可引起赏鉴者特殊的心灵的融会和神志的感受。

传统建筑文化是否很好地融入了现代建筑设计，最主要的评判标准是意境的深远程度，这体现着建筑设计水平，也影响着传统文化的传承效果。在建筑设计过程中，应仔细斟酌材料材质、色彩构成、空间布局及文化符号的应用，让现代建筑所营造的意境更加深远，传达浓厚的文化气质，最大限度地诠释传统建筑文化的魅力，保证传统文化与现代建筑的融合程度及文化的传承效果。同时，通过对意境传递方面的思考，也能实现对传统建筑文化的筛选与其应用效能的辨析，能够走进当代生活的传统文化，才具有真实的生命力与灿烂的未来。意境的传递保证了过去与当代的衔接，为现代建筑增添了独有的文化气质，促进了建筑领域的可持续发展。

2.1.4　传统文化融入现代建筑的借鉴形式

现代背景下的中式人居空间创作，是指通过一定的创作手法，兼顾时代特征，用建筑本身的形体语言来表现中国传统建筑文化的韵味与意境，并能够很好地融入现代生活。在创作过程中，不仅关注单一建筑元素的作用，还应重视建筑整体的创作方法、视觉效果及其形成的心理效应。

1．解构传统建筑内在模式

对传统建筑进行研究，吸收其屡经时代变迁却不易其风的创作模式，并在整体上把握这类传统建筑的创作特点，使得建筑设计结果在继承传统建筑文化意境与韵味的同时，还有较大的自由创作空间，可供设计师将适配的现代元素注入，实现传统建筑文化传承与现代建筑设计创新的和谐统一。

2．学习和运用中式建筑构成体系

传统中式建筑的构成体系是基于人们对建筑的观察习惯与活动路径形成的。它对应于人们对所观察建筑的视觉心理需求的三个层面，即整体性需求、稳定性需求和细观欣赏性需求，形成了形体、结构、细部三重构成关系，这三重构成按照从属关系形成了一整套的建筑构成体系。首先在建筑形体上，主要由外飘的上部屋盖和台基或地面形成上下耦合关系，使得在远距离视觉效果上构成一个完整的形体，形成建筑的体量感，这是第一重构成关系，满足人们远距离的观赏需求。这重关系决定了建筑物气势是否恢宏、进深是否大气的总体基调。随着距离拉近，人们开始关注建筑的结构构成，这是第二重构成关系。通过清晰的支撑体系来表达结构逻辑关系，使得建筑具有一定的力学美感，满足人们对于建筑的稳定性需求。《易·系辞下》中的"上栋下宇，以待风雨，盖取诸大壮"，便是形容古代宫室的基本结构形式。最后，当人与建筑的距离缩短到只能观察到建筑局部时，对应的关注点便是布置丰富的建筑细节。中国传统建筑具有角兽、云纹、斗拱等一系列的细节处理手法，可以满足人们品观心理上的细观欣赏性需求，这是第三重构成关系。这三重构成关系随着人的行动路线展开，迎合人们对于建筑的视觉心理需求，对建筑物从整体到局部的各方面进行了清晰的阐述，组成了建筑的一整套构成体系。

3. 借鉴传统中式建筑色彩处理方式

梁思成先生在《中国古建筑史六稿绪论》中写道："从世界各民族的建筑来看，中国古代的匠师可能是最敢于使用颜色、最善于使用颜色的了。"传统中式建筑的色彩美学具有两种截然不同的审美思想，一种是繁巧华丽，另一种是清新淡雅，即著名美学大师宗白华所说的"错彩镂金"的美和"芙蓉出水"的美，这两种美形成了中国传统建筑色彩美学的两大体系，即皇家建筑精致华丽、辉煌夺目，而民居建筑则朴素自然、明快开朗。与浓墨重彩的皇家建筑相比，中国民居简洁的色调组成在现代建筑设计中更受推崇。它在色彩处理上主张"少即是多"，摒弃多余的装饰，用最精练的语言表达建筑的本质，这与现代主义建筑理念有共通之处。传统民居建筑在用色方面更多的是采用材料的本色组合形成主体色调，再加上环境色的提亮效果，定下其古朴自然的色彩基调，如苏州、皖南地区的建筑，多见粉白的高墙、深灰的瓦片，在葱翠竹林的掩映下传达出清秀雅致的气韵。无论是皇家建筑还是民居建筑，在色彩处理上都要考虑色彩与自然环境的结合、色彩与功能的结合，以及对比色的合理运用和光的运用。因此可以对传统建筑进行空间色彩美学归纳，应用于现代建筑色彩构成中。

2.2　融创中国及其产品系

2.2.1　融创中国

1. 企业定位

融创中国于 2003 年 7 月在天津成立，多年来与城市共同成长、发展。2020 年，融创将企业定位为"美好城市共建者"，依托六大板块协同效应，通过产业引擎打造、美好社区营造和积极践行社会公益三大途径，全面参与中国美好城市共建。

为承担起"美好城市共建者"的责任，融创在与城市共同担当、共同成长、共同发展的过程中，致力于创造城市的活力与欢乐、展现城市的魅力与精彩，传递城市的爱与温暖，形成与企业角色相匹配的共建价值观，并以"知行合一"的方式推动企业共建。

2. 战略布局及板块

（1）战略布局。经过多年发展，融创最终确立了北京、华北、上海、西南、东南、华中、华南七大区域的全国战略布局，并聚焦于这些区域的一线、二线及强三线城市（表2-1为融创中国全国战略布局）。

表2-1　融创中国全国战略布局

战略分区	布局城市
北京区域	北京、济南、青岛、太原、石家庄、张家口、廊坊、承德、烟台、兰州、东营、济宁、滨州、唐山、威海、潍坊
华北区域	天津、西安、郑州、沈阳、大连、哈尔滨、大庆、长春、开封、延安、葫芦岛、商丘、洛阳、许昌、信阳、周口、咸阳、新乡、渭南
上海区域	上海、苏州、南京、无锡、常州、镇江、南通、扬州、徐州、盐城、泰州、芜湖、马鞍山、乌鲁木齐、滁州、枣庄、包头、淮安、淮南、呼和浩特、银川
东南区域	杭州、合肥、厦门、宁波、嘉兴、湖州、邵阳、莆田、泉州、舟山、台州、温州、金华、福州、亳州、安庆、阜阳、漳州、龙岩、衢州
西南区域	重庆、成都、南宁、昆明、桂林、贵阳、柳州、西双版纳、南充、绵阳、遂宁、昭通、遵义、眉山、北海、玉溪、自贡、贵港、钦州
华中区域	武汉、长沙、南昌、宜宾、景德镇、吉安、九江、襄阳、鄂州
华南区域	深圳、广东、佛山、东莞、惠州、中山、珠海、清远、江门、肇庆、梅州、湛江、茂名、三亚、海口、万宁、琼海、定安、文昌、澄迈、陵水

（2）战略板块。融创中国坚持以地产为核心主业，围绕"地产+"全面布局，下设融创地产、融创服务、融创文旅、融创文化、融创会议会展、融创医疗康养六大战略板块，如图2-1所示。业务覆盖地产开发、物业服务、会议会展、旅游度假、主题乐园、商业运营、酒店运营、医疗康养、IP开发运营、影视内容制作等多个领域。

1）融创地产——中国高端精品生活创领者。作为集团的核心主业，融创地产在高端精品住宅开发领域独具优势，具有多条产品系。目前拥有现代谱系与中式谱系两大典型产品序列，包括壹号院系、府系、桃花源系等经典之作；另外，近年来融创推出城市综合体的中心系、公寓产品印系及文旅小镇类的度假系（表2-2）。其中，中式产品谱系以"自然观、文化观、时代观"为出发点，结合时间维度、空间维度和人的维度综合考量，形成了以桃花源系、雅颂系、宜和山水系、九府宸院系为代表的产品谱系。融创地产秉承"至臻·致远"的价值观，坚持"全国优势布局和高端精品"发展战略，为客户打造高端精品居所。

图 2-1 融创中国战略板块

表 2-2 融创地产产品谱系

现代谱系			中式谱系			
壹号院系	府系	源系	桃花源系	雅颂系	宜和山水系	九府宸院系

2）融创服务——品质生活服务商。融创服务涵盖融创服务集团、融创房屋保养维修公司两大业务，以"至善·致美"为服务理念，为客户提供全面的物业服务。融创服务集团拥有一级物业管理资格，是中国物业管理协会常务理事单位，服务业态涵盖高端住宅、普通住宅、商业、写字楼和城市综合体，发展出住宅物业服务、商企物业服务、案场物业服务和社区多元服务四大全业态服务产品。另外，服务集团打造了社区物业服务品牌——归心服务，提升"大服务"的理念，包含基础物业服务、物业增值服务及以社区活动和社群活动为主的文化服务，在全周期内为客户提供专业的物业服务，持续构建融创独有的归心社区文化与服务体系。

融创房屋保养维修公司则是以房屋保养、维修为核心业务，集房屋品质巡查、房屋验房、风险检查、新房装修、维修保养、旧房改造等全流程服务于一体，为业主提供高品质的全周期房屋保养、维修服务。

3）融创文旅——中国家庭欢乐供应商。为满足中国家庭对于旅游度假的多元需求，融创文旅打造了不同的欢乐场景和"一程多站式"体验平台，主要包括融创文化旅游城、融创旅游度假区、融创文旅小镇等业务板块。其中，融创文旅城拥有融创乐园、融创秀和融创酒店群三大业态，汇聚雪世界、海世界、水世界、电影世界、体育世界、秀剧场、大剧院和会议中心八种主题业态。

截止到 2020 年 9 月月底，融创文旅已布局 13 座文旅城、4 个旅游度假区、25 个文旅小镇，其中涵盖 49 个乐园、48 个商业及近 150 家高端酒店。

4）融创文化——美好文化创造者。融创文化集团拥有融创影视、乐创文娱、东方影都融创影视产业园、乐融、梦之城文化、Base Media、千万间等业务板块，在"内容＋平台＋实景"的战略布局下，融创文化以"感受美好"为核心诉求，联动中国其他业务板块，对优质内容 IP 进行线上线下全产业链开发，为用户提供影视文化产品与服务。

5）融创会议会展——城市发展动力引擎。环球融创会展文旅集团以会展、文化旅游为龙头，致力于投资、建设、运营会展中心、文化旅游度假区、文旅小镇、大型游乐主题乐园、品牌酒店、城市商业综合体等多种业态，是全国最大的会展类项目持有者及运营商。

6）融创医疗康养——中国健康生活引领者。融创医疗康养携手知名医养合作伙伴，为中国家庭提供全方位、全人群的医疗康养服务体系。融创医疗康养具有专业、服务、规模三个方面的优势。在专业优势上，融创与清华大学合作建立了清华融创青岛医学中心；在服务优势上，与日本美邸 MCS 养老服务深度合作；在规模优势上，依托遍布全国的融创文旅和旅居项目，提供高标准候鸟式养老服务。

2.2.2　融创华北区域

1. 业务布局

融创华北区域是融创中国七大区域集团之一，作为融创最早深耕发展的区域，融创华北始终秉持"至臻·致远"的品牌理念，以地产为核心主业，深化多元业务发展，布局 9 大城市，业务覆盖高端住宅开发、商业综合体、文化旅游城、小镇等方面。

融创华北源起天津，17 年来，深耕 6 省市（黑龙江、吉林、辽宁、天津、河南、陕西），与 19 城（哈尔滨、大庆、沈阳、葫芦岛、长春、大连、天津、西安、延安、咸阳、渭南、郑州、开封、新乡、周口、信阳、洛阳、商丘、许昌）同频共振，共谱美好生活。

融创华北秉承着城市敬意，尊重每个地区的城市基因，研判其经济、文化发展方向，因地制宜地发展最适配的产品；并不断创新产品，以实现与城市同步发展，构筑活力、宜居的城市发展格局。截至 2020 年年底，融创华北累计开发 140 余个项目，涵盖多类型业态，共计服务覆盖 50 万余业主群体。

2. 产品

（1）创新引领的产品价值观。融创以雕琢作品的态度，致力于研发纯正的建筑风格与形态；秉持与土地连接、以文化赋能、与客户共情的产品价值观，力求打造出引领新方向、面向未来的时代作品。

1）现有的产品谱系。融创华北从中式建筑、当代生活、未来趋势中不断理解产品，进行传承与创新，丰富了产品矩阵。从中原腹地到北国边疆，广阔的地域跨度和城市特色，融创华北以产品风格为划分依据，结合区位、客群、规模等，将住宅分为现代、新古典、中式和复合大盘四大品系，包括壹号院系、壹号系、宸院系等10 条产品线（表 2-3）。

表 2-3 融创华北产品谱系

产品风格	产品谱系
现代	壹号院系、壹号系、御栖系
新古典	台系、学府系
中式	宸院系、桃花源系
复合大盘	融创城系、洲系、雅颂系

2）北方中式产品的研发。当前，文化自信的表达已成为时代主流，中式产品的研发蔚然成风。2018 年，融创中国提出了"总有心意传中国"中式产品战略，该战略在华北地区落地、升华。融创华北从中式产品的在地性与当代性出发，为北方客户提供了北方中式产品全系解决方案。

①北方中式产品的战略初心。北方地区是中国文化的原生区域，无论是儒家、道家还是佛家，中国文化的思想底蕴均来自北方。北方遗存下来大量的古建珍品，既是中国建筑史的"活化石"，又是中华文化表征。融创华北根植中国北方地区，做好中式产品，传续中国文化，承担双重使命。

②北方中式产品的营造总则。融创北方中式产品的营造总则是在地性与当代性。在地性指的是基于地域性的自发生长，是中式人居的本源。在地性可分为以下三个层次考虑。

第一层次是大区域的气候及文化，如南方、北方。

第二层次是城市，即建筑在城市中与道路、景观及其相邻建筑物等关系。

第三层次是场地，即建筑所在场地的地形、地貌等。

思考的颗粒度逐级细化，从建筑和生活融入北方特质。

当代性的理解与思考可分为文化多元性、功能多样性、生活方式变迁三个层面。中式人居的当代性，从本质上说是中式产品如何为当代生活方式提供人居解决方案，用当代的材料、当代的工艺、当代的结构、当代的审美、当代的视野和当代的语言，还原中国人骨子里的生活记忆，构筑人与自然的和谐关系，让可望、可居、可游的中国式生活意境，得到更深度的拓展。

③北方中式产品序列。融创北方中式产品包括以下序列，其中宸院系是华北区域最大的明星产品系。

a. 唐风系：唐代建筑规模宏大，庄重大方，舒展而不张扬，古朴却富有活力。

唐风系的建筑设计特点：一是在建筑手法上，强调了曲线与微斜线的结合；二是在建筑色彩上，强调灰瓦、白墙，使建筑的色彩更加古朴。

b．雅颂系：宋代的建筑规模一般比唐代小，但更加秀丽、多变，着力于对建筑细部的刻画。雅颂系更多地考虑了北方的气候特征，如屋顶不做卷翘的发戗，以便应对北方多雪的天气；单体上也更加注重厚重感。例如，建筑整体硬朗有力；檐口有线脚，轻巧细腻；门窗不做装饰线条，两侧采用格子装饰墙板，简洁雅致更符合当代人的审美。

c．桃花源系：以大尺度布局、严谨的对称规制、强烈的色彩对比，体现明清时期北方建筑的特点。桃花源系在产品设计上，以"东方瑰宝，世界桃源"为理念，汲取明清时代建筑及园林的灵韵。所不同的是，北方明清建筑相比南方加厚了墙体，在装饰上更为节制，做到简繁有度，色彩对比更加强烈，更适合北方人的审美和生活需求。

d．宸院系：宸院系在设计上通过忘形取意、由简驭繁的手法，来实现仕隐相谐的人生态度，实现"欲仕则仕，不以求之为嫌；欲隐则隐，不以去之为高"。宸院系产品由三个院子组成，分别是规划之院、社区之院和居停之院。

（2）高效务实的能力体系。系统化的研发能力、开放灵活的组织架构、共享导向的产品信息系统，构成了融创能力体系，是融创综合产品力的动力硬核。

1）系统化的研发能力。融创采用业内罕见的大研发体系，具备强大的平台产业化搭建能力和资源整合能力。通过产品研发基地，融创可以将用户需求迅速转化为产品模型，再进行迭代创新。

融创还有一套客户深研体系，不仅在产品定位、研发、交付等环节进行客户研究，还通过"后评估"体系，形成从客户端到产品端的研发闭环。

2）开放灵活的组织架构。融创的产品团队采取去中心化的组织架构和中心化的驱动；通过研发基地等手段实现集团资源集中驱动及对产品战略与标准化的主导。

3）共享导向的产品信息系统。融创对产品的开发与管理进行了全流程的标准化和数字化建设，实现产品信息在产品团队内的共享。融创自主开发的精装自选系统"π计划"，可以帮助设计和采购团队高效配置产品的精装方案，实现融创产品的"定制不复制"。

（3）严格的品质管控。品质是让产品成为作品的核心。融创坚持专注品质营造，通过严格的产品质量内控标准，采用第三方实测、评估方式进行严苛的过程管理。同时，引用供应商评价和筛选制度、工程材料质量飞检管理和融创智造的模式，致力于打造高标准、透明化的全流程品控管理。

1）产品质量内控标准。产品质量内控标准包含土建质量内控标准、门窗质量内控标准、幕墙质量内控标准、电梯系统质量内控标准、机电智能化质量内控标准、精装修质量内控标准、景观绿化质量内控标准和材料专项质量内控标准八大类，共涵盖 1 500 多个子项的质量管控标准。

2）第三方实测和评估。第三方独立检测包含实测实量、防渗漏、防空鼓开裂、观感检查、材料检测和多达 252 个细部检查节点。

3）工程材料质量飞检管理。对进场的工程材料进行质量飞检，保证项目进场材料无假冒伪劣、货不对板等现象发生。

4）供应商评价和筛选制度。采用过程监督程序，对供应商进行评价与筛选，包括施工单位自检、监理机构旁站并验收、融创工程师巡查并验收、区域公司巡查、融创集团飞检五项程序。

5）融创智造。通过工程管理数字化管控体系，实现一户一验、材料管理、供应商管理、进度管理、安全管理和质量验收，全面提升工程精细化、智能化管理能力。

3. 服务

融创服务构建了归心服务板块，致力于为中国家庭美好生活提供细致的社区服务。

（1）一站式客户服务。融创为业主提供一站式客户服务。基于对客户需求的深入研究，搭建了以置业优选、归心交付、维修保养、社区物业、多元服务和增值服务为重点的服务体系，创建融创独有的社区文化和服务价值。

1）置业优选。置业之初，由销售服务团队为用户提供专业的产品展示、房产咨询和置业接待，给客户专业、贴心、便捷的置业体验。

2）归心交付。归心交付不仅交付好的产品，更交付美好生活，即融创不仅以精工品质与基础服务满足业主生活体验，更通过交付前的贴心服务和交付后的归心服务，向业主交付充满生命力的社区生态，这是融创基于对传统房地产交付理念和实践升级后提出的全新交付方案。

3）维修保养。在居住期间，专业的房屋维修保养公司将为业主提供以房屋保养、维修为核心的业务，集房屋品质巡查、房屋验房、风险检查、房屋交付、新房维修、维修保养、旧房改造等全流程服务于一体。

4）社区物业。通过一个原点——客研体系，两个平台——物业管理平台、业主生活服务平台，三个基础——安全、环境、设施设备运维基础管理体系，形成服务闭环，致力于美好居住生活体验。其中，客户研究体系、管家服务模式和智慧社区是融创社区物业服务的三大特色。

5）多元服务。在全流程体验期间，融创搭建以家政服务、美居服务、文化旅游等业务为重点的社区服务体系和运营模式，让业主在其中可体验到更多美好的生活细节。

6）增值服务。融创为业主提供资产管理服务、房屋租赁、二手房买卖等资产增值服务，让业主享受更轻松的资产管理服务。

（2）融创式"魔鬼细节"。"魔鬼细节"出自 20 世纪世界著名建筑师密斯·凡·德罗，他认为即使建筑设计方案恢宏大气，如果细节把握不到位，就不能称之为一件好作品。"魔鬼细节"是精益求精、不断追求完美的精神理念，融创将这种理念运用于社区服务中，通过对细节的把控，为业主打造美好的生活体验。

1）以小细节成就大服务。在融创社区中，单个社区秩序巡逻每年里程超过22 000千米，夜间护送服务每年提供约24 000次，平均电梯日常维护保养检测累计达210项，业主维修需求15分钟内响应，社区清洁卫生每天超过30项公区设施高标准清洁，每年各类清洁作业专项累计超过1 000次，还有"融创夜归人"的专属"私人保镖级护送服务"、疫情隔离期间的食材配送服务。通过这些"小数据"，体现融创对细节的追求，以及为业主生活保驾护航所做的努力。

2）以共生共长保证美好生活。美好的社区氛围需要业主邻里间的共同营造与维护。在融创社区中，由全体业主参与制定的《社区公约》是大家共同遵守的公共生活行为准则，也是自律互助的共同约定。融创作为《社区公约》的倡导者，代表和号召广大业主共同践行社区文明行为。在共建过程中，更深入、及时地了解业主对于社区生活的真切需求，从而提升服务品质。

4. 生活

社区是构成城市的主体单元，也是城市基本面貌的组成者。社区生活运营，关乎社区居民的幸福感和生活理想，是对传统房地产开发模式的升级，也是构建美好城市的重要部分。融创将社区生活运营视为构建持续生长的社区新模式活动，将社区的外延不断扩大，围绕"生活与人"专注社区品质升级。在行业标准化背景下，融创社区生活运营，形成"生活方式营造""生活场景营造""社群生活运营""客户服务运营"四大模块集成系统。

（1）生活方式营造：价值共鸣下的生活共同体。通过创造和激发业主的价值认同，提升业主在社区的生活参与感。在融创的社区里，生活方式是每个家庭、每个个体社区生活参与和共建过程中自发形成的。融创的角色是社区运营的平台搭建方，通过理念传导和资源连接，跟随和引导社区的主人共建社区生活圈，形成价值认同和高参与度的生活共同体。

（2）生活场景营造：全方位配套释放社区活力。通过对归心配套的生活内容布局，将人们对美好生活的期待"具象化"，构造每一个生活场景，实现从居所到多维场景生活的进阶。在融创社区内，通过融果天地、枫叶广场、乐活空间、健康跑道等空间，使业主积极参与到社区的场景生活中，实现了多场景的社区朋友圈营造。另外，依托社区商业营造了"4+X"商业配套，通过自营和嫁接专业运营资源的方式，连接社区和城市的内外资源，满足业主家庭需求。

（3）社群生活运营：连接每个家庭。通过多场景的社群营造、全维度的生活连接，融创实现从家庭到社区、再到生活圈的进阶，共建中国家庭生活圈。融创社群运营体系以"平台＋内容＋线下体验"的用户思维进行体系构建，在深入分析家庭成员的属性、需求及互动反馈等内容后，以全年龄、全周期、全时段为准则，围绕线上客户平台和社群内容构建，以及线下的多维体验，形成业主共建、共享、共生的生活平台。在融创社区内，以社群为原点，使社区生活形成了紧密的连接，包括融果商城、融果好物、文旅文化产品与场景拓展、同城社交、商家分享等，实现家庭与家庭多维度连接。

（4）客户服务运营：共享的服务保障机制。融创客户服务运营以"引领、专注、生命力"为理念，通过搭建一站式客户服务平台，为客户提供全流程、全资源的高品质生活服务。从前期的蓝图描绘到客户签约，从总经理见面到工地开放，从品质把控到交付服务，再到全周期的房屋保养和维修等，融创客户服务运营涵盖了客户从购房到交付乃至入住期间一系列的共享体系。

2.3 宸院系产品：文人雅居的现代思考

2.3.1 宸院系产品线定位

1. 品牌缘起

"宸"字在古代有两重含义：一是代表北极星，古人常以宸辨别方向，子曰"为政以德，譬如北宸，居其所而众星拱之"；二是代表屋宇，承载着中国人回归家庭的观念，一个宸字将古人常说的出仕入隐融为一体。

随着北方中式文化的复兴，人们越来越青睐于中式建筑。2016 年，融创华北第一个宸院系产品——大河宸院进驻郑州，宸院系开始了日趋成熟的产品线演绎；2017 年，中原宸院延续宸院系产品的核心价值与理念；2018 年，御湖宸院布局长春；2019 年，南开宸院开启宸院系新篇章。至今，融创华北已经在北方大地落地近 30 座宸院，布局 6 省 12 城（表 2-4）。

表 2-4　宸院系探索历程

年份	宸院产品
2015	西安南长安壹号、观澜壹号
2016	郑州御湖宸院、东方宸院、中原宸院、大河宸院
2017	西安东方宸院；天津运河宸院
2018	开封宸院、长春御湖宸院
2019	郑州空港宸院、观河宸院；西安延安宸院、西安宸院；沈阳盛京宸院；哈尔滨松江宸院、印象宸院；天津南开宸院、御河宸院、蓟州宸院
2020	郑州河洛宸院、国宝宸院；沈阳江山宸院

2. 设计理念与逻辑

宸院系产品的设计理念是在实现个人社会价值的同时，希望客户能得到回归自然、回归本真的内心安宁，实现"欲仕则仕，不以求之为嫌；欲隐则隐，不以去之为高"的仕隐相谐的人生状态。

3. 选址要求与目标客群

一般来说，宸院系产品落地于城市主城区内的优质地块，或主城边缘新兴区域，具备较好的景观资源，拥有便利的交通条件和成熟的城市配套条件。例如，最早的大河宸院位于郑州主城区正北侧，黄河南岸的惠济经济开发区，紧邻索须河，区位优越，景观资源良好，交通便利，配套完善；揽月府项目位于西安市龙脉主轴上，紧邻樊川绿地公园，区位条件优越，景观环境良好，交通便利，配套完善。

宸院系的目标客群定位于城市中坚力量，他们的购房需求主要是为了保值与改善自住；他们追求高品质、高性价比的生活方式和有氛围的生活空间；同时，他们认可中国传统文化与美学，喜欢中式风格和东方意境，期待在居所中实现文化享受。

2.3.2 宸院系产品线解读

1. 总体空间规划设计

社区在物质空间上的科学规划及其功能的有效发挥是社区规划的重要内容，也是社区居民享受高质量生活的根本保障。依据马斯洛个体在生理、安全、社交、尊重和自我实现五个层次的需求理论，社区应以满足多元主体不同层次的需求为目标进行科学规划。宸院系产品以客户需求为基础，以院落[1]为建筑布局的基本组织形式，在充分考虑居住者的生理、安全需求的前提下，结合传统书院文化[2]进行空间规划设计以满足社交、尊重和自我实现层次的需求。

院落是中国传统建筑布局的基本组织形式，是中国人最熟悉的传统居住形式。中国传统院落模式经历了封建社会至唐代的里坊制、宋代的街巷制与近代的里弄制和四合院制的历史演变，已经形成了其独特的地理适应性，同时具有丰富的文化内涵和特有的审美内涵。宸院系产品以院落为总体空间布局的基本组织形式，通过对传统院落的分析并综合考虑居住者的多元需求，归纳出院落组成的三大要素——意境悠远的景观园林、稳定舒适的居住空间和聚会交流的社交场所，并用三个院子——规划之院、居停之院、社区之院来实现对社区空间的组织安排。

（1）规划之院。规划之院主要营建一种书院式的生活方式，设计的灵感来源于古代文人、士大夫阶层的生活方式与社交风格，并将其转译为当代仕隐[3]两兼的城市山林生活方式，以满足居住者尊重与自我实现的需要。

中国书院自春秋百家争鸣时期的稷下学宫到盛于两宋时期的四大书院，书院文化不仅是修学论道的学术文化，更是根植于文人士大夫心中的中国式理想生活。宸

---

① 院落：房屋前后用墙或栅栏围起来的空地；民房。
② 传统书院文化：传统书院文化可分为精神、物质、制度等多个层面，这里特指传统书院建筑文化，即其中蕴含的中国建筑美学思想。
③ 仕隐：是古代文人选择的两条人生道路："仕"指出来做官，出人头地，"隐"指归隐山林，远离功名。

院系产品从现代文人的精神追求出发，汲取国家现存最著名的四大书院（白鹿洞书院、岳麓书院、应天书院、嵩阳书院），通过礼仪轴线、节点建筑和院落空间的布局理念，构建了出仕、入隐两条轴线（图2-2）。

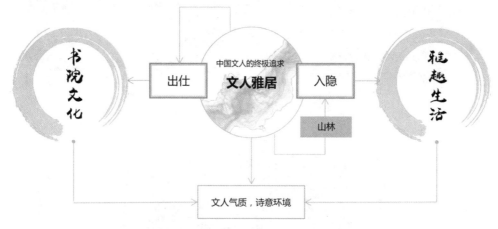

图 2-2　宸院系空间布局理念

1）出仕——一轴五景。通过对中国古书院的解析，设计师提炼出礼仪轴线、节点建筑、院落分布三重空间层次。礼仪轴线穿插以组织空间，围绕礼仪轴线布置观宸、枕流、仰止、半学和春深五个节点建筑（其中，观宸是书院礼仪迎宾的入口空间；枕流为出仕、入隐的转换空间；仰止为树下读书交流的轴线空间；半学为讲学悟道的公共空间；春深为读书休憩的室内空间），通过建筑围合成不同的院落空间，其中主院落空间随主轴展开，次院落空间围绕主轴分布。宸院系产品的出仕轴线依照古代书院礼仪轴线的礼序关系进行对位设计，并且结合当代人的生活方式进行了演绎，将书院最重要的三个功能——讲学、藏书和思贤融入轴线五重空间中，依照书院礼序的方式结合当代生活展开，让居住者在其中既能充分感受到书院文化，又能拥有现代的生活方式（图2-3～图2-5为长春御湖宸院的三重空间层次）。

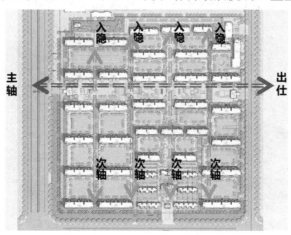

图 2-3　长春御湖宸院礼仪轴线

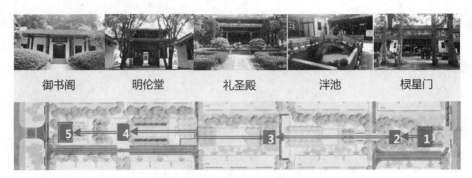

御书阁　　　明伦堂　　　礼圣殿　　　泮池　　　棂星门

图 2-4　长春御湖宸院节点建筑

图 2-5　长春御湖宸院院落分布

出仕轴线上的五景即指主轴上的 5 个节点。

①观宸：原身是古书院文庙中轴线上的牌楼式木质或石质建筑，在宸院产品中作为社区归家大堂，是宸院项目在城市界面最直接和最好的展示空间。在形制上，结合金属材质形成丰富的屋顶空间，主体由金属格栅与墙面形成虚实对比，打造像书院院门一样具有礼仪感的入口空间；在功能上，将其由简单的门引申为堂的概念，赋予其会客、休息和读书等实用功能，将其塑造成社区的城市会客厅（图 2-6、图 2-7）。

图 2-6　观宸

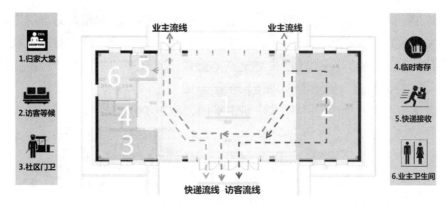

图 2-7　观宸（功能）

②枕流：原身是中国古代官学的标志性水景泮池，宸院系产品将其引入出仕轴线，在进入大堂后的对景处设置水景池，既带来了强烈的书院仪式感（图 2-8），又契合南朝宋·刘义庆《世说新语·排调》中"所以枕流，欲洗其耳，所以漱石，欲砺其齿"所描绘的一心向学的隐逸生活。

图 2-8　枕流

③仰止：古代书院通常有两种形式，一种在室内讲学；另一种是在山水间游学，如孔子杏坛讲学的典故。仰止则为山水间游学的礼仪空间，让置身其中的人在被绿荫环抱的氛围下放松心情、漫步和看书（图 2-9）。

图 2-9　仰止

④半学：取自岳麓书院门匾，蕴含着儒家半教半学、教学相长的书院理念。半学则为古代室内讲学的空间，位于社区中心、轴线中央位置，恰好对应书院最重要的空间及构筑物，其屋顶设计挺拔、笔直，就像一本翻开的书。半学内的空间复合了讲堂、放映、茶室、展示等多种使用功能，成为承载冥想、交流、休息、饮茶、读书、讲座等中国式生活方式的场所（图2-10、图2-11）。

图2-10　半学

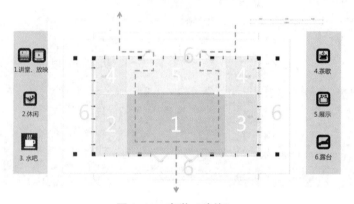

图2-11　半学（功能）

⑤春深：取自描写白鹿洞书院读书的劝学诗《白鹿洞二首·其一》中"读书不觉已春深，一寸光阴一寸金"，传达了勤学、好学的读书境界。其原身是古代书院的藏书阁，在本项目中是可供阅读与休憩的共享图书馆（图2-12）。

图2-12　春深

2）入隐——雅趣十景。为了让居住者能得到隐逸山林的自然之趣，宸院系产品的设计师们从古画和诗文记载中提取出已形成共识的十大雅趣作为宅间景观的创作主题，并以现代的手法来演绎赏雪、寻幽、题石、作画、酌酒、品茗、候月、莳花、抚琴、对弈十大雅致生活方式（图 2-13、图 2-14）。

图 2-13　雅趣十景

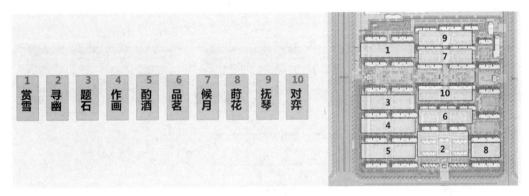

图 2-14　长春御湖宸院十景分布

（2）居停之院。居停之院的要义是回归建筑原本的居住功能，从立面和空间两个维度出发，探求生活的本源。

1）立面——以简驭繁，取意忘形。中国近代建筑学家林徽因认为，中国建筑是东方的一个独立的建筑系统，数千年来，继承演变，却始终没有失掉它的原始面目，形成一个极特殊、极长寿、极体面的建筑系统。这里的原始面目包括台基、梁柱和屋顶部分。

宸院系产品的建筑立面体现了其对于中国建筑原始面目的雕琢。通过运用现代工艺与材料，以由简驭繁、取意忘形的创作手法，用现代建筑语言表达传统文化精神，以现代建筑体现传统文化风格。宸院系产品是在对中国古典建筑原型进行形体提炼的基础上进行创作的结果，其建筑具有立面分段、对称均衡、虚实层次的特点（图 2-15、图 2-16）。

①立面分段：基于中国古典建筑"天、人、地"三段式的结构，宸院系产品根据层数的不同规定了屋顶与基座的设置原则，以达到最和谐的比例关系。

a. 建筑头部——屋顶：屋顶部分是中国建筑外形上最显著的特征。自古以来，中国建筑师不厌其难地使屋顶尽善尽美，除切合实际的需求外，又独具一种美术风格。宸院系产品保持了中式屋顶水平舒展的气质，强调横向线条，以营造静谧安定

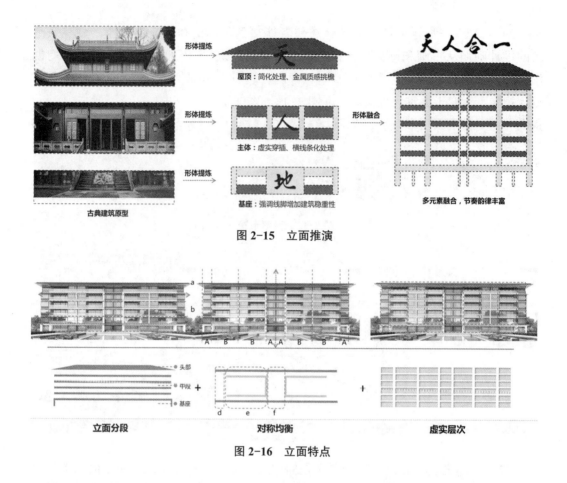

图 2-15　立面推演

图 2-16　立面特点

的氛围。檐口用金属线条加以勾勒，不仅增加了现代建筑的力度感，保留了水平延展气质，还增加了建筑的现代感和构造的精致感。

b．建筑中段——屋身：在屋身的处理上，宸院系用中国文化中顾全局和重整体的思维去梳理屋身的比例，将开间归纳为具有节奏感的段落，并且延续了屋顶水平舒展的气质，根据功能需求，弱化开间划分，而强调水平划分和大的虚实关系，使得窗的排布与墙的力量感突出体现，也使得屋身更加整体。

c．建筑基座：建筑基座上柱的形式与其他部位相比略宽，以保证建筑的稳重性，同时，在体量上也错落有致、主次分明。另外，用富有体量感的斜切式石材边框与富有层次感的金属勾边相结合的手法来勾勒首层的门窗洞口，使得基座厚重中显精致，大气中有温度。

②对称均衡：宸院系产品遵循中国古典建筑原始的比例关系与左右对称的原则，在立面设计上始终保持中轴对称，同时，弱化纵向重复的开间关系，强调横向水平线条，并将线条进行向外延展，使建筑形体更加舒展而富有张力。

③虚实层次：传统建筑通过实墙面与窗户对比形成虚实对比关系；而宸院系产品通过实墙面与窗户的虚实对比及平面的进退关系形成立面的虚实对比关系。设计

师根据自身对于现代中式美学的理解，从色调的推敲到材料的甄选，从分隔比例到虚实关系，从风格样式到文脉传承，对宸院系的立面形象进行打磨，以保证人居品质，提升体验感。

2）空间——人性化细节设计。室内空间是人们日常生活最直接的载体。在满足舒适、典雅生活环境的基础上，宸院系产品梳理了室内居住六大空间（客餐厅及走廊、厨房、卧室衣帽间、阳台、玄关、卫浴空间）180余项措施，保证人性化设计的细节。例如，玄关空间梳理从由外到内的动线逻辑、用户归家的行为习惯及高频到低频的收纳选配逻辑推导出玄关的五大设计模块，打造出条理清晰、使用便捷的玄关。再如，卧室的设计着重体现了对各年龄段人群的人性化关怀，主卧室设置了呼叫按钮，确保业主发生紧急情况能及时联系到物业；所有插座面板均选用儿童防触电面板，在设计阶段充分考虑了儿童的安全；在卧室床头设置高度合适的 USB 插座等。

（3）社区之院。社区之院主张打造邻里和睦的归心之旅，其文脉可溯源至聚族而居的传统熟人社会所带来的归属感与安定感。社区之院以营造安全、舒适和健康为主导的社区为目标，回归院落之间的人情冷暖，满足居住者邻里守望相助的社交需求。

城市化进程的加快在创造越来越繁华生活的同时，也侵蚀了人与人之间的人情暖意。邻里之间的点头之交、朋友圈的点赞之交使得现代社会变成一个由陌生人组成的主流社会；安全与情感的缺失成为每个现代人不可回避的痛。宸院系产品以当代人居痛点为突破口，通过归心社区重构和谐的邻里关系，更利用当代技术弥合城市化带来的疏离。

1）健康人居技术体系，用科技解锁生活的温度。人们有超过 90% 的时间是在室内度过，建筑对人类健康有重要的影响。融创华北结合国际健康建筑标准，根据客户敏感点、技术可行性及项目实践，从居住者的切身体验出发，从安全、智能、营养、精神、健身、空气品质、水环境、声环境、热环境和光环境 10 个维度，以 108 项技术，搭建了华北健康人居技术体系（表2-5），以技术的优化与集成来关照居住者的身体与心灵健康，打造用户健康需求与体验的住宅产品。

通过无醛装修系统、新风除霾系统、室内环境监测系统、甲醛净化、清洁剂有害物质控制等多重空气净化系统，严格施工管控等措施，从源头最大限度地减少室内空气污染源，为使用者提供最优室内空气质量，保障居住者的身体健康。

表 2-5　健康人居技术体系

健康人居技术体系	空气品质	无醛装修、新风除霾、环境监测、甲醛净化
	水环境	直饮水、软化水、水质监测、集中水质处理
	声环境	楼板隔声、墙体隔声、设备隔声、声学规划
	热环境	湿度控制、辐射采暖、外遮阳、保温隔热
	光环境	天然采光、健康照明、节律照明、眩光控制

续表

健康人居技术体系	健身	全龄儿童活动场地、健身引导、老人健身、设计引导
	精神	邻里交往、健康睡眠、人文关怀、教育关怀
	营养	业主食堂、绿色蔬菜、饮食空间、园艺空间
	安全	周界安防、儿童视频看护、老人安全看护、特色安防
	智能	智能家居、智慧社区、社区 App、智能访客

2）"4+X"服务体系。2019 年，融创华北区域落地"4+X"归心社区商业配套，以融果课堂、融家食堂、枫叶学堂、融会 CLUB 为基础（图 2-17、图 2-18），搭配不同社区特性的配套，营造不同的空间层次，将生活关照和全龄化的生活服务融入社区，提升居住者的幸福感。

(a)　　　　　　　　　　　　　　(b)

图 2-17　枫叶学堂、融果课堂

（a）枫叶学堂；（b）融果课堂

(a)　　　　　　　　　　　　　　(b)

图 2-18　融会 CLUB、融家食堂

（a）融会 CLUB；（b）融家食堂

①家门口一站式儿童课堂——融果课堂。融果课堂是融创给孩子们搭建的成长乐园与学习营地，嫁接城市优质教育资源，为孩子们提供多类课程及多项益智活动，

可以满足不同阶段儿童的成长需求。

②老年颐养社交中心——枫叶学堂。枫叶学堂为老人提供了颐乐安享的美好空间,可以满足老年社交、亲子陪伴等多种需求。

③邻里业主食堂——融家食堂。融创时刻关心业主的饮食健康。融家食堂集多种服务为一体,坚持为业主提供优质三餐,让业主吃得舒服放心。

④体验性健身社交中心——融会 CLUB。融会 CLUB 为业主提供多种健康健身解决方案,并提供多类体验,激发业主的生活热情。

⑤"X"特色配套——书院。宸院系产品主张还原保存在中国土地上的优雅记忆。书院作为中国传统文化中举足轻重的元素,是宸院系产品意图寻找的院落精神的最佳体现。宸院系书院期望为业主营造一个"俯首诗书礼乐,四顾石室丹丘"的阅读氛围,让业主在返璞归真的环境中阅读思考、沟通交流。另外,宸院系书院还将与各类文化机构跨界合作,以文化上的共同志趣,定期举办读书分享会、书画交流会等文化活动,助力重构当代和谐邻里关系。

2. 景观解析

新中式是传统文化与现代时尚元素的结合。新中式建筑景观设计中也应合理加入传统文化元素,使得现代景观在满足功能需求的同时也关照当代人的审美爱好。

宸院系产品的景观设计主要集中在入隐轴线的雅趣十景设计中。设计师们从上千幅古画与数千首诗文记载中提炼出形成共识的十大雅趣——赏雪、寻幽、题石、作画、酌酒、品茗、候月、莳花、抚琴、对弈,将其作为宅间景观设计的创作主题,并采用现代手法演绎出来,如图 2-19~图 2-23 所示。

(1)赏雪:这是入隐轴线中,最具北方特色的一处宅间景观。它以北宋著名画家范宽的《雪景寒林图》为蓝本,在一处开合自由的空间里,构筑出远景、中景、前景兼备且层次分明的赏雪空间〔图 2-19(a)〕。

(2)寻幽:针对别墅区院落较大、宅间公共区较小的特点,结合种植,营造曲径通幽的景观效果,在转弯、巷道端点处,布置书院化小置景,增添巷道韵味,营造"寻幽殊未极,得句总堪夸"的生活意境〔图 2-19(b)〕。

(a)   (b)

图 2-19　赏雪、寻幽

(a)赏雪;(b)寻幽

（3）题石：模拟古代文人寄情山水、题石赋诗的生活意趣，以宽条石打造园路并膨大形成休憩场所，设置景观景点，下部薄片演示模拟山林，纹理连续细腻，中层种植孤赏树或设置人工造雾机，使得空间温暖宜人［图2-20（a）］。

（4）作画：打造景观山水画风情，阳光草坪为水，种植组团结合山水小品置景为岛，园路穿插景致，密林中安置休息区，形成人在画中游的园林意向，并以画作最佳视角设置林下观景平台，形成看与被看的园林意趣［图2-20（b）］。

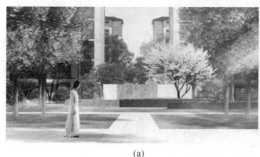

（a）

（b）

图2-20 题石、作画

（a）题石；（b）作画

（5）酌酒：沿用古人饮酒游戏——曲水流觞的方式打造流线感十足的林下空间，并在沿线设置现代感的休闲座椅，可观察"曲水"，体验"流觞"［图2-21（a）］。

（6）品茗：沿用古人煮茶文化场景，打造现代茶歇休闲会客处，以户外卡座为原型，孤赏树下固定台面座椅品茶处，观赏草坪、林木种植区与煮茶文化小品置景组合呼应形成整体茶歇空间［图2-21（b）］。

（a）

（b）

图2-21 酌酒、品茗

（a）酌酒；（b）品茗

（7）候月：采用现代精致手法还原古人林下观月的情怀，重点强调倒影。采用圆形和流云形构图，加深地面铺装颜色，适当采用深色反光元素，营造"举杯邀明月，对影成三人"的意境［图2-22（a）］。

（8）莳花：以当地特色开花结果树种打造单一品种观赏林。开花结果、落英缤纷的时节可吸引业主游乐，并形成特色光影植物舞台，也可组织业主及孩童进行植物类表演、实践及互动［图 2-22（b）］。

（a）　　　　　　　　　　　　　　　　（b）

图 2-22　候月、莳花
（a）候月；（b）莳花

（9）抚琴：模拟《听琴图》中松荫下三人情景（宋徽宗赵佶香炉旁焚香抚琴，蔡京、童贯左右听琴），打造现代孤赏树下、精致香炉、琴艺文化特色置景，以及三人琴座造型类休憩座椅［图 2-23（a）］。

（10）对弈：采用横平竖直铺装元素及圆形小品元素打造现代棋盘置景，结合林下棋桌座椅等形成现代对弈休闲空间［图 2-23（b）］。

（a）　　　　　　　　　　　　　　　　（b）

图 2-23　抚琴、对弈
（a）抚琴；（b）对弈

宸院系产品通过雅趣十景，打造出归则隐逸山林的意趣生活，让人能在其营造的环境氛围中得到身体与心灵的放松。

3. 精装指引

在室内精装方面，宸院系产品从文人生活起居中萃取空间气质，并从中提炼出人文、艺术元素，通过现代工艺将其建筑化；在色彩构成方面，从文人艺术作品中归纳出淡雅、沉静、内敛的空间色彩美学，通过现代材料的灵活运用实现其在居住空间中的应用。具体来说，宸院系内部精装风格可分为极简中式与现代中式两种。极简中式风格强调取意忘形，在满足现代生活方式的前提下以极简的设计手法再现中式气韵；而现代中式风格则强调传统中式典型器物元素的组合，在满足现代中式审美的同时在功能上适应现代的生活方式（表 2-6）。

表 2-6　内部精装风格比较

精装风格	极简中式	现代中式
说明	中式气韵、取意忘形，萃取传统文人士大夫入隐的淡雅、沉静、内敛气质，满足现代生活方式的前提下以极简的设计手法再现中式气韵	以传统中式典型器物元素，通过现代简洁的组合手法，满足现代人中式审美的同时，在空间功能上适应现代的生活方式
效果示意（书房）		

2.3.3　宸院系迭代研究

2016 年之前，融创开始研发宸院一代产品，到 2020 年宸院一代已全面呈现；宸院二代从 2018 年开始研发，到 2020 年已基本落位；宸院三代正处于研发中。产品迭代进程如图 2-24 所示。

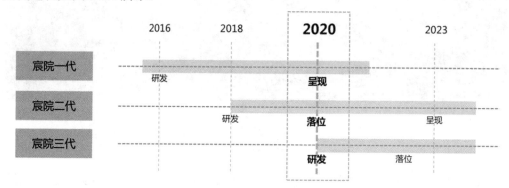

图 2-24　宸院产品迭代进程图

随着对北方传统文化的不断挖掘，宸院系产品经历了创新研发、落地呈现、产品反思及再迭代研究的过程，至 2020 年，在研发层面已历经三代，丰富了产品意境和文化内涵，完成了前后三代产品从宸"愿"到宸"现"的过程。

在宸院一代到宸院三代产品的迭代过程中，从在地性与当代性两个维度出发，在文化内核、风格特征、故事线、空间原型和立面原则方面进行了较大的改变（表 2-7）。在一代宸院的基础上，二代宸院以"书院"和"文人雅居"为载体，强调古代文人出仕入隐的生活追求，发展到三代宸院，当代文人"宸风者"的生活写照更丰富了宸院系的故事路线。在空间原型上，一代宸院主张营造"庭厅院园"的院落空间。二代宸院革新

"五重书院空间，十个雅趣空间"的空间原型。三代宸院在空间营造方面持续发力，打造了社群空间、乐活空间、独处空间，回应当代人居需求。

表 2-7　三代宸院产品特征比较

产品	一代宸院	二代宸院	三代宸院
文化内核	古代中国人的院落精神	古代文人雅居	当代的"进取观、和睦观、自省观"
风格特征	古典雅致	简约禅意	灵动典雅
故事路线	未定	文人雅居	回归家庭生活
空间原型	"庭厅院园"院落空间	五重书院空间，十个雅趣空间	社群空间、乐活空间、独处空间
立面原则	风格偏古典，颜色为暖色调偏深色，竖向线条硬朗	风格偏现代，颜色为暖色调偏浅色，立面突出横线条	现代风格的基础上保留一些中式传统元素

宸院三代尚在研发中，下面仅对宸院一代到宸院二代在文化内核、故事路线及建筑形象三个方面的迭代升级进行说明，并结合宸院一代和宸院二代已落地的具体项目进行介绍。

1. 文化内核

宸院一代聚焦于中国民居的院落情结，在规划布局上体现院落精神的回归。在建筑设计上，也传承"天人合一"的哲学思想和方正围合、轴线对称的礼制观念。同时，通过院落的大与小、收与放、开与合、行与止，形成空间的分隔、引导、拓展与界定。

宸院二代提出了由简驭繁、仕隐相谐的设计理念，认为北方中式建筑注重的不只是其外表形状，还应该还原保存在这片土地上的文化记忆。宸院二代以书院文化为文化内核，在规划布局上，构建了一种出仕入隐两兼的文人雅居的理想生活状态，实现"心有庙堂之高，亦有山林之雅，胸怀家国天下，更有知己小我"的豪迈与自由，在现代居住空间中满足居民的传统文化需求。

2. 故事路线

宸院一代产品主要传递古院落文化，在景观布局上按照庭、厅、院、园展开，并未将其串联起来塑造一条故事路线；而宸院二代产品主要推崇书院文化，认为兼具文人气质与诗意环境的书院文化，是中国文人的终极追求。宸院二代产品继承了四大书院的布局理念，通过构建主轴五进礼序关系打造"出仕"轴线，通过从古书画作品中提取的十大雅趣打造"入隐"轴线，"出仕""入隐"连成一条完整的故事路线，再现了古代文人"居庙堂"和"处江湖"的生活场景。

3. 建筑形象

宸院系产品线包括洋房、高层两种产品类型，各类型虽各具特点但在风格等方面保持统一。宸院二代在建筑形象上对宸院一代进行了立面升级、标识更新和装饰创新。

　　在立面形象方面，两个版本都是结合传统建筑形式，传承了经典的天、地、人三段式设计。宸院二代产品在宸院一代的基础上进行了立面升级，建筑风格由宸院一代偏古典雅致的传统现代中式升级为偏简约禅意的简洁现代中式，色调也由一代暖色系偏深色调浅。宸院二代产品屋檐尺寸出挑更加深远，坡度更加舒缓，立面层次的划分更加简洁明确，并重新整理和抽象出中国传统建筑的拓扑关系，并运用更现代的设计手法表达呈现。在设计手法上，保持立面或空间关系中轴对称。立面上浅色线条通过黄金分割比例，将层间的横向水平线条高度控制在 450 毫米，浅色立柱宽度控制在 750 毫米，同时，对在中轴及两端部位浅色线条加以粗细变化，使立面线条更加挺拔，凸显现代感，并通过材质颜色的区分加以强调，配合造型更加现代，出挑更加深远的屋顶，使建筑形体更加舒展且富有张力。在建筑材料方面也进行了升级，宸院二代外墙多采用石材、铝板，玻璃采用高透玻璃，使得虚实对比更加鲜明，彰显大气稳重的气质，如图 2-25 所示，左侧为一代洋房，右侧为二代洋房。

图 2-25　宸院一代与二代洋房立面形象比较

　　宸院二代对标识系统也进行了相应的更新，强调低调轻奢的新中式风格，材料也多采用亚金色铝板喷砂、深古铜色阳极氧化铝板、黄铜做旧和特制面板麻饰面，起到点睛空间的作用，是中式美学的精准表达（图 2-26）。

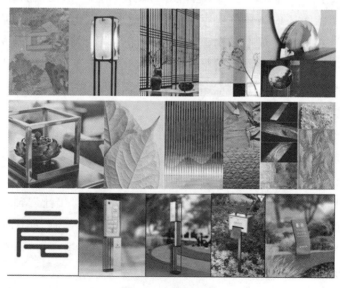

图 2-26　标识系统

在内部精装方面也进行了创新，宸院一代地面多采用仿石砖，墙面多采用白色防水乳胶漆或仿石砖，整体呈现暖灰的色调，营造出温馨的氛围。宸院二代产品在材质上以橡木地板、浅灰地毯打底，混以白色石材，再以孔雀绿软装进行跳色；在色彩构成上从文人艺术作品中归纳出淡雅、沉静、内敛的空间色彩美学并加以应用；同时，从文人起居生活中提炼出人文、艺术元素，并将其建筑化；使得居住空间展现出一种与生俱来的典雅气质。

4. 落地项目

宸院一代已落地呈现的典型产品是郑州大河宸院（图2-27）。大河宸院是融创宸院系在中原大地上的初创，也是宸院一代的代表作品。中原文化灿烂、人杰地灵，也孕育了具有鲜明本土特色的中原传统民居。通过对中原传统院落布局特征的深入研究和整体架构的转译，大河宸院以庭、厅、院、园四个空间依次阐述整个园区的浏览动线：前场设计为递进式院落，重礼序和归家的仪式感；后场打造归家路线，重空间体验感和舒适度。

图2-27 大河宸院实景图

宸院二代产品的代表作品是天津御景宸院、南开宸院和西安江山宸院，如图2-28～图2-30所示。

（1）天津御景宸院。御景宸院在天津瑞景居住区，运用新中式建筑手法，将极简宋式的建筑美学应用于当代人居，强调建筑的水平线条，突出标志性的大台基、深挑檐等元素，以建筑美感迎合当代人居审美。

图2-28 天津御景宸院效果图

（2）天津南开宸院。天津南开宸院位于天津南开区奥体板块。在设计上从北方传统院落形制中提炼神韵和精华，复归东方人居礼制。在园林规划上，礼仪轴线采用传统书院轴线对称的景观造园手法，再融入书院礼仪文化，强调归家仪式感和书院文化的传承。院落景观空间采用层层递进式的传统书院院落布局方式，增加空间感、功能性及神秘性。

图 2-29　天津南开宸院效果图

（3）西安江山宸院。江山宸院位于西安西北大学（南校区）东侧。江山宸院追溯中国美学的精神原点，强调归返内心、重视生命的诗意安放，用当代的设计语言还原中国式生活的场所记忆。

图 2-30　西安江山宸院效果图

2.3.4　宸院系产品竞争力

（1）忘形取意，现代生活方式与本土文化传统的结合。中式传统审美的回归与普及，让具有中国传统文化特征的居住建筑进入市场。然而，多数中式住宅采用直接模仿或照搬传统中式建筑的色彩、造型、材料等处理手法，难以体现传统文化内涵，有时也容易影响住宅的使用功能。有的住宅用现代的材料与做法模仿传统中式住宅外观，但仍未跳出传统建筑形制与符号的束缚。宸院系产品在设计上采用了忘形取意、由简驭繁的手法，突破建筑形制的束缚，对传统建筑元素进行提炼与融合，最终形成具有文化韵味的现代中式建筑。

（2）文化与产品结合紧密，规划设计故事化。文化是产品的内核，可以提升产品的价值。中式住宅的盛行折射出人们对高品质民族文化属性住宅的旺盛需求。文化只有与产品紧密结合，才能最大限度地提升产品的附加值。宸院系产品以"文人雅居"为设计理念，以"由简驭繁，仕隐相谐"为文化内核。为实现文化与生活空间的融合，设计者构造了"出仕"和"入隐"两条故事轴线，连接书院文化与雅趣生活，让消费者在故事轴线及其营造的意境中感受到浓厚的文化氛围。在内部精装方面，从文人生活起居萃取空间气质，以文人艺术作品归纳空间色彩美学，为居住空间营造典雅的气质。

2.4 郑州大河宸院——宸院系首个落地项目

2.4.1 项目概况

1. 项目区位

大河宸院项目位于郑州市主城区正北侧的惠济经济技术开发区。惠济区西傍邙山，北临黄河，具有天然的区位优势。惠济区拥有着不可复制的生态景观资源：2 700 千米中国大运河、1 400 年历史索须河和郑州黄河国家湿地公园。大河宸院位于索须河与东风渠的交汇处，具有双河资源。项目东西方向有连霍高速、开元路，南北方向有中州大道、花园路、文化路、天河路、江山路，北四环与京港澳高速相连，天河路与京沙快速路相接，项目附近还有地铁 2 号线延长线、3 号线延长线等，形成地铁、公路、快速路、高速路四维一体的交通体系。项目附近有惠济区实验小学、郑州四中、郑州师范附属中学、郑州实验高中等学校，教育资源较丰富。项目周围分布惠济区人民医院、郑州市第三人民医院、郑大一附院惠济区分院，医疗资源充足。除项目自带的商业配套外，附近还有惠济万达广场、宜家广场，是一个出则繁华入则静谧的地方（图 2-31）。

2. 项目定位

项目依托大运河深厚的文化底蕴、稀缺的生态景观资源，具有优越的交通发展条件和便利的城市配套，因此，从社区环境到社区规划、从空间打造到建筑细节等多个层面，大河宸院定位为"宜居的、生态的、具有文化属性的"居住社区，这一定位也符合惠济新区运河生态文旅城城市的规划定位。

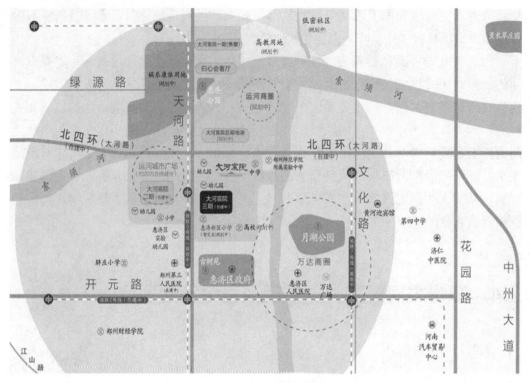

图 2-31　大河宸院区位图

2.4.2　项目规划设计

1．大区规划设计方案

项目整体布局北高南低、西高东低，沿索须河呈现环抱姿态，包含 12 栋多层洋房、6 栋高层、1 栋幼儿园、3 栋商墅（图 2-32）。

设计师依照古书院学子入学学习的礼序关系，布置观宸、枕流、仰止、半学、春深五个节点建筑，再现文人"出仕"的盛大场景；同时，通过打造意境幽远的山林景观，营造"入隐"的雅趣生活。

2．规划的创新及亮点

"书香门第""耕读之家"，书院文化从古至今便备受中国文人的推崇。书院文化不仅是修学论道的学术文化，更是具有独特美学特征的建筑文化。中国书院是儒家思想的传播基地，院内学子深受儒家学说的影响，就连书院的建筑布局也受到儒家"礼学"观的引导。书院延续了中国传统建筑中轴线布局的形式，通过院落单元构成时空轴线上的循序递进。通过对书院的解析，融创设计师提炼出礼仪轴线、节点建筑和院落分布三重空间层次。

（1）礼仪轴线。在规划设计中采用书院的礼仪轴线，更好地组织空间规划结构，使得书院脉络得以继承（图 2-33）。

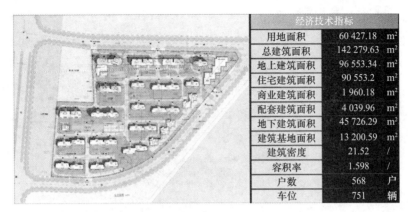

经济技术指标		
用地面积	60 427.18	m²
总建筑面积	142 279.63	m²
地上建筑面积	96 553.34	m²
住宅建筑面积	90 553.2	m²
商业建筑面积	1 960.18	m²
配套建筑面积	4 039.96	m²
地下建筑面积	45 726.29	m²
建筑基地面积	13 200.59	m²
建筑密度	21.52	/
容积率	1.598	/
户数	568	户
车位	751	辆

图 2-32　大河宸院主要经济技术指标

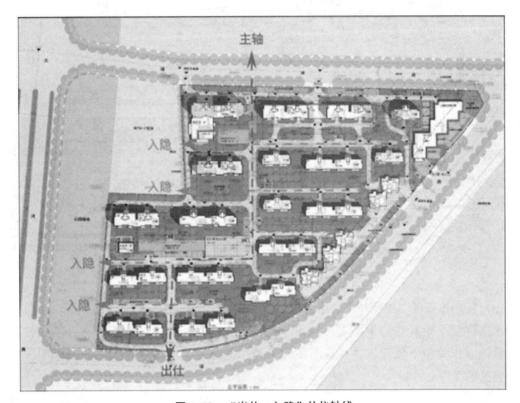

图 2-33　"出仕、入隐"礼仪轴线

（2）节点建筑。在主轴线上，根据礼序关系对应设计了五个节点建筑——观宸、枕流、仰止、半学和春深，形成五进主轴礼序，使主轴序列感与层次突出（图 2-34）。

节点一"观宸"，是大河宸院的社区归家大堂。作为城市公共区域向内部私密区域的过渡，观宸设计为半围合空间，采用对称的设计手法打造了一个仪式感很强的主轴礼仪节点。归家大堂内部可用于会客、休息、读书等；在室内外氛围营造上，整体风格典雅，体现浓厚的书卷气息（图 2-35）。

节点二"枕流"。"单拱石沟桥，横跨贯道溪，桥下溪流奔涌，大石枕之"是

图 2-34 主轴节点建筑

图 2-35 节点建筑"观宸"

庐山白鹿洞书院的"枕流桥"。节点二"枕流"模仿白鹿洞书院的"枕流桥"而建成，将单拱桥打平设置在地平面上，宽出来的部分作为"枕流"的大石，并在两侧设置水景池，作为桥下溪流。"枕流"两侧种植了大量灌木与乔木，营造出幽静安宁的环境氛围（图 2-36）。

图 2-36 节点建筑"枕流"

节点三"仰止"，作为礼仪轴线上的会客厅——建筑及景观结合而成的通透、开放的空间，就像古代士大夫之曲水流觞，现代社会高端名流可邀一群好友在此品茶聊天，以文会友（图2-37）。

节点四"半学"，位于人河宸院社区中心，是一个四面开敞宽阔的空间，与一条长廊相连，可作为户外多功能活动中心，如宣讲、读书、茶歇、冥想、展示等（图2-38）。

图 2-37 节点建筑"仰止"

图 2-38 节点建筑"半学"

最后一个节点"春深"，作为室内讲学的空间，设置了孩子与老人的学习营地——融果课堂和枫叶学堂。融果课堂设置大、中、小教室，沙地游戏室及舞蹈室，为孩子提供了多元的成长空间；枫叶学堂为老年人设置了棋牌室、兴趣课堂、书吧、书法、绘画教室、医务室及多功能室，从多维度关注老年人的精神需求（图2-39）。

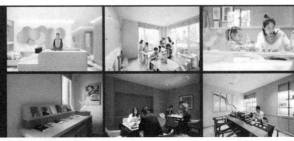

图 2-39 节点建筑"春深"

（3）院落空间。在规划设计中，将院落空间与书院相对应，主院落空间随主轴逐步展开，次院落空间围绕主轴分布（图2-40）。院落强调组团的围合感，创造具有一定私密性的半公共空间。内向性、围合感的中式空间强化了人的场所归属感，打造了一种富有亲和力的生活空间（图2-41）。

图 2-40　院落布局图

图 2-41　院落空间实景图

2.4.3　建筑方案设计

1．大区建筑方案

大河宸院建筑设计以北方王府建筑作为基本建筑形制，以中式宋风极简、飘逸为形态特征，融合度假公寓高配、精致的产品形象，打造新中式建筑风韵（图2-42）。

2．建筑的创新及亮点

大河宸院继承了王府建筑的立面结构，将其中的古典建筑元素进行形体提炼与融合，最终形成具有文化韵味的现代中式建筑。大河宸院大区建筑的创新之处体现在建筑立面、建筑细节与建筑细部三个方面。

（1）建筑立面。建筑立面可分为头部、中段和基座三段。建筑头部占主体高度一层，采用复古式建筑头部处理方式，在营造简洁造型的同时，体现了建筑的历史

图 2-42 大河宸院入户大堂

文化感，突出稳重的住宅头部形象；建筑中段利用较为密集的横向线条加强了建筑的现代感，同时配合竖向线条，使建筑主体更加精致；建筑基座整体高度符合天、地、人尺度，在建筑横向线条上进一步加强，使基座整体更富有力量感，即在强调建筑基座的同时也与整体保持了一致的设计手法（图 2-43）。

图 2-43 建筑立面分段图

在立面设计中，设计师巧妙地运用材料形成虚实对比，即玻璃在建筑中形成的"虚"与墙体的"实"形成对比。建筑主框架实面为浅色石材，虚面由玻璃及深色材质构成，色彩分明。另外，开敞阳台与外墙形成进退关系，在光影效果下，强化了虚实对比关系（图 2-44）。

（2）建筑细节。屋顶是中式建筑的精神所在，垂曲的屋面、柔美的起翘、精致的铺作细节，都体现了传统中式的风格。大河宸院保持了中式屋顶水平舒展的气质，将传统屋檐反宇抽象为坡顶下的线脚形式；具有雕塑感的头部设计，将坡顶坡度设置为 1 ∶ 2.5，坡度较缓，使得建筑形体更加沉稳大气（图 2-45）。

图 2-44　建筑虚实对比

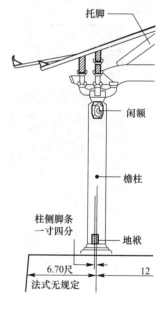

图 2-45　屋顶

在窗的设计方面，传统宋代建筑多采用几何形格子窗和直棂窗，同时，"阑槛钩窗"的特殊做法在宋画及《营造法则》中也都有记载。大河宸院结合现代住宅的开窗样式进行设计，加入转译过的传统元素提取细节，增强了立面的品质感（图 2-46）。

（3）建筑细部。大河宸院在雨篷设计时加入了传统坡顶元素，雨篷出挑深远，增加了线条细节，给人精致大气的感觉（图 2-47）。

设计师从传统园林花窗中提取元素，应用在格栅百叶中，半透的关系具有中式传统意味（图 2-48）。

图 2-46 窗

图 2-47 雨篷

图 2-48 格栅

在照明系统的营造方面，大河宸院通过合理的亮度层次和丰富细腻的细节灯光刻画，打造高品质住宅建筑的夜景形象；尊重建筑的风格特色，运用灯光强化建筑古典大气、富有韵律秩序的建筑美感，强化大河宸院古典的气质；关注沿街底商及入口大门的近人空间夜间光环境，运用温暖的色调营造温馨宁静的家的氛围（图 2-49）。

大河宸院住宅户型均为改善型大户，方正布局提高了空间感与使用效率；同时，融入了许多人性化设计，致力于为业主提供舒适的居住空间。客厅、餐厅大尺度空间一体化设计，南北通透，全明空间，独立玄关，南向卧室尺度适宜，主卧配置独立卫生间及更衣室，使用舒适（图 2-50）。

图 2-49　泛光照明效果

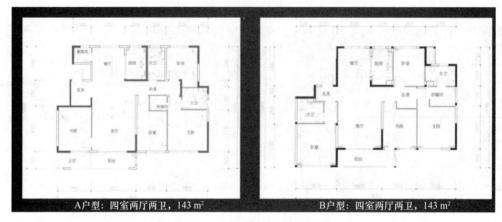

A户型：四室两厅两卫，143 m²　　　　B户型：四室两厅两卫，143 m²

图 2-50　大河宸院住宅户型图

2.4.4　景观方案设计

1. 大区景观方案：传统院落空间形态的营造

中国古典园林设计中，我国自然景观风貌与人文建筑有机整合，自然美与意境美两者渗透、融合。在现代建筑景观设计中，应积极促进当代景观设计和古典园林设计风格相结合，为现代建筑提供特色化的景观作品。通过对中国传统庭院及现代景观设计的分析，设计师将大河宸院定调为以传统院落空间为形态、以建筑的形式与色调为基调、以现代材质工艺为语言、以宋代美学精神为气韵的一处精致、内敛、诗意的场所（图 2-51）。

图 2-51　景观设计

院落的本意就是围墙，中国几千年的文化都在这道围合的墙里，只需一道墙，就能围合出属于中国人的家国己、天地人。大河宸院设计师在对传统庭、厅、院、园空间形态进行解析的基础上，通过一系列的空间形态，组合形成大河宸院特有的空间形式（图2-52）。

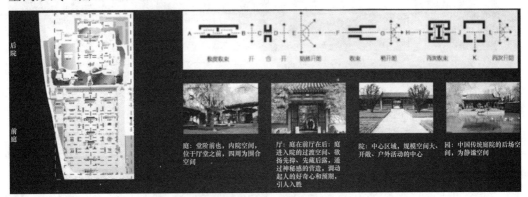

图2-52　院落解析

将主轴景观提取出来，得到庭、厅、院、园在大区空间内的演绎（图2-53）。前场为递进式院落，注重礼序和归家的仪式感；后场多重空间，打造归家路线，注重体验感。设计既满足当代人的居住需求，同时延续古典园林居住文化，形成独特的东方奢雅气质。

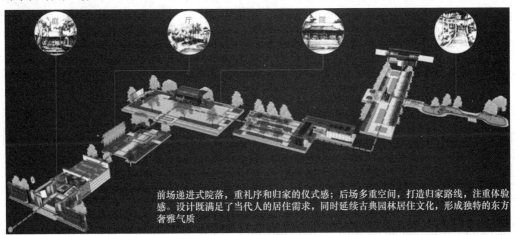

图2-53　院落空间分布

庭是内院空间，位于厅堂之前，四周为围合空间。作为入口的前庭空间，在设计手法上古韵新作，在对传统园林空间理解的基础上，运用现代的工艺和材质对传统元素进行全新的演示（图2-54）。

厅作为家的重要象征，不仅寓意着家的团圆，更蕴含着风水文化的精粹，正所谓"四水归堂"——四方之水天上来，聚风纳财，取意"四季财源滚滚，四面八方来运""五岳朝天，四水落地"。厅在营造手法上富有诗情画意，使得穿过门庭，静谧

图 2-54　庭

的水景便映入眼帘，区别于传统中式的自然水系及纯西式的镜面水，空灵纯净，且彰显悠悠禅意（图 2-55）。

图 2-55　厅

院由中心书院及其前置草坪组成，是户外活动的中心。中心书院作为主景引领全园，前置草坪空间开敞。院在营造上以建筑为原型，赋予中式亭廊端庄大气的神韵，采用现代仿紫铜材质，简洁灵动；书院前置草坪可供居民游乐、嬉戏（图 2-56）。

图 2-56　院

园是中国传统庭院的后场空间。中国传统文化讲究开与合有序配合、相互照应，曲折开合的相互结合给人曲径通幽、移步换景的景观效果。设计师以置石、水景、花镜为要素，取诗的意境作为治园依据，经过艺术的剪裁，已达到虽由人作，宛若天开的意境（图 2-57）。

2. 景观的创新及亮点

大河宸院在草坪上放置塑料花、趣味外摆进行相关的主题性展示（图 2-58），在满足观感的同时，可重复利用，节约成本；另外，在设计前期，设计师将示范区与大区景观进行统一考虑，以保证园中有景，园外依旧（图 2-59）。

图 2-57 园

图 2-58 趣味外摆

图 2-59 示范区与大区景观协调

大区景观中还有一些亮点设计，主要体现在园路的修饰、人性化的场所设置、"弓"字的元素提取与应用、对缝及苗木组团的设置上。

（1）园路：使用胸径 23 厘米以上的银杏、枝干飘逸的朴树、姿态丰满的乌桕，点缀红梅、樱花等，营造整个园路的围合空间（图 2-60）。

（2）人性化设计：园区将景观节点与休憩场所相结合，让业主能够时刻感受关怀（图 2-61）。

（3）元素提取：设计师对弓寨村进行分析，由"弓"字进行元素提取，并设置在整个大区内（图 2-62）。

（4）对缝：园区内每个区域在硬铺前提前进行排版，保证场地铺装缝缝相对（图 2-63）。

图 2-60　园路

图 2-61　景观与休憩场所

图 2-62　"弓"元素提取与应用

图 2-63　对缝

（5）苗木组团：组团大多使用高度 10 米、冠幅 7 米左右的大乔搭配 5 米左右的二乔。将重点放置在微地形及灌木苗种植中，微地形设计较高，搭配灌木苗满铺不漏土，能够保证人所接触的范围内苗木量大，使人有身处密林般的感受（图 2-64）。

图 2-64　苗木组团

2.4.5　精装方案设计

1. 大区精装方案

大河宸院 C03 地块运河启园为郑州公司的第一个成品房项目，洋房和高层分别采用融创华北公司标准化户内产品线，风格分别为时尚现代（B03）和经典欧式（C02）。项目合计 568 户，精装户数 523 户（多层洋房首层由于赠送地下一层，为毛坯交付），洋房产品有两种户型，高层有 3 种户型，共有 5 种户型（表 2-8）。

表 2-8　户型配比

户型	面积/平方米	户数/户	户型分布
A	143（洋房）	216	1～11/15 号楼
B	143（高层）	60	12 号楼
C	141（高层）	118	13、14、16、18 号楼
D	140（高层）	119	13、14、16、18 号楼
E	125（洋房）	10	5 号楼

（1）住宅装修配置。归家大堂作为社区形象化的开篇，演绎着品质生活的前奏。设计师采用灰暖的色调和柔和的暖光，营造了温馨的归家仪式感。在归家大堂内，除设置水吧区、物业接待区、休息区外，还设置了茶室以满足业主的待客需求（表 2-9、图 2-65）。

表 2-9　归家大堂硬装配置

空间	地面	墙面	顶面	踢脚线	其他配置
接待	云多拉灰石材	壁纸 + 木饰面 + 云多拉灰石材	石膏板平顶 + 白色乳胶漆	仿铜乱纹不锈钢	云多拉灰石材、窗台板、过门石
休息	云多拉灰石材	壁纸 + 书架 + 金属隔断	石膏板平顶 + 白色乳胶漆	仿铜乱纹不锈钢	云多拉灰石材、窗台板
茶室	云多拉灰石材	壁纸 + 书架	石膏板平顶 + 白色乳胶漆	仿铜乱纹不锈钢	云多拉灰石材、窗台板

接待区　　　　　　　　　　通道　　　　　　　　　　休息区

图 2-65　归家大堂配置效果

洋房、高层户内配置及公区精装配置分别如表 2-10、表 2-11、表 2-12、图 2-66、图 2-67 所示。

表 2-10　洋房户内硬装配置（B03）

空间	地面	墙面	顶面	门套 / 踢脚线	门	其他配置
玄关	石材拼花	壁纸 + 硬包	造型石膏板吊顶	米白色混油木质门套线、混油木质踢脚线	山纹胡桃木饰面成品门	
客 / 餐	仿石砖	壁纸 + 硬包	造型石膏板吊顶	米白色混油木质门套线、混油木质踢脚线	山纹胡桃木饰面成品门	石材窗台板、石材过门石
卧室 / 书房	实木多层木地板	壁纸	造型石膏板吊顶	米白色混油木质门套线、混油木质踢脚线	山纹胡桃木饰面成品门	石材窗台板、石材过门石、独立衣帽间带衣柜
厨房	仿石砖	仿石砖	防水石膏板平顶	米白色混油木质门套线	不锈钢 + 暖灰色玻璃	组合橱柜、水槽、龙头、烟机灶具、燃气热水器、多功能拉篮
卫生间	仿石砖	仿石砖	防水石膏板平顶	米白色混油木质门套线	山纹胡桃木饰面成品门	石材窗台板、石材过门石、淋浴屏、浴室柜、暖风机

续表

空间	地面	墙面	顶面	门套 / 踢脚线	门	其他配置
家政间	仿石砖	白色防水乳胶漆	防水石膏板平顶	米白色混油木质门套线、瓷砖踢脚线	山纹胡桃木饰面成品门	石材窗台板、石材过门石

表 2-11　高层户内基本配置（C02）

空间	地面	墙面	顶面	门套 / 踢脚线	门	其他配置
玄关	仿古砖	有色乳胶漆	造型石膏板吊顶	米白色混油木质门套线、混油木质踢脚线	山纹胡桃木饰面成品门	
客 / 餐	仿古砖	有色乳胶漆	造型石膏板吊顶	米白色混油木质门套线、混油木质踢脚线	山纹胡桃木饰面成品门	石材窗台板、石材过门石
卧室 /书房	强化地板	有色乳胶漆	造型石膏板吊顶	米白色混油木质门套线、混油木质踢脚线	山纹胡桃木饰面成品门	石材窗台板、石材过门石
厨房	仿古砖	仿古砖	防水石膏板平顶	米白色混油木质门套线	不锈钢 +超白玻璃	组合橱柜、水槽、龙头、烟机灶具、燃气热水器、多功能拉篮
卫生间	仿古砖	仿古砖	防水石膏板平顶	米白色混油木质门套线	山纹胡桃木饰面成品门	石材窗台板、石材过门石、淋浴屏、浴室柜、暖风机

表 2-12　公区硬装配置表

空间		地面	墙面	顶面	门套 / 踢脚线
地下	大堂	仿古砖	仿古砖	防水石膏板造型吊顶	深棕色乱纹不锈钢
	电梯厅	仿古砖	仿古砖	防水石膏板造型吊顶	深棕色乱纹不锈钢
	走廊	仿古砖	仿古砖	防水石膏板造型吊顶	深棕色乱纹不锈钢
首层	大堂	温莎米黄石材	温莎米黄石材 / 木饰面防火板 / 暖灰色镜面	石膏板吊顶	深棕色乱纹不锈钢
	电梯厅 /走廊	温莎米黄石材	温莎米黄石材 / 木饰面防火板	石膏板吊顶	木质门套线、深棕色乱纹不锈钢门套线及踢脚线
标准	电梯厅 /走廊	仿古砖	仿古砖	石膏板吊顶	木质门套线、深棕色乱纹不锈钢门套线及踢脚线
	步梯间	仿古砖	白色乳胶漆	石膏板吊顶	瓷砖踢脚线

图 2-66　首层大堂、电梯间

图 2-67　地下层电梯厅、大堂，标准层电梯厅

（2）归心社区精装方案。

1）融果课堂。融果课堂是融创大河宸院为孩子们提供的"第三学习空间"，是对家庭教育、学校教育的补充。整体的设计风格是现代舒适。在融果空间内，不但有游戏的功能空间——沙池游戏，还有素质类课堂——学习课堂及儿童感兴趣的课堂——舞蹈课堂，整体空间色彩和谐雅致，为孩子们营造了一个具有梦幻感与故事性的空间（图 2-68～图 2-70）。

图 2-68　融果课堂效果图 1

图 2-69　融果课堂效果图 2

图 2-70　融果课堂效果图 3

2）枫叶学堂。枫叶学堂是为老年人提供的颐乐安享的美好空间。设计师将共享意识植入枫叶学堂，整体设计既注重空间艺术气息营造和空间体验，又强调功能的实用性及社区老人的互动性，打造满足老人休闲、娱乐、健康活动的共享空间。整个室内设计以现代禅意风格为基底，内设书吧、花艺和茶艺教室、书法室、棋牌室、多功能室、医务室等功能空间，以满足老人的各种需求（图 2-71～图 2-73）。

图 2-71　枫叶学堂效果图 1

图 2-72　枫叶学堂效果图 2

图 2-73　枫叶学堂效果图 3

2．精装设计亮点

大河宸院户内精装设计重视对细节品质的把控和各种人性化的设计，为使用者提供一个安全、健康、美观和舒适的居住空间（图 2-74 ～图 2-76）。

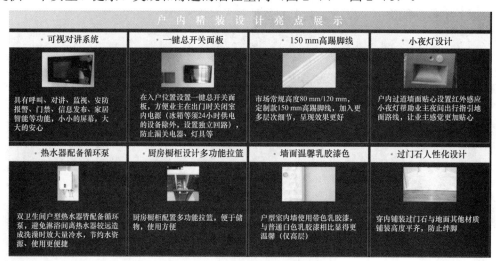

图 2-74　户内精装设计亮点展示 1

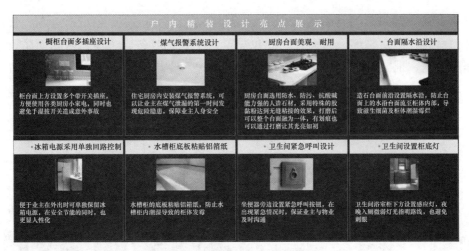

图 2-75 户内精装设计亮点展示 2

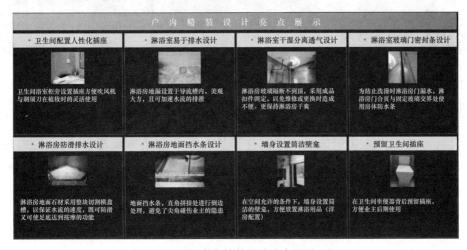

图 2-76 户内精装设计亮点展示 3

2.4.6 品质控制

为了实现对大区品质的有效把控，项目组在研发设计和建造过程中对每个环节进行了全面严格的审查，如图纸联合会审、设计定期巡检、部品选型定样等。

（1）图纸联合会审。为确保图纸质量，避免客户风险，减少项目拆改的可能性，由项目设计部组织各专业平台及项目各部门对图纸进行联合审查。各部门提出意见后，研发部牵头组织沟通会进行协调，以解决部门反馈的问题，保证项目质量。

（2）设计定期巡检。大河宸院设计部要求管理部人员每周到现场进行巡检，设计团队每两周到现场巡查一次，方案设计院每两个月到现场巡检一次，巡检时要求施工单位一同到现场，指出施工问题并共同确认，形成会签文件，重大问题及时向项目及城市平台报备。

（3）部品选型定样。大河宸院 C03 地块运河启园项目共完成主要部品选型定样

41 项。其中，建筑外檐类部品 12 项，精装类部品 15 项，景观类部品 14 项，设计建筑外檐材料、门窗幕墙、屋面瓦、硬包皮革、不锈钢收条、镜面、木饰面防火板、仿样定制类、铺装石材、扶手等。在项目操作过程中，为了确保部品工作的有效推进，避免漏项，各专业操作之前先确定完整的部品清单，根据部品清单有序地开展定样工作（图 2-77）。

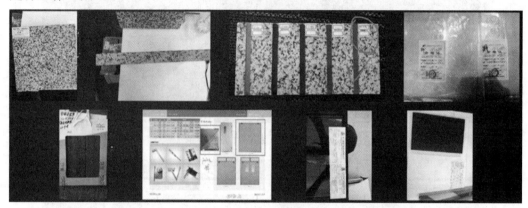

图 2-77　部品选型定样

品质控制主要从以下三方面进行。

1. 建筑的品质控制

大河宸院 C03 地块运河启园项目作为第一个宸院系落地项目，设计部要求对外檐及呈现效果影响大的施工部位先做样板段与实体样板，以提前检验呈现效果。如高层仿石涂料在施工前要求施工单位在 18 号楼整体施工 2 层实体样板，经现场与设计封样比对发现颜色较深，及时调整仿石涂料颜色，保证了最终呈现效果（图 2-78）。

图 2-78　18 号楼实体样板检验呈现效果

2. 景观的品质控制

对大区景观的品质把控可分为硬景和软景两个类别。

在前期对硬景设计图纸硬装图纸逐个核对，保证全部对缝；施工前进行统筹排版，并制作样板，保证对缝、缝宽一致及整体的美观性；在施工工程中对现场进行仔细排查，所有铺装均在保证对缝的条件下，进行调整（图 2-79）。

在前期对软景设计空间进行分析，主轴采用阵列式布景，洋房宅间多选用特选孤植，二乔组团，高层则多采用大乔组团；在中期对特选苗木、单品超 100 棵苗木进行实地寻找并记录；后期在施工过程中对现场空间再次进行分析，结合苗源分析图纸，以保证苗木栽植效果的最优（图 2-80）。

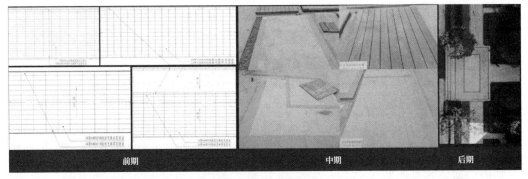

图 2-79　硬景统筹排版

图 2-80　软景空间排列

3．精装的品质控制

对大区精装的品质把控主要体现在实楼样板间的联合验收方面。如在 7 号、12 号实体楼内做两个实楼样板间，组织各部门联合验收，针对精装暴露的问题进行梳理，并对比销售样板间和实体样板间的差异，每步都形成会议纪要，及时下发调整，保证了内部空间的呈现效果（图 2-81）。

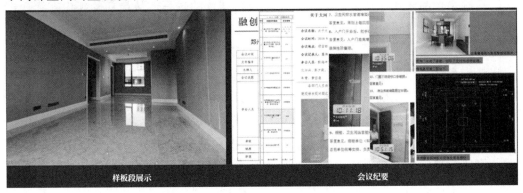

图 2-81　实楼样板间验收

2.5 案例总结

在我国文化强国战略的背景下，文化自信的表达已成为时代主流趋势，如何将传统文化巧妙地契合并融入现代生活成为企业营造中式品牌的主要问题。融创华北从 2015 年开始对北方中式人居空间进行思考，以还原中国式的场所记忆为理念，建造北方居民内心深处的生活原乡。

宸院系产品是融创华北对现代中式人居空间的引路石，从 2016 年第一座宸院系产品——大河宸院进驻郑州开始，这条产品线日趋成熟。截至 2020 年年底，华北区域已落地近 30 座宸院产品，范围覆盖 6 省 12 城，是华北地区首个大规模落位的产品线。宸院系已经成为北方中式产品的代表作，受到了行业与市场的认可，一些项目在国内外获奖情况见表 2-13。

表 2-13　宸院系产品获奖情况

项目	相关奖项
郑州·大河宸院售楼处建筑	德国 Iconic Awards 设计奖
	意大利 The Plan Award 2019 年度设计大奖
	意大利 A'Design Award 银奖
	法国双面神设计大奖入围奖
哈尔滨御湖宸院	第十届园冶杯地产园林示范区金奖
沈阳·盛京宸院	亚太空间设计大奖赛"地产空间类"金奖
延安宸院	2019 陕西高端典范项目
西安·东方宸院	第十届园冶杯地产园林示范区金奖

宸院系产品经历了研发、落地、反思及再迭代的过程，从最初的新中式洋房产品到以书院文化为核心的现代中式居住空间营造，有很多经验值得借鉴。

（1）在北方中式建筑产品设计方面，宸院系以"文人雅居"为设计理念，塑造"出仕"和"入隐"故事轴线，文化与产品结合紧密。北方居民具有书香情结和书院式生活的理想，宸院系产品在设计过程中汲取四大书院的布局理念，使得宸院系产品散发着浓厚的书院文化气息。

在设计手法上，宸院系采用忘形取意、由简驭繁的手法，突破建筑形制的束缚，将传统建筑元素与现代生活方式巧妙结合。宸院系传承了中国传统建筑的基本神韵与骨架，剥离其外形，延续其精神，不露痕迹但又处处充满中式韵味，这是一种比较高级的处理手法。

（2）宸院系在建筑布局上采用了院落的基本组织形式。院落是中原地区传统民居建筑中独具特色的部分，凝聚着深厚的中原文化。宸院系规划采用三个院子——规划之院、居停之院和社区之院，在保证基本居停功能的基础上，为业主营造书院式的生活方式和邻里关系。在院落之中，融创引入了"4+X"社区服务配套体系，通过融果课堂、融家食堂、枫叶学堂、融会 CLUB 四个社区商业配套和宸院系书院特色配套，提供全龄多维服务。

（3）宸院系产品具有专业的设计团队，并进行标准化管理和控制。产品研发离不开背后的人才支持，邀请众多知名设计师设计，企业设计团队也储备了很多专业人才，成为宸院系产品不断更新迭代的活力源泉。在宸院系产品的营造过程中，依据企业的产品标准，进行标准化管理和品质控制，实现建筑、景观和装修设计的如实落地。

1. 融创在宸院系产品打造过程中，如何还原中国式生活的场所记忆？
2. 从多个角度分析融创宸院系产品力的来源。
3. 融创对中式产品探索的经验，对我国房地产企业有何启示？
4. 论述我国传统文化与现代建筑创作的融合路径及如何传承传统建筑文化。

第2篇 旅 居

荣盛康旅
建业·华谊兄弟电影小镇

精致合院、全球换住、传统与艺术、沉浸式体验
正在重构全新的生活方式
远离城市喧嚣、体验文化之美、感受诗意栖居
度假与人居真正融为一体
旅居，以其独特的开发理念，让美好不断赋能品质生活

3 荣盛康旅:

共享美丽新时代 "一处置业·四季度假·旅居天下"

良好的健康状况和随之而来的愉快的情绪,是幸福的最好资金。

——斯宾塞

🏙 案例导读

当"健康中国"上升为国家战略时,大健康产业迎来前景广阔的新发展格局,康养旅游更是成为聚焦的热点。

荣盛赋能公司创新发展,积极投身康旅事业,于2015年设立荣盛康旅投资有限公司(简称荣盛康旅),并以缔造健康、快乐、富有的新型生活方式为企业使命,响应国家所需、顺应人民所求、满足市场所缺,成为健康中国战略中的市场践行者。

作为荣盛发展"大健康"和"泛旅游"板块的承载者与拓进者,荣盛康旅依托高品质稀缺旅游资源,打造了具有世界级规模的荣盛康旅国际度假区和一品原乡度假区,为客户提供优质康旅度假和健康养生服务,并通过"盛行天下",将旗下旅居资源整合串联,打造国际化旅居换住大平台,助力客户实现"一处置业·四季度假·旅居天下"。"七彩合院"是荣盛康旅献给有院子情结、崇尚健康度假高品质人群的旅居产品,以其极致设计和体验,成为康旅市场的明星产品,并开创了中国合院2.0度假时代。

本案例将从多个维度深入剖析荣盛康旅的运营模式和产品特征,探究旅游地产的新时代开发逻辑。

3.1　康旅发展：构建航母级平台、共享美丽新时代

3.1.1　践行理念：新时代的大健康综合服务商

随着工业化、城镇化、人口老龄化进程的加速发展，居民由于缺乏健康生活指引而引发的各种疾病逐步显现。与此同时，伴随收入水平的增长，人们对高品质美好生活的需求日益增长，医药康养服务越来越受到重视。2017 年 10 月 18 日，"健康中国"战略被正式提出。"健康中国"上升为国家战略，让大健康事业发展前景广阔，康养旅游更是成为聚焦的热点。

在此背景下，荣盛赋能公司创新发展、践行新时代健康中国的理念，积极投身康旅事业，依托旅游地产开发，向度假、养老、养生、医疗等相关健康产业领域拓展，打通地产与健康瓶颈，构建大健康战略新格局。在地产上打拼了二十多年的荣盛康旅在主动适应"新常态"、更新业务结构的同时，不断重塑房地产开发企业的新理念，由传统的房地产开发逐渐转型为"大地产、大健康、大金融"，以及互联网等新兴产业全面发展的"3+X"战略格局，即以房地产开发为主业，贯穿康旅、产业园、设计、实业、酒店、物业、商管、互联网、房地产金融等业务为一体的全方位、综合性的全产业链条。荣盛康旅投资有限公司（以下简称荣盛康旅）于 2015 年设立，是荣盛发展"大健康"和"泛旅游"板块的承载者与拓进者。依托康养度假，打造健康地产服务，荣盛康旅大健康产业涉及"游、养、医、药"四大门类，涵盖"旅游、度假、养老、养生、康复、医疗、生物及生命工程"全产业链，并通过战略并购、创新运营和快速发展等手段，逐步发展成为具有独特商业模式的大型康旅新型生活服务商。作为全生命周期、全产业链的生活方式运营商，荣盛康旅打造的具有世界级规模的荣盛康旅国际度假区和一品原乡度假区，为消费者提供优质康旅度假和健康养生服务。自成立以来，荣盛康旅先后获得"中国旅游业杰出贡献奖——飞马奖""中国文旅产业十强""中国旅游业最具影响力大奖"等多项业内顶尖荣誉。其中，2016 年获得 ITF 国际旅游组织颁发的"旅游产业创新大奖"；2017 年获得"河北省十大旅游投资企业"称号；2019 年获评"河北省旅发大会特别贡献单位""中国房地产开发企业文旅地产十强""中国文旅康养地产服务商 TOP10"；2020 年被授予"旅游服务业抗疫贡献杰出企业"称号，并获评"2020 中国年度影响力文旅发展 TOP10"；2021 年获评"2020 年度中国康养产业运营商品牌影响力

TOP3""2020年度中国特色小镇运营商品牌影响力TOP3"。从运营效率、企业规模、品牌、创新能力等多维度进行评价，荣盛康旅持续蝉联国内文旅产业运营发展十强，成绩卓越，彰显了雄厚的实力，是目前国内最具影响力的康旅产业运营公司之一和最具有代表性的新时代大健康综合服务商。

荣盛康旅以缔造健康、快乐、富有的新型生活方式为企业使命，响应国家所需、顺应人民所求、满足市场所缺，是健康中国战略中的市场践行者。

3.1.2 战略布局："6+N"的全球旅居运营商

战略布局一般是指根据当前经济政策环境及未来发展趋势，结合企业资源实际而采取的针对未来市场环境、业务模块、商业模式等的趋向性规划布置，其目的是规避市场变革风险和探寻新价值增长点，实现企业持续、稳定发展。

作为全球旅居运营商，荣盛康旅秉承"6+N"的战略布局，大力开拓国内外康旅市场，凭借雄厚的资金实力、高效专业的运营能力和战略决策的魄力，荣盛康旅已在国内布局"大北京、大黄山、大华中、大海南、大上海、大西南"六大康旅区域，在全国多个著名旅游景点布局荣盛康旅国际度假区，以及在具有原生态资源的区域布局一品原乡度假区。同时，荣盛康旅还积极发展海外旅游市场，在国外旅游市场，荣盛康旅已签约捷克项目，并加速拓展太平洋、印度洋、大洋洲、欧洲、美洲等优质度假胜地，持续进行"6+N"战略布局，不断丰富旅居资源和度假场景。目前，荣盛康旅建立了以"盛行天下"为核心的旅居换住体系，已在国内外建设了35个度假区、14家顶级奢华荣玺庄园、24家五星级标准度假酒店、23家荣逸温情酒店、15家荣馨酒店、5个特色小镇、3个滑雪场、1个通用航空公司、18 800余间客房。6 000余人的酒店运营管理团队，依托"四大价值"，为实现"四大新生活"服务。基于"盛行天下"为客户实现换住共享、旅居全球的美好梦想，荣盛康旅真正践行了"一处置业、四处度假、旅居天下"的承诺，顺利完成了"6+N"战略布局，成为康旅行业的领先者。

3.1.3 双核集群：全产业链的大闭环生活服务商

全产业链原指在农业领域以消费者为导向，从农业产业初始开始，经过种植与采购、贸易与物流、加工与分销、品牌推广与产品销售等每个环节，实现食品安全可追溯，形成安全、营养、健康的食品供应全过程。从企业运营的角度来看，全产业链是一个企业能往上下游延伸、提升链条上各产品附加值以获得企业资源配置平衡和市场占有的经营模式选择，同时，也将企业创新与品牌价值传播更多地拓展至不同领域，一般是建立在企业核心产品基础之上。在此模式下，企业开发经营涉及多环节、多品类和多功能的产业或产品结构。全产业链运营对企业的经营能力要求较高，一般需要特色化产品，从源头到终端的每个环节都能进行有效管理、有效掌控，从而在上下游延伸的过程中实现产品相互衔接、产业链贯通的格局。

作为大健康综合服务商的荣盛康旅，以"国际旅游度假区"与"一品原乡"两大项目集群为核心，构建了康旅全产业链的大闭环产品结构（图 3-1）。同时，两者相辅相成，相互呼应。无论是追逐高端奢尚、摩登现代的风光景点还是醉心

图 3-1　荣盛康旅两大项目集群

田园之乐、山水之得的原乡生活，荣盛康旅以双核为引领，配套全产业链、全周期生活服务，以全方位满足客户的不同需求；并通过盛行天下，实现"选址、销售、酒店、会员、游养、医药"等多个业务闭环，提升运营效率和市场竞争力。双核集群助力荣盛康旅成为大闭环生活服务商，也为荣盛康旅稳居文旅产业十强提供了支撑。在发展规划上，荣盛康旅形成了"6+N"的全国性布局，未来计划在每个度假区配备医疗、康复中心，让客户选择荣盛景观优美气候宜居的度假区康复、疗养，最终建立以医药带动游养，游养反哺医药的产业格局，形成"游、养、医、药"四大产业闭环（图 3-2）。

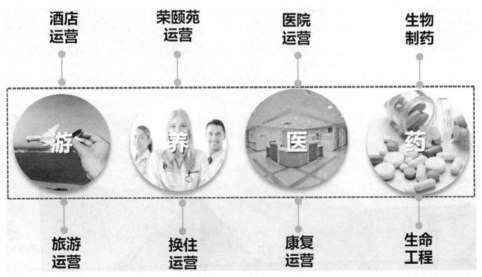

图 3-2　"游、养、医、药"

未来，随着大健康产业及 5G 科技的飞速发展，荣盛康旅将持续在全球更多优质资源地域选址，不断丰富旅居度假场景、完善旅居生活配套、研发更卓越的旅居产品、提供更优质的旅居服务，不断"开疆扩土"，为消费者建造更具规模的度假生活体验地。

3.2 盛行天下：科技赋能，打造国际化旅居换住大平台

　　总结多年房地产开发经验，荣盛康旅发现客户购买产品后空置时间长、维护成本高成为康旅类产品最大的痛点，并且度假区域被限制在置业地点内也是行业发展的困扰之一。为了解决这些问题，荣盛康旅独具匠心地推出了"盛行天下"模式。客户购买荣盛旗下产品成为荣盛业主，将房产托管给荣盛，加入盛行天下换住平台，可以每年享有总房款一定比例的换住权益，以盛行权为媒介，业主仅需登录盛行天下手机 App 就可以享受荣盛康旅旗下 35 个国际旅游度假区的旅居资源。按照荣盛的功能设计，"盛行天下"是整合荣盛旗下地产、金融、酒店、旅游等多重旅游资源，同步实现畅游天下与资产升值，推出的为业主提供候鸟式生活服务平台，建立一种"你说走就走，我负责所有"的服务体系。为此，荣盛发展布局全国，整合旗下高端康旅私有资源，形成大北京、大黄山、大华中、大海南、大上海、大西南六大区域，为旅游置业、投资、旅居提供一站式服务。同时，积极发展文旅地产，布局秦皇岛、黄山、神农架、海南等地，抢占天然康养资源，实现"游、养、医、药"一体化模式。为了给业主提供优质的旅居体验及践行企业的社会责任，"盛行天下"坚持"自然的敬畏者、生态的保护者、环境的提升者"这一发展理念，达到生态可持续发展与项目开发之间的平衡，实现人与自然的和谐统一（图 3-3）。

图 3-3　康旅经济共同体三角

3.2.1 物质基础：旅游设施、美好度假

在互联网共享经济时代，荣盛康旅紧跟时代步伐，独创了"盛行天下"全球换住体系，"盛行天下"是由一群追求快乐、健康，崇尚有品质、个性化生活方式的人，通过"盛行天下"平台，相互间将其自身持有的旅游度假物业进行换住共享，以实现"一处置业·四季度假·旅居天下"的候鸟式生活。为了高效推行"盛行天下"模式，荣盛创建了"盛行天下"互联网平台，积极打造线上线下联合运营的旅游经济体，为业主和会员提供便捷旅游换住服务。利用互联网技术和工具——"盛行天下"App 平台，荣盛康旅将开发的 N 个国际旅游度假区串联起来，让假物业的业主实现春游神农架、夏居秦皇岛、秋赏大黄山、冬住海南岛的旅居梦想（图 3-4）。

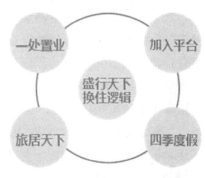

图 3-4　"盛行天下"换住逻辑

荣盛康旅通过快速布局、快速建设、快速销售实现资金迅速回笼，无论是国际旅游度假区还是一品原乡，荣盛康旅的产品规划都体现出了产业规模大、覆盖面广、项目规模大等特点，这与荣盛康旅致力于发展大健康产业的目标相互契合。而荣盛康旅发展至今，每个项目的品质呈现，都离不开投拓、建设、酒店运营、市场营销、物业管理等每个过程的高起点规划、高标准建设及高水平运营。通过"盛行天下"模式和度假场景的打造与运营，可实现"全球换住提升客户置业价值、线上持续认筹引流、线下体验促进销售"三位一体的旅居营销模式，破解价值认同、销售导流和生活体验三大营销难题。优秀的产品辅以高调的宣传，一个个叫好又叫座的产品不断在荣盛手下打磨诞生（图 3-5）。以上也是"盛行天下"的业务模式能够顺利运作的原因所在。在稀缺自然康养资源的物质基础上，通过"快、大、高"的手段，打造美好的旅游度假设施，让产品能够感动人、吸引人，让"盛行天下"能够行得通，走得远。

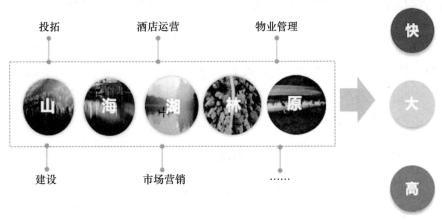

图 3-5　"盛行天下"模式物质基础

3.2.2 服务内容：环环相扣、全维服务

有了物质基础，还要注入服务内容。荣盛康旅将旅游度假、休闲旅居、养老养生、健康医疗、生命科学、生物制药等服务内容注入"盛行天下"模式中，通过"游、养、医、药"四大布局门类带来客户流量，加上良好的运营服务来持续吸引消费人群，产生价值，最终实现高利润和可持续发展。"盛行天下"提供高端酒店运营与旅游运营，配套室内外泳池、影音室、书吧、业主食堂、海边集市等旅居设施，提供住前清洁、住中服务、景区门票预订等服务，让业主游有所乐。针对康养人群，度假区配置荣颐苑养生会所，提供一站式养生服务，并提供换住运营，让业主养有所依。荣盛康旅相信：优质的服务能够感动业主，继而产生持续的吸引力。

"盛行天下"创立"商业运营、酒店运营、社区运营和营销服务"四位一体的运营模式，用于提升项目生活、商业、娱乐氛围，增强社区运营业态多样性及服务水平，提高度假内容和服务体验，聚拢人气，为荣盛康旅的项目品牌、口碑、营销做出支撑（图3-6）。

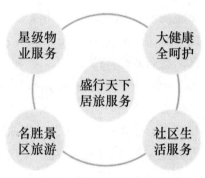

图3-6 "盛行天下"旅居服务

（1）商业运营。生活配套：通过各类生活配套的植入，满足业主日常生活需求。度假配套：通过引入酒吧、咖啡吧、特色餐饮、文化演出、游玩游乐等各类业态，为业主提供丰富多彩的度假生活。

（2）酒店运营。多样品类：荣玺庄园、阿卡酒店、荣逸酒店、盛行客栈等多品牌酒店运营服务，提供多样化、面对各类人群的运营服务。精彩服务：以6 000人服务团队提供高品质、温馨服务。

（3）社区运营。旅居服务：提供住前打扫、住中服务、住后清洁的全程社区管家服务，满足业主自住需求。托管服务：可为业主提供托管运营服务，满足业主投资收益需求。

（4）营销服务。在商街中打造社群基地，提供丰富多彩的社群活动服务，培育业主自营、社群共建。酒店式的社区服务，星级化的物业管理，酒吧、咖啡厅、社区影院、文化中心等一应俱全，满足入住社区业主的各类需求，让业主住得快乐、不枯燥，让人住得下、住得久。

3.2.3 平台工具：盛行宏图、串珠成链

仅有物质基础和服务内容不足以形成平台级规模，要落实"盛行天下"，还需要依靠盛行宏图打通资源壁垒，借助线上工具打造服务范围宽广的线上运营平台，配合线下的实体基础，形成康旅产业闭环。

在线上，"盛行天下"将身体数据、门诊预约、线上购药、线上问诊、网上商城、旅游路线、酒店订房、线上换住等各业务板块串联起来实现集成化管理；在线下，"盛行天下"连通全国6大板块、35个单体度假区的运营承接，依托稀缺自然资源，打造优质度假区，提供旅居、旅游、度假、康复、养老养生等服务，与线上展示形成呼应（图3-7）。

为了培养出愿意跟着荣盛康旅一起旅居，对荣盛康旅品牌有一定信任度与忠诚度的优质客户，荣盛康旅量身打造"盛行天下"会员体系（图3-8）。在过去，旅居项目房地产使用频率低，增值、收益低，维护成本较高。加入"盛行天下"会员体系后，业主不用支付房子任何费用即可享受全国换住，享受平台VIP最高礼遇。未来，"盛行天下"会员体系持续发展，VIP权益会逐渐增多，业主间形成换住潮流，未来社区70%～90%的房源均会加入会员联盟，实现有效管理。将线上运营平台和会员系统结合大好河山旅行社、HELO团队、管家中心的线下服务，"盛行天下"初步形成了线上、线下结合的会员运营体系，仅2020年就举办了3 000场业主活动，业主满意度高，为荣盛康旅积累了众多"铁粉"。通过增加物业的接收、运营，不断扩充盛行天下换住业务，壮大会员规模，"盛行天下"形成了独特的会员体系，促使更多的人加入"盛行天下"平台，助力"盛行天下"互联网平台的发展。

图3-7 "盛行天下"线上业务

图3-8 "盛行天下"会员体系

为了贯彻、推广"盛行天下"模式，荣盛康旅推出了全球首家综合换住体验操作平台——"盛行天下"App，为会员提供旅游、酒店、购物、换住四大门类服务，通过六个"一键"搞定所有线下操作。用户通过"盛行天下"App可以完成一键购房、一键收房、一键装修、一键入会、一键换住、一键伴游等多项操作，从看房到出游，线上一键即可搞定所有。同时，平台为酒店、旅游、商城三大模块提供丰富会员活动，面向平台会员每月不定期推出丰富的福利会员活动，保持会员活跃度和黏性。

经过五年发展，"盛行天下"完成了从会员预订的 1.0 平台，到以"六个一"为核心的换住会员运营 2.0 平台的转变，实现了看房、收房、装修、入会、换住、旅游的线上、线下服务闭环及换住模式落地。

以"盛行天下"App 为工具，荣盛康旅将"山、海、湖、林、原"等旅居资源和"游、养、医、药"等服务内容全面整合，串通线上、线下多个业务，实现了康旅资源的换住共享（图 3-9）。

图 3-9 "盛行天下" App 服务

最终，荣盛康旅通过盛行宏图将"物质基础 + 服务内容 + 线上平台 + 会员体系"四大业务模块进行整合串联，使单个项目的价值得到整体拉升，荣盛康旅旗下 35 个国际度假区互通共享，让"盛行天下"成为集旅游、旅居、养生、养老为一体的航母级换住平台（图 3-10）。

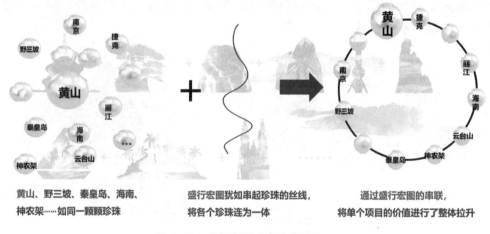

黄山、野三坡、秦皇岛、海南、神农架……如同一颗颗珍珠

盛行宏图犹如串起珍珠的丝线，将各个珍珠连为一体

通过盛行宏图的串联，将单个项目的价值进行了整体拉升

图 3-10 盛行宏图"串珠成链"

3.3 国际旅游度假区：汇聚稀缺资源，享受极致旅居

3.3.1 资源稀缺：自然生态、独具特色

康旅产业因兼具健康和投资的双重属性，在房地产开发过程中同时获得企业和消费者的青睐，特别是在 2020 年新冠肺炎疫情之后，消费者对自然环境优美、具备

医养功能的康旅项目产生了更多的消费需求。选择自然清新的居住地，投资自己与家人的健康，这样的置业观越来越成为市场的主流趋势，也为开发企业的业务增长带来了有益延展。

荣盛康旅认为环境是康养旅居的首要硬核条件，优质的自然环境对身体健康十分重要。因此，荣盛康旅的国际旅游度假区在择址上选取交通便捷、空气清新、气候宜居的顶级风景名胜区，占享天然性、稀缺性、不可再生性的"山、海、湖、林、原"优质康旅资源，为打造大健康全产业链、全生命周期康养旅游产品提供优质物质基础。建设大规模国际旅游度假区，荣盛康旅为业主提供了包括住宿、餐饮、健康、航空及生活服务等在内的 20 多种运营业态。

在环京布局发展的基础上，荣盛康旅积极探索，秉承"寻绿水、觅青山"的理念，重点聚焦自然资源禀赋优质的区域，积极布局，先后在云台山、神农架、海南、黄山等地落子。2019 年落子丽江项目后，标志着荣盛康旅以大北京、大上海、大黄山、大华中、大海南、大西南为核心的六大区域布局的形成。国际旅游度假区均处于环境优美的景区中，择址优美的山水间，并在此基础上构建了六大主题场景，涵盖海景、森林、湖景、山景、田园等稀缺康养资源，打造了丰富多彩的旅居场景，可以在"天然氧吧"神农架畅快呼吸、在"日光之城"丽江驱散体内的潮湿、在拥有"奇松怪石"的黄山登高眺远，在"黄金海岸"秦皇岛踏浪赶潮。丰富的旅居场景，也为荣盛康旅运营增添市场拓展的本底支撑。

以大北京区域为例。荣盛康旅以 30 千米海岸线的独特自然景观布置了秦皇岛·阿卡小镇（图 3-11）。小镇位于京津冀后花园——北戴河，是中国北方最理想的度假地之选。阿卡小镇区位优越，距离北京 260 千米、距离天津 220 千米、距离唐山 100 千米、距离秦皇岛市区 45 千米，交通极为便利，京秦城际高速铁路在 2020 年建成通车后，从北京到秦皇岛仅需 53 分钟，京秦快速路作为京哈高速的第二条并行线，也于 2020 年正式通行，大大缩短了北京到秦皇岛的距离，只有 206 千米。

图 3-11　阿卡小镇

除交通优势外，阿卡小镇还拥有美丽的海岸线，200 米海域内水深不超过

2米，波缓浪清，是中国最美八大海岸线之一；岸边布置了2 000米私属纯净沙滩，让客户尽情享受静谧海时光。22万亩原始森林的环绕使得阿卡小镇每平方厘米的空气中富含30 000个负氧离子，PM2.5<18的纯净空气让每次呼吸都涤荡身心。阿卡小镇中的碣石山下隐藏有原脉海洋温泉，温泉属于碳酸盐型温泉，水质兼具镇静和消炎功效，被誉为"美人汤"。小镇中另有千亩原生果岭，由绒毯级墨西哥麦芽草交织而成，沙丘、湖泊景观错落有致。大海、金沙、森林、温泉、果岭等众多优质稀缺资源在阿卡小镇中汇集，令阿卡小镇成为红极一时的网红打卡胜地。

野三坡国际度假区位于京津冀一小时交通圈内，是辐射京津冀重点城市的唯一景区，开通了京昆高速、首都环线高速、张涿高速、廊涿高速、112国道、108国道等多条高速公路，更有北京—百里峡旅游铁路专列，直达景区，917公交专线，从北京天桥至景区大门，交通十分便捷。野三坡国际度假区地处北京西，是山水桃园康养度假天堂。度假区远离城区，空气纯净，拥有10万亩[①]原始森林，覆盖率超过90%，PM2.5常年低于50。近2 000种动植物在此处扎根生长，是北京之外最后一片生态乐园。华北平原最后一条未被污染的河流——拒马河在此蜿蜒流淌70里[②]，为度假区提供了优质水源。除此之外，野三坡也是出名的避暑胜地，周边环境形成一个天然大空调，平均气温为22 ℃，夏季清凉可避暑（图3-12）。

图3-12　野三坡国际度假区早晚风光

在大华中区域，神农架荣盛彩虹谷项目突出了原始森林里的康养避暑天堂定位。项目位于神农架林区木鱼镇龙降坪，定位森林康养和避暑天堂，占地面积为772亩，建筑面积为27万平方米，主要产品类型包括公寓和洋房，规划布置了山地运动滑雪区、国际养生区、国际旅游度假区、避暑度假区，配套阿尔卡迪亚度假酒店、荣颐苑、业主食堂、滑雪场、健康小屋、恒温泳池、儿童乐园等。其中，神农架阿尔卡迪亚森林酒店坐落在神农架3 250平方千米的原始森林，建筑面积为37 500平方米，有241个房间，内部配套无边际恒温泳池、儿童乐园、射箭吧、健

---

① 1亩=666.667平方米。
② 1里=0.5千米。

身房等；区域盛夏平均温度为 24 ℃，空气中负氧离子含量高达 60 000 个 / 立方厘米，如同走进了纯净的"天然氧吧"世界，项目中天然山泉水，融入了有益于人体的多种矿物质，有降低血脂、增强免疫力、延年益寿的作用，是避暑康养旅游度假的理想目的地（图 3-13）。

图 3-13　神农架荣盛彩虹谷

3.3.2　产品丰富：旅居社区、配套齐全

"山、海、湖、林、原"等独具特色的自然环境是荣盛康旅国际度假区的配置基础标准，为了打造一流康养圣地，荣盛康旅为国际度假区配备了完善的旅居设施及运营服务。度假区运营了阿卡国际度假酒店、荣逸温情度假酒店、荣馨客栈等酒店来满足客户休闲度假、酒店住宿的需求；通过打造包含度假别墅、度假洋房、度假公寓在内的旅居社区来满足客户长居生活、旅居度假的需求；通过运营文旅商街、体育小镇等景点满足客户旅游观光、游乐购物的需求。同时，国际度假区内设置功能各异的酒店、健康谷及各种玩乐场所。

1. 卓越的产品营造

荣盛康旅邀请知名的国际设计师，全面调研热爱高品质生活的人群对于旅居度假生活的需求，从健康、舒适、宜居的角度打造新型旅居度假产品。这种产品的特点是庭院多、露台多、空间尺度恰到好处，打破室内空间与室外空间的屏障，将更多的阳光、鲜氧引入室内，做到居住空间与外部美好环境的完美融合，营造极致的度假体验。

与此同时，荣盛康旅还针对全生命周期客群需求，进行精心的产品设计，产品覆盖公寓、洋房、合院等，总价低、功能全，满足不同年龄层、不同客群的需求。既可满足二人世界的甜蜜度假，又适合一家三口梦想的欢乐度假生活，还符合三代同堂的全家庭度假生活需求。卓越的旅居产品，打造了完美的度假空间（图 3-14）。

2. 齐全的旅居配套

作为生活方式运营商，荣盛康旅始终认为，房子只是一个容器，美好生活才是核心。以"便捷、舒适、欢乐、爱心"为理念，精心配建风情商业街、盛行优选超市、菜市场、健康驿站、业主食堂、社区活动中心等 4C 配套，打造集旅游、度假、

图 3-14　国际度假区公共配套图

养生养老等为一体的健康快乐的度假生活天堂。

除拥有完善生活配套，提供充满人间烟火的生活外，还配套了全方位的健康颐养生活配套。社区诊所、荣颐苑等打造一站式康养中心，健康体检、琴棋书画、康体保健、运动公园、湖滨栈道、山体步道……成为一座自然山水间的生命加油站。齐全的旅居配套，为美好生命加分。

旅居产品中不同业态、不同项目的配套视定位与功能不同，所配备的旅居设施也会有所差异，以此满足不同客群的多种需求。以阿卡小镇为例，阿卡小镇·一杯澜项目，配套有佐邻佑里公寓酒店、露天泳池、央心公园、高尔夫体验馆、儿童活动室、健身中心、影音室、烘焙房、超市、业主餐厅等；阿卡小镇·戴河首岭项目配套有阿尔卡迪亚滨海度假酒店、RISESUN 体育小镇、荣盛国际会议中心、荣合心苑温泉中心、骓风马会、红酒庄园、私属海滩、业主食堂、海边集市、海边书屋等；阿卡小镇·阿尔卡迪亚滨海度假酒店则配备国际会议中心、荣和心苑温泉中心、生态农场、灰鲸市集、高尔夫、骓风马会、方寸半日茶吧、云巢冥想空间、室内外泳池、儿童乐园、健身房等；阿卡小镇·健康谷项目的荣逸酒店则配套有无边际泳池、儿童水世界、RoEasy 儿童活动中心（儿童淘气堡、角色体验馆、烘焙屋、糖果屋、diy文艺馆、多功能会议室、儿童服饰店）、休闲中心（影音室、台球厅、健身房等）、RoEasy 美食中心（盛行优选业主餐厅、中西餐厅、花园烧烤吧、大堂吧、奶茶馆）等（图 3-15）。

图 3-15　国际度假区生活配套图

目前，荣盛康旅已经拥有 35 个国际度假区，每一个度假区都形成了一套完整的产业运营体系，包含高端酒店配套，景区的旅游和运营，开发的旅居社区，以及高品质的物业服务等，为业主提供了得天独厚的自然景观及高品质、低密度度假社区中养生、度假、休闲、旅居，享受美好的度假生活（图 3-16）。

图 3-16   国际度假区鸟瞰图

3.3.3   服务完善：养生养老、臻善体验

与普通度假区相比，荣盛康旅将旗下国际度假区的品牌打造重点放在"康旅"上，精选全国优质核心康养资源布局和建设国际旅游度假区。国际度假区提供优质的 HELO 服务团队，满足每个客户的养生养老需求，呈现健康舒适生活体验。

荣颐苑将自然生态、健康管理、娱乐教学等融为一体，综合打造成为适合养生养老、休闲度假的世外盛景。在满足健康管理、护理和医疗等基本养生养老需求的同时，设有教学区、娱乐区、生活区等区域。通过书法、音乐的静态教学和太极、健身等动态教学，为客户养生养老、休闲度假提供极佳场所。HELO 团队最初由荣盛发展秦皇岛公司组建，团队名叫"度假助理"，随着服务升级，业主越来越多，定位越来越清晰，2016 年 5 月，改为 HELO 团队。HELO 团队旨在为业主提供温馨的旅居服务，同时积极整合资源，不断满足业主在旅游、游乐、休闲、度假、养生养老等多方面的需求，为业主提供一站式旅居生活服务，引领打造健康快乐的生活方式。

在具体产品方面，以大黄山区域为例来说明。荣盛温泉养生谷：九华山区域唯一"温泉＋禅修"养生度假区，位于安徽省池州市青阳县朱备镇江村，聚合旅游接待、商业服务、休闲度假等功能为一体，旅居产品为公寓和别墅，配套建设荣玺庄园超五星酒店、30 000 平方米温泉公园和禅修会所，项目养生服务体验优越，吸引了众多消费者。荣盛浦溪水镇：黄山北门康养旅居度假综合体，位于黄山风景区北大门 2 千米处，定位于黄山脚下浦溪河畔价值高地，总规划用地 4 000 亩，一期 276.6 亩、一期总建筑面积 17.8 万平方米，旅游产品包括合院、洋房和别墅，配套建设了徽州商业街、阿卡温泉酒店、艺术家村落、人体 4S 店、荣颐苑康养中心、商务娱

区等。项目区域周边原始森林覆盖率高达 95% 以上；负氧离子含量超过 20 000 个 /
立方米，PM2.5 常年值 ≤ 30；周边百千米范围内旅游景点密集且环伺，其中 4A 级
以上的景区有 60 多个（芙蓉谷、虎林园、翡翠谷、齐云山等），5A 级以上的景区
有 11 个（黄山、九华山、西递、宏村等）（图 3-17）。

图 3-17　国际度假区康养配置图

图 3-17　国际度假区康养配置图（续）

荣盛康旅以"家人般温暖"为宗旨，采取管家式服务，让房子不仅有居住功能，同时让住在这里的人们切实感受到旅居生活的惬意感、幸福感与获得感。入住前，通风除尘，让客户拎包即可入住；入住中，为客户提供一切所需服务；入住后，提供打扫清洁、家具保养服务，让客户无后顾之忧。优质的旅居服务，为荣盛康旅运营注入温暖。

未来，荣盛康旅还将在每个旅游度假区植入完善的"游、养、医、药"的产业内容。从运营业态的角度来看，大健康将是时代发展的趋势，也是国家逐步培育的核心产业和支柱产业，所以，随着国家政策的到位，时代不断的进步，人口结构和人们需求的变化，荣盛康旅将会把养生养老、医养运营及生物制药等大健康产业全部植入，形成一个大健康完备的产业运营集群，让客户在荣盛国际旅游度假区内能够充分地享受高质量的旅游，高品质的养生、休闲、度假、养老的生活模式。

3.4　一品原乡：遣乡愁、归初心，缔造悠然憩栖生活

3.4.1　缔造理念：三品、三原、三乡

作为千亿级别的大型企业，荣盛康旅一直负有极高的社会责任感，希望企业不仅是因为利益，而是为了满足人的需要、社会的需要而存在。荣盛康旅董事长耿建明曾亲自撰写了一篇《原乡赋》，立志为"追求简雅、悠然之士，营造憩栖

谧境、重返田园生活"，"一品原乡"产品系也由此而诞生。原乡就是指原初的故乡，一品原乡就是最上等的"回得去的田园"。一品原乡致力于让都市人回归田园，享受田园生活的乐趣，满足"返儿时之趣乐，回自然之境地，遣乡愁、归初心"的梦想（图3-18）。

图3-18　《原乡赋》

为了保持荣盛康旅产品一贯以来的高标准，荣盛康旅为一品原乡设置了严格的策划理念及设计原则，即"三品""三原""三乡"。

三品，即品性、品质、品位，是对项目"内涵本质"的萃取标准及缔造理念的诠释。一品原乡在项目选址、设计、建造及运营等环节坚持"三品"原则，为追求简雅、悠然之士，营造憩栖谧境、重返田园生活。品性是指一品原乡所在之处要有得天独厚的地貌肌理和生态禀赋；品质是指一品原乡在设计和建造上应具备别具匠心的设计气质和建造质地；品位是指一品原乡要提供自然的生活调性和服务温情，为客户提供自然的情调与细致的服务（图3-19）。

图3-19　"三品"原则

　　三原，即原生、原韵、原创，是对项目"外在气质"的形象定位及呈现理念的总结。一品原乡在项目设计、建造及后期运维等环节坚持"三原"之标准，力达"因时有异，其色多态"之山水画卷，"仰椅观云，径亭闲读"之庐舍田园，"稚子垂纶，黄发怡乐"之乡野民韵，最终呈现出"原生""原韵""原创"的憩栖谧境。原生是指一品原乡的环境、生活及场景必须是原真的山水画卷，简奢的庐舍田园；原韵是指一品原乡的时光、风俗及风情应体现最初的乡野光阴，原生的村俗民韵；原创是指一品原乡的心境、人文及建筑必须是原创的悠居宁心，匠具的颜巷孟邻（图 3-20）。

图 3-20　"三原"理念

　　三乡，即乡游、乡养、乡居，是项目"业态功能"的划分标准及联动原则。一品原乡在项目功能规划、业态落位与布局联动等环节坚持"三乡"之原则，秉承以田园生活为特色，满足"乡游、乡养、乡居"的各类需求，力现"偕侣行骑，援伴漫野，折花同游"之乡游，"晨幕闻鸟，暮浴夕阳，栅台舒卷"之乡养，"朝鱼晚虾，春苗秋果，食甘宿怡，医养便备"之乡居。乡游是指以乡野风貌为特色的观光、旅游、游乐、情景体验等功能；乡养是指以乡养田园为特色的休闲、度假、养生等功能；乡居是指以满足思乡返故、遁离闹市而回归自然之特色需求的生活居住、赋闲休养等功能（图 3-21）。

图 3-21　"三乡"理念

　　为使《原乡赋》中描绘的原生自然环境、原创构建要素及原韵生活情景能"和谐而自然"地加以落地，从而使身临其境者"情神往以慰然，处乡境而气爽"，一品原乡的规划设计与建造阶段工作将"三品、三原、三乡"的设计理念与原则一以贯之，全力打造现代都市中的归园田居。

3.4.2　景观场景：四季、五景、全龄、全时

　　为了带给客户与江河同游、共山川同鸣的自然体验，一品原乡在景观场景设计上也处处下足功夫。首先，一品原乡的选址遵循"远闹市而通达，择山水而谧秀、处郊野而华雅"的原则，在保证交通通达、出行便捷的前提下，为客户提供最秀美的景致、最自然的风光（图3-22）。

图3-22　一品原乡环境

　　一品原乡依四季设景，因时有异。春发百卉，新绿碧翠；夏风幽凉，草木葱茂；秋有累果，尽染层林；冬雪缀松，冰挂檐帘。四时四景，各有韵味，荣盛康旅依托天然资源打造四季美景，让一品原乡的业主无论何时都能享受大自然的极尽秀美（图3-23）。

图3-23　一品原乡四季风光

除此之外，一品原乡中还有流水、怪树、松林、栏桥、对景匠心五景。飞瀑流潭，流水潺潺；奇石异树，芳草萋萋；曲径栏桥，百花斗艳。一品原乡景观打造的亮点之一就是随着客户在一品原乡内观光走动，不同的景观将恰如其分地展现于眼前，相映成趣，陶冶身心（图 3-24）。

✓ 流水 ✓ 怪树

✓ 松林 ✓ 栏桥 ✓ 对景

图 3-24 一品原乡五景图

一品原乡关注的不仅是某一单一年龄段的田园归梦，而且致力于为全年龄人群提供丰富多彩的自然体验，让所有人都能设身处地地体会田园之乐，满足客户的乡野之思。在一品原乡中，老有所乐，幼有所得，无论童真还是老成，无论独身还是团聚，无论爱出游还是爱静卧，一品原乡都为每个客户精心打造能自得、有所乐的自在乡野乐园（图 3-25）。

图 3-25 一品原乡"全年龄、多体验"

晨暮闻鸟，午习凉风，暮浴夕阳，夜观星穹，一品原乡还为客户提供 24 小时山水常在、其色多态的生活场景，以及捕鱼捞虾、郊行野炊等 365 天不间断的精彩活动，力求达到"食甘宿怡，物如在囊，医养便备，其气洋洋"的康养效果（图3-26）。

图3-26　一品原乡客户活动

在四季不同、五景各异的基础上，一品原乡运用匠心独到的设计及细致的人文关怀，为客户提供全天候、全时段、全年龄、全方位、全身心的沉浸式观光游乐场景，尽心尽力重返田园谧境，让对田园神往、对故乡怀念的城市人群能够在此一解乡愁（图3-27）。

图3-27　一品原乡景观

3.4.3　业态规划：六要素、七功能、产业联动

在业态设计上，一品原乡覆盖了"吃、住、行、游、购、娱"旅游六大要素，承载了"旅游、度假、康养、休闲、亲子、游乐、商务"七大功能，涵盖了"度假酒店、特色集市、原乡田园、野奢田居、书院讲堂、书香茶舍"，以及丰富的四季田园活动体验，在乡养、乡游、乡居这"三乡"基础上，进一步打造了九大业态（图3-28）。

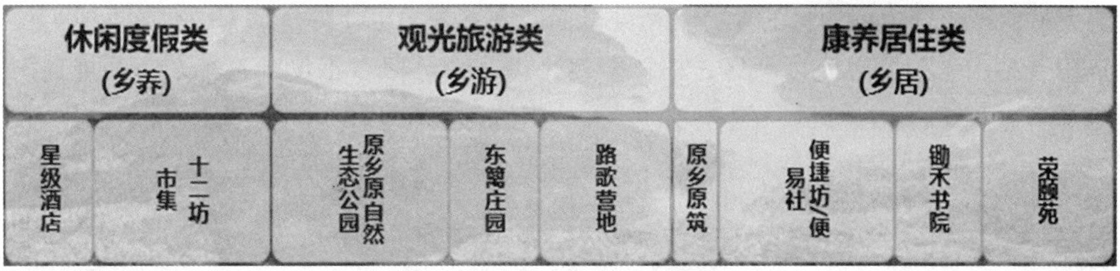

休闲度假类（乡养）		观光旅游类（乡游）			康养居住类（乡居）			
星级酒店	十二坊市集	原乡原自然生态公园	东篱庄园	路歌营地	原乡原筑	便捷坊/便易社	锄禾书院	荣颐苑

图 3-28　一品原乡九大业态

在休闲度假业态，即乡游方面，配备星级酒店及十二坊市集。酒店包括荣逸酒店与主题民宿。十二坊市集又可分为美食街、文创街、民俗馆、非遗馆，满足客户休闲度假需求。

在观光旅游业态方面，一品原乡配备了原乡原自然生态公园、东篱庄园及路歌营地。在原乡原自然生态公园中，游客们可以尽情欣赏深林花海之美，畅享水库运动之乐；在东篱庄园中，游客们可以亲身耕作，住野奢田居。想要进一步体会野游乐趣，则可以在路歌营地选择居住在房车营地、帐篷部落又或是木屋之家。

在康养居住业态，即乡居方面，一品原乡提供原乡原筑的旅居住宅，开设了生活馆、超市、诊所、业主食堂等业态的便捷坊，为满足教育、学习之需设置了包含休闲书院和欢乐趣园在内的锄禾书院，以及配备了提供健康管理、老年课堂，满足颐养、怡乐需求的荣颐苑。

2020 年，一品原乡落子金寨，开启布局征程，并先后签约江苏洪泽湖、河南修武、神农架阳日镇、张家口赤城、济源黄河小浪底等项目，快速拓展康旅布局版图，全力打造康旅明星产品（图 3-29）。

图 3-29　一品原乡布局多地

目前，荣盛推出的一品原乡项目都获得了巨大的成功与热烈的反响。如金寨·一品原乡作为首个 6 400 亩一品原乡项目，以宏伟体量为基础，依托内部花海、山茶园等原生环境，因地制宜地规划映山溪谷、拾光云谷、渔人河谷三大分区，设置了 70 余项完善度假生活配套，成为集田园旅游、养生旅居、山水度假为一体的，适合全龄人群的田园养生度假目的地。其精准全面的业态分类更使得金寨·一品原乡成为长三角首席山水田园养生度假区。对于金寨来说，一品原乡不仅是一个全新的规划，更是一种全新的生活方式（图3-30）。

图3-30　金寨·一品原乡

修武·一品原乡，总占地面积约8 000亩。荣盛康旅充分利用云台山独特的自然和人文环境资源，把合作区域开发建设成为独具特色的绿色健康新城区、生态涵养旅居区、产城融合示范区，打造成为集高端会议会晤、健康旅居、休闲度假、养生养老、生态田园等多种业态为一体的高端文旅项目（图3-31）。

图3-31　修武·一品原乡

对比多个项目来看，一品原乡无一不是六要素集聚、七功能齐全、九大业态完备的精品养生度假区。经过多年深耕，荣盛康旅彻底将一品原乡打造成为一流的都市乡村旅游度假区，成为乡村康养的品牌之作。

除在选址精心、景观优美、设施齐全、业态完善等方面下足功夫外，荣盛康旅在一品原乡的发展过程中，敏锐地发现了产业之间的关联与带动效应。利用"乡游"产品导入海量人流，快速获得市场认知度；利用"乡养"产品沉淀目标客群，不断强化客户认可度；利用"乡居"产品获取利润和现金流，持续巩固项目的良性发展；利用乡村农田资源打造出"乡游"产品的核心竞争力。通过产业导入及运营，荣盛康旅实现了一品原乡项目核心 IP 及品牌的打造，利用"游、养、居"的有机结合，实现了短期效应与长远效益的全面提升。以"合院"为特色的一品原乡，打开了客户追求心境之康、自然之旅的新起点。

3.5　七彩合院：健康旅居，开创中国合院 2.0 度假时代

3.5.1　产品特点：极致院落、场景丰富

2003 年以来，低密产品随着限墅令的颁布逐渐成为稀缺资源。在荣盛康旅推出七彩合院之前，市场上不乏突破别墅形态制约的四围合院、多围合院和联排合院等多种合院产品，被视为合院 1.0 产品。四围合院由改变联排别墅连接方式而来，具备一定的独栋属性，但院落空间利用率不高，土地利用不充分；多围合院由改变叠拼户型及组合方式而来，产品丰富，空间多变，地块利用率显著增加，但住户私密性严重受损，部分户型的舒适度差；联排合院由"L"形或"T"形的联排别墅组合而成，有一定共享庭院空间，在舒适度、规划形态上有很大提升，但产品的丰富性不足，一般总价较高。这几种市场上常见的传统 1.0 合院，各有优劣，在产品功能设计上或多或少都存在一定问题，没有完全满足客户及企业需求。1.0 产品无法继续承担消费者的需求，市场急需 2.0 产品推陈出新（图 3-32）。

四围合院　　　　　　多围合院　　　　　　联排合院

图 3-32　合院 1.0 产品

在此背景下，为承接国家对健康中国的发展指引，顺应大健康产业增长的需求，让更多人能享受到高品质、低密度健康旅居生活。作为康旅行业的领跑者，荣

盛康旅邀请国内外一流的规划设计师，以极致的院落场景和度假空间、精致的景观打造和全面的康养服务为目标，围绕"一品原乡"产品系，根据多年的康旅开发和运营经验，在全面调研了解国人对完美家园的需求的基础之上，推出了独创的"七彩合院"产品，献给有院子情结、崇尚健康度假的高品质人群。与此同时，在土地及建设属性匹配方面，"七彩合院"产品还具有在商业及住宅地块都可建设的特点，可满足商用（民宿、酒店）、自住双重需求（图 3-33）。

图 3-33　荣盛七彩合院海报

七彩合院秉承了荣盛康旅一贯以来"造寸"的理念，虽然面积小、总价低，但却以极致的院落打造、丰富的场景运营，真正打造出最具亲民性的高品质度假产品，让更多中产阶级也能轻松感受到合院产品的开阔尺度，享受极致旅居体验。西式庭院虽洋气、华贵，但不亲切，小桥流水、养花喂鱼，才是中国庭院应有的标签。这种庭院更适合体现中国的民族文化，也更贴近中国百姓的生活。荣盛康旅七彩合院就是在现代文明背景下，将中国传统文化与现代文明激烈碰撞的产物，既提炼了现代理念的精华，又可以结合当地文化特点及环境特色，打造不失传统韵味的气质空间。七彩合院的设计独特、美观，是建筑手法和大自然环境结合的艺术作品，隐于景而秀其境。目前，荣盛康旅经过精心打磨，融合了项目当地的文化特色，将功能与审美完美融合，研发出了新中式、纳西、红顶三种产品风格（图 3-34）。

图 3-34　七彩合院三种产品风格

新中式风格将现代设计与传统中式立面完美融合，精致照壁，粉墙黛瓦，坡屋面层次分明，线条细致入微，整体典雅大气。

纳西风格源自纳西族经典古建，融合民族元素，挺拔的脊尖，特色的山花，质感石材与灰砖交相呼应，大量采用铝板线条，彰显高品质。

红顶风格将现代风格与古典元素融合，高贵震撼的红砖落地，色调搭配既热情奔放，又典雅高贵。

七彩合院作为旅居产品，专为爱好旅居、爱好度假的人士打造；而优质的度假体验，少不了极致的归家之路。每户合院，入户都会经过景观路、庭院、露台、玄关等 3 至 4 层空间元素的转换。游客每次回家都能路过庭院、小桥流水、菜园、露台，体会合院之美。丰富的空间可以让每位家庭成员添加自己喜欢的元素，既能满足低密度假游客个性化的爱好，又能让小空间拥有极致的仪式感，彰显高端、尊贵和礼序（图 3-35）。

图 3-35　七彩合院入户设置

度假生活，更多的是融入自然所带来的美好感受。低密度的度假产品，正是因为能享受到有天有地的自然生活而显得珍贵。七彩合院，户外拥有大庭院，户内赠送 1～2 个小庭院，让每个房间均连通室外空间，保证采光和通风；房间与小院交界处设置大面积落地窗、门联窗，每个室内空间，都可以尽享小院内外景观。室内空间与小院之间互通便利，便于家庭成员交流互动，让度假生活显得更加温馨（图 3-36）。

图 3-36　七彩合院户型

　　七彩合院的多变庭院满足了客户拥有自己梦中小院的愿望，每个庭院都可以打造不同的景观风格或实现不同的功能，满足全家人的喜好和需求。前庭迎客可以设置凉亭、假山、小桥流水等景观元素，一家人在前庭院欢聚，可以享受畅快的户外公共空间和欢聚生活。内庭院可以种植蔬菜、果树，满足个性化的爱好，也可以设置遮阳伞、花架等物品，尽情享受自然而又相对私密的个人空间（图 3-37）。

图 3-37　七彩合院庭院设置

七彩合院排布灵活，外形风格漂亮多变，户户带院，有充足的邻里空间，能够满足大部分家庭高品质旅居度假的需求，最大限度契合了当今时代人们的安居度假需求，为文儒、商贾、雅士提供了极致的院落度假生活。

3.5.2　价值解读：旅居生活、健康体验

近年来，随着合院产品的探索不断深入，大宅大院的设计理念越发深入人心。但是，动辄 500 万元的起步价，让合院产品俨然成为奢侈品。荣盛康旅精心研究国内外旅居度假市场，专门为高知中产家庭量身打造的七彩合院，通过极致的空间设计，最大限度节省了旅居度假的资金投入，让中产阶层也可以享受高品质的旅居度假体验，附配全生命周期康养服务，满足每位业主对健康的需求，助力业主追逐美好生活。

七彩合院是传统合院的升级版，代表着合院产品的新高度。每户独门独院，墙围院、院合房，符合中国人安全、私密的居住需求习惯。园林、院落、天井、露台等设计手法使空间感受丰富，使得合院具有墅居高级品质。除此之外，七彩合院功能齐全，赠送面积大，零公摊，房间功能可改造，舒适性强。户型面宽大，进深小，户户设置内庭院，让室内的采光和通风性更好，拥有更大采光界面。外庭院则可以用于提高生活情调，让度假空间与自然空间完美融合。考虑到中产阶层的购买能力，七彩合院建筑面积小，总价合理，突破了合院产品的价格藩篱，适合多数中产阶层及以上人群购买，并实现旅居生活、健康体验的梦想追求。

七彩合院户型设计紧凑，功能灵活多变，营造高性价比、全功能的度假产品，越来越受旅居游客的喜爱，产品价值受到市场认可。七彩合院建筑面积大多在 42 ～ 89 平方米，其中，42 ～ 80 平方米为两室产品，84 ～ 89 平方米为三室产品，且拥有最高可达 120% 的高赠送面积。设计中，七彩合院产品在起居室设置了多功能折叠床，利用床与沙发形态的变换，起居室可实现客厅与卧室双重功能的转变，满足全家不同时间段对房间功能的需求。多功能设计节约了空间，从而节约购房成本，让客户花更少的钱享受更多的功能（图 3-38）。

图 3-38　七彩合院多功能设计

与此同时，度假生活最重要的是休息空间的舒适度。七彩合院每个卧室均连通景观庭院或露台，每个游客可以根据自己的喜好，在窗边放置沙发、书桌、茶台等家具；较大合院户型还设置了卧室套间，满足每位家庭成员休息、看书、喝茶等需求，小空间的舒适性和私密性均得到了较好的保证（图 3-39）。

图 3-39　七彩合院休息空间设置

消费者在亲近自然的同时，还期望能保证生活的私密性。七彩合院产品采用上下旋转叠合的手法打造，主朝向相互垂直，小院空间内外和朝向均错位不重叠，形成独立庭院。同时，在设计时也进行了全方位的视线分析，通过上下户主朝向垂直错开、抬高副窗窗台、局部景观围墙加高等方式，避免各户之间的视线干扰，保障每个家庭的私密空间，让度假生活兼顾舒适感和安全感（图3-40）。

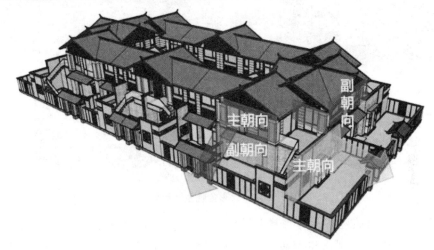

图3-40 七彩合院打造私密居家环境

作为旅居产品，荣盛康旅极致打造七彩合院，在社区环境营造上加大投入，为客户提供优质的健康养生环境与服务，逐步成为热衷康养人群的不二之选。公园式的社区规划，使得七彩合院处处是美景。每个七彩合院都是一件融入山水自然的作品，不仅自家庭院曼妙如画，充满诗意，整个社区也是公园式规划，处处有美景，处处有生机。每个社区都设置了中央景观区，融合了水系、植物组团、商业街业态、文化业态布局、网红打卡点等元素，成为社区邻里休闲、放松的理想场所；并且所有七彩合院项目都坐落于5A级景区，合院社区成为自然生态公园组成部分，为业主提供天然、无污染的畅快的呼吸环境，保障全家人的身心健康（图3-41）。

图3-41 七彩合院整体景观

七彩合院精心布置的舒适生活全系配套及健康颐养生活配套，包括业主食堂、社区巴士、药房、果蔬市场、活动中心、社区诊所、荣颐苑、运动公园、湖滨栈道等，保障了业主度假居住的所有基本生活需求与康养需求，将合院产品打造成集旅游、度假、养生养老等为一体的健康快乐的生活方式（图3-42）。

业主食堂　　　　　社区巴士　　　　　便利店　　　　　社区+药房

活动中心　　　　　果蔬市场　　　　　洗衣店

图 3-42　七彩合院生活配套

另外，荣盛康旅也在持续完善大健康管理服务系统，结合5G科技打造智能健康服务平台，探索生物制药与生命工程，在服务中提供涵盖"游、养、医、药"全方位覆盖、满足消费者全生命周期的健康生活服务。

在运营管理方面，七彩合院各社区配置了业主专属服务——HELO团队，根据业主不同爱好组建各主题兴趣社群，定期组织社群活动，打卡优质景区景点，帮助搭建业主自有兴趣圈层，构建亲密、互动邻里文化，丰富居住体验，满足每位家庭成员的兴趣需求，让旅客在休养身体的同时，也能获得心灵上的放松（图3-43）。

图 3-43　七彩合院业主活动

3.5.3　全球换住：欢乐度假、候鸟生活

除满足自住需求外，依托荣盛康旅"盛行天下"体系，游客只要在荣盛康旅购买一套七彩合院或旅居物业，加入"盛行天下"，就可以在荣盛康旅分布在全球的

35个度假区自由换住。游客既可以换住荣盛康旅体系内遍布丽江、黄山、九华山、青松岭、野三坡、秦皇岛、云台山、琅琊山等风景名胜区域的度假酒店,又可以自由换住在南京、沧州、廊坊、济南、常州、张家口等地的城市酒店,享受不同风景、不同气候、不同风俗的旅居度假体验。

七彩合院的业主加入"盛行天下"即成为平台最高会员,尊享平台最高十二大专项权益及线下换住社区百余项业主权益。

除换住外,七彩合院还可以享受高端酒店托管运营带来的高收益,为游客的候鸟生活进一步提供资金保障。在无充足时间体验旅居的情况下,游客可以将合院产品装入荣玺庄园的运管系列中。荣玺庄园定位为顶级奢华型酒店,主营高端低密住宿产品,专项经营康旅自持的别墅等低密产品,为社会名流及精英人士提供私密性、个性化的贴心服务。荣玺庄园品牌形象鲜明,服务特性突出,拥有固定的高端客群,市场追捧度极高,具有较高出租率,未来将托管经营更多已售别墅、合院产品,扩大房量和品牌价值。游客选择将合院托管经营后,每年除获取丰厚的营收分成外还可享受30天免费自住权。凭借专项托管运营模式,再加上大好河山旅行社导客服务,可以确保产品高出租率、高溢价率,让游客享受超高收益投资回报。荣玺庄园作为荣盛酒店在管最高端系列品牌,平台将在"盛行天下"进行重点推荐,聚焦旅游、度假、商务等高端客源于一体,充分承接高端体验需求,再次提升单房价格、出租率,为游客提供高托管收益。荣玺庄园的营收优势加上产品本身的升值潜力,使七彩合院相比城市地产,更具增值保值的功能属性。

中国人讲究"无院不成居",院子情结表达了中国人的生活态度,享受生活的美好,是永恒的追求。东晋名士陶渊明在《归田园居·其一》的诗中写下"榆柳荫后檐,桃李罗堂前"的诗句,是中国士大夫阶层渴望院落生活的真实写照。现代人也希望择一景而居,过上"眄庭柯以怡颜"的院落人居理想生活。荣盛康旅的七彩合院填补了市场空缺,引领了健康生活、美好度假的产品功能结构;更通过创新的运营模式,实现了旅居天下的可能,满足了人们对美好生活的需求,开创了中国合院2.0度假时代。

3.6 案例总结

顺应新时代发展的需求,荣盛康旅积极投身大健康事业,践行社会需求。为了让业主能择一房而可四季度假,又能够持续收益进账,荣盛康旅以"置业、共享、旅居"为核心,推出"盛行天下"康旅计划的运行模式。该计划作为荣盛康旅发展涉足大健康产业的切入点,历经"置业、换住、共享和旅居"四个阶段,展现"盛行天下"的完整价值过程，并通过建立线上、线下辐射全国及海外的运营服务体系，为荣盛康旅会员提供"你说走就走，我负责所有"的全面全程服务，实现客户"一处置业·四季度假·旅居天下"的人生理想。这种先进的理念实现了从旅游地产向大健康产业的自然转换，有力地打破了传统地产模式，变纯粹置业购房为康养度假中心，带给会员全新旅居新体验，使康旅产业后劲十足、不断焕发新生机。

在线上平台，荣盛康旅利用互联网技术和工具打造的"盛行天下"App 平台将其在全球范围内开发的各个旅游度假区串联共享，为会员提供便捷的旅游换住体验，让业主轻松便捷地享受换住、旅游、酒店预订、网上商城等服务，使线上平台成为一个极佳的获客工具。在线下，荣盛康旅意识到，康旅行业最关键的吸引点在于生活方式的打造，只有用极致的设计与丰富的内容让项目成为康养度假目的地，才能真正满足市场所需。

为此，荣盛康旅在全球范围内精心挑选核心自然康养资源，精心打造国际度假区与一品原乡两大核心产品系，以完备的配套与周密的设施，提供涵盖"旅游、度假、养老养生、康复、医疗、生物及生命工程"等全产业链、全生命周期的旅居生活服务内容，以"游、养、医、药"四大产业内容赋能游客的美好生活体验。

荣盛康旅创新性地推出了旅居度假 2.0 产品——七彩合院。七彩合院以"面积小、总价低、功能全、品质高"为特点，无论是性价比、空间营造、度假场景、配套服务还是资产配置，都对传统合院产品进行了升级，成为中国旅居市场的爆款产品，真正开创了中国合院 2.0 度假时代。

未来，荣盛康旅将通过不断夯实全球"6+N"战略布局，不断丰富旅居场景，不断完善运营能力和服务能力，打造国际化、无边界的全球最大旅居换住大平台，成为服务全球中产阶层旅居换住、休闲度假、健康养生等全生命周期的新型生活方式运营商。

思?考练习题

1. 总结荣盛康旅的发展路径。
2. 荣盛康旅的两大项目集群各自有哪些典型特点？
3. 荣盛康旅的产品营造是如何进行的？
4. "盛行天下"模式对项目开发的积极意义是什么？
5. 荣盛康旅·七彩合院的开发特点有哪些？

4 建业·华谊兄弟电影小镇：

"中原文化+电影元素"的文旅产品创新

艺术和历史才是建筑的精髓。

——贝聿铭

案例导读

在我国实施新型城镇化和乡村振兴战略背景下，文旅特色小镇具有系统化的特色文化标识，构建了文化、生态、生活、产业有机融合的生态型空间体系，能够满足人民群众日益增长的美好生活需要。建业集团自 2005 年开始探索文旅产业，以"建业+文旅"的模式，致力于中原文化的挖掘、保护、传承和光大。本文以建业·华谊兄弟电影小镇为具体案例。电影小镇拥有中原文化和电影两个核心 IP，复现了老郑州原始风貌，融入了太极拳的故事，力推沉浸式热血大剧《穿越德化街》，成为电影互动游乐、电影文化体验、电影主题客栈、民俗和非遗体验等于一体的沉浸式电影潮玩地。电影小镇推出的大型交互式体验演出——《一路有戏》，以创新的手法将河南历史文化、郑州特色生活和现代艺术元素相融合，促进了中原地区夜文化与夜经济的融合发展。

4.1 文旅特色小镇及其发展

4.1.1 文旅特色小镇发展背景

随着我国经济发展水平不断提高，居民消费能力日益提升，其精神文化需求也不断增长。2011—2020年，选择旅游出行的人数不断上涨，旅游收入规模稳步提升，旅游收入在GDP中的比重为11%左右，如图4-1～图4-3所示，旅游业已经成为我国国民经济的重要产业。

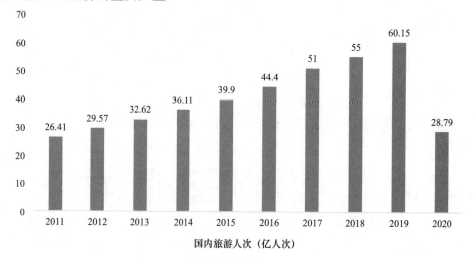

图 4-1　2011—2020 年我国国内旅游人次

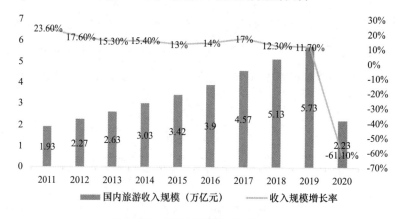

数据来源：中国国内旅游发展报告

图 4-2　2011—2020 年国内旅游收入和收入规模增长率

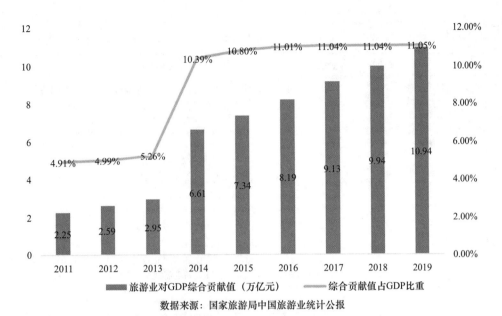

数据来源：国家旅游局中国旅游业统计公报

图 4-3 2011—2019 年我国旅游业收入占 GDP 的比重

进入新时代，人民需求更多面向高层次精神生活方面，旅游人数逐年增加，旅游需求越加旺盛，旅游行业迎来发展的绝佳时期。为了让人民群众有更深层次的旅游体验，使人民群众有更多的获得感和幸福感，旅游产品需要不断地改进和创新。文化旅游是文化交流的一种形式，旅游者从中可以获得精神满足，是一种较高层次的旅游活动，文化和旅游融合成为发展趋势。文旅特色小镇作为文旅融合的重要业态，突破城乡发展不平衡的矛盾，近年来得到国家政策的有力支持，见表 4-1。

表 4-1 2015—2020 年我国特色小镇政策一览表

时间	颁布单位	政策名称及内容
2015 年 11 月	国务院	《关于积极发挥新消费引领作用加快培育形成新供给新动力的指导意见》：发挥小城镇连接城乡、辐射农村的作用，提升产业、文化、旅游和社区服务功能，增强商品和要素集散能力，鼓励有条件的地区规划建设特色小镇
2015 年 11 月	中共中央、国务院	《关于落实发展新理念加快农业现代化实现全面小康目标的若干意见》：引导和支持社会资本开发农民参与度高、受益面广的休闲旅游项目。加强乡村生态环境和文化遗存保护，发展具有历史记忆、民族风情的特色小镇，建设一村一品、一村一景、一村一韵的魅力村庄和宜游宜养的森林景区
2016 年 7 月	住房城乡建设部、国家发展改革委、财政部	《关于开展特色小镇培育工作的通知》：要求到 2020 年，培育 1 000 个左右各具特色、富有活力的休闲旅游、商贸物流、现代制造、教育科技、传统文化、美丽宜居的特色小镇，引领带动全国小城镇建设，不断提高建设水平和发展质量
2016 年 10 月	国家发展改革委	《关于加快美丽特色小（城）镇建设的指导意见》
2016 年 10 月	住房城乡建设部	住房城乡建设部公布了第一批 127 个中国特色小镇名单

续表

时间	颁布单位	政策名称及内容
2016 年 10 月至 2017 年 4 月	住房城乡建设部	分别与中国农业发展银行、国家开发银行、中国建设银行等政策性银行签署合作协议，给特色小镇建设提供政策性金融支持
2017 年 8 月	住房城乡建设部	住房城乡建设部公布第二批 276 个中国特色小镇名单
2017 年 12 月	国家发展改革委、国土资源部、环境保护部、住房城乡建设部	《关于规范推进特色小镇和特色小城镇建设的若干意见》：规范和引导特色小镇的建设，防止变形走样、盲目发展及房地产化
2018 年 8 月	国家发展改革委办公厅	《关于建立特色小镇和特色小城镇高质量发展机制的通知》：要求以引导特色产业发展为核心，以严格遵循发展规律、严控房地产化倾向、严防政府债务风险为底线，以建立规范纠偏机制、典型引路机制、服务支撑机制为重点，加快建立特色小镇和特色小城镇高质量发展机制，释放城乡融合发展和内需增长新空间，促进经济高质量发展
2019 年 3 月	国家发展改革委	支持特色小镇有序发展，坚持政府引导，市场化运作，逐年开展监测评估，淘汰错用概念的行政建制镇、滥用概念的虚假小镇、缺失投资主体的虚拟小镇。组织制定特色小镇的标准体系，适时健全支持特色小镇有序发展的体制机制和政策措施，全面开展特色小镇建设情况调查评估
2020 年 9 月	国家发展改革委	《关于促进特色小镇规范健康发展的意见》：准确把握发展定位，准确理解特色小镇概念；科学定位特色小镇主导产业，提高主导产业质量效益，切实增强产业核心竞争力；推进特色小镇多元功能聚合，打造宜业宜居宜游的新型空间；因地制宜培育特色小镇创新创业生态，提高就业吸纳能力

在国家政策的推动下，文旅融合持续、快速地深化和发展，吸引了大量资本进入，特色小镇项目不断涌现。2016 年 10 月，住房城乡建设部公布第一批 127 个中国特色小镇名单；同年，住房城乡建设部、国家发展改革委、财政部联合下发了《关于开展特色小镇培育工作的通知》，提出到 2020 年，培育 1 000 个左右各具特色、富有活力的休闲旅游、商贸物流、现代制造、教育科技、传统文化、美丽宜居的特色小镇。

4.1.2　文旅小镇概念、特征及分类

1．文旅小镇概念

文旅小镇一词中，文代表"文化"，旅代表"旅游"，如何理解"文化""旅游"？可以从两个层面着手。

一是文化。文化是一个非常广泛和最具人文意味的概念，泛指某一地域的历史、风土人情、传统习俗、生活方式、文学艺术、价值观念等生活要素形态，即衣、冠、文、物、食、住、行等，是人类在社会历史发展过程中所创造的物质财富和精神财富的总和。文化的文是记录、表达和评述，化是分析、理解和包容。文化

的特点是有历史、有内容、有故事，而特色小镇文化内涵挖掘的本质便是评述、分析不同的历史，理解、展现特色的内容，表达、讲述别样的故事。

二是文化旅游。文化旅游是指以文化为核心吸引力和内在价值依托，在食、住、行、游、购、娱等旅游要素中贯穿文化内在价值体验的旅游活动。从小镇旅游开发的角度出发，凡是依托文化作为核心资源进行打造的小镇旅游项目都属于文化旅游项目；从旅游者角度出发，文化旅游给游客带来特定小镇文化和文化环境氛围的观赏、感受及生活方式体验的旅游经历，文化旅游是一种富有文化内涵和深度体验属性的旅游活动。

文旅小镇又要如何解读？文旅小镇，顾名思义，是以旅游为出发点打造的小镇。中国文旅小镇是以文化旅游融合为依托，以文化基因和文化元素提炼为核心，以创意和再生设计为手段，对属地特色自然资源、人文资源、产业资源等关联性资源进行一体化深度整合，以系统化的特色文化标识为指向而构建的文化、生态、生活、产业有机融合的生态型空间体系。具体来看，可以从以下四个层面剖析文旅小镇。

（1）文化核心。独特的文化精神核心是文旅小镇的灵魂，是文旅小镇核心吸引力的根源，也是在万千个小镇中安身立命之本。值得注意的是，文化之魂并不是文化资源的简单罗列，而是在对未来市场做出一定预见的基础上，对文化资源进行有效搜集、处理、分析、提炼而最后凝聚所成的核心要素。

（2）产业支撑。强有力支撑的本地特色产业是文旅小镇的骨骼。旅游小镇与产业紧密结合是文旅小镇与其他类型旅游景区最大的不同之处。

（3）项目体系。具体的旅游项目体系、产品体系设计就像填充的血肉，是工作的另一个重点。检验项目亮点的标准就是这个项目所吸引的目标游客数量。

（4）风貌细节。年代感、角色化的服装，是除建筑风貌、景观氛围外，整个小镇产生沉浸感、穿越感的关键所在，游客既是观众，也是演员。

2. 文旅小镇特征

文旅小镇与特色小镇一脉相承，具备特色小镇的特征，即以"产业"为核心，重在"特"色。然而，文旅小镇又不等同于特色小镇，文旅小镇的核心产业在"文旅"，是一个高度重视文化内核的旅游业态。文旅小镇主要特征如下：

（1）产业特征：旅游产业是小镇的核心产业、主导产业或最具潜力或特色的产业，小镇可同时兼有其他特色产业。

（2）功能特征："产业、文化、旅游、社区"一体化的复合功能载体。

（3）形态特征：既可以是行政建制镇，又可以是有明确边界的非镇非区非园空间，或是一个聚落空间、集聚区。

（4）规模体量：规划面积控制在 3～5 平方千米（不大于 10 平方千米）。

（5）其他特征：文旅小镇一方面主要依托现有文化旅游景区资源建设；另一方面通常配置一定比例的房地产开发项目来平衡项目现金流。文旅小镇的商业设施除

承担基本的餐饮、购物、住宿功能外，还承担文化展示、文化体验、互动交流、游览体验等复合功能。

3．文旅小镇分类

根据文旅产业在小镇中的地位不同，可将文旅小镇分为以下三种类型。

（1）旅游驱动型，即旅游产业占主导地位，在资源方面有独特性和吸引力，其他产业发展不充分，乌镇和古北水镇是典型代表。该类型以全域化的理念打造，实现从景点旅游到全域旅游。

（2）双产业型，即旅游产业和特色产业叠加融合，旅游功能比较完善，属于复合型特色小镇，以影视和旅游为主导的横店影视城是典型代表。该类型小镇需要充分发掘和放大主题特色，拓展要素，延伸功能。

（3）旅游从属型，有着鲜明的特色产业基础，旅游产业发展相对薄弱，为从属产业，属于生产型特色小镇。模具小镇、基金小镇、陶瓷小镇、袜业小镇等都属于此种类型。该类型依托优势产业形成产业盈利链条，同时与旅游结合实现共赢。

4.1.3　文旅小镇开发模式

1．开发模式

根据开发主体不同，我国文旅小镇有政府主导型、企业主导型及政企合作（PPP）型三种开发模式。

（1）政府主导型，是早期文旅型特色小镇的开发模式。政府资金雄厚，可集中人力、物力等各方面资源来建设、运营特色小镇，但也增加了政府债务风险，使小镇运营缺乏市场化机制。

（2）企业主导型，一般为资金实力较为雄厚的民间企业进行投资、建设、运营的特色小镇，可充分发挥市场在资源配置中的主导作用，有效配置资金、资源，提高项目建设运营效率。

（3）政企合作型模式（Public Private Partnership，PPP），是指政府和私人集团通过签订特许权协议，以利益共享和风险共担为特征，共同合作建设项目，双方通过签署合同来明晰权责，达到双赢。PPP模式的优势在于可充分发挥政府和私人集团的优势进行互补，分散风险，共享收益，达到双赢效果。此模式的重要载体是项目公司（SPV），而SPV是通过获得特许经营权的私人企业组建而成的。

根据小镇建设基础资源，文旅小镇的开发模式又可分为三类：一是在原有古村镇的基础上进行旅游开发；二是以当地的核心景区为基础，带动周边村镇的旅游开发；三是以文旅地产为主要形式，人为"造镇"。

2．政企合作（PPP）模式

随着特色小镇的不断发展，出现了发展同质化、房地产化、产业单一、政府债务风险增大等问题。2018年8月，国家发展改革委发布的《关于建立特色小镇和特色小城镇高质量发展机制的通知》中明确指出，要以引导特色产业发展为核心，以严控房地产化倾向、严防政府债务风险为底线，加快建立特色小镇和特色小城镇高质量发展机制，逐年淘汰政府综合负债率超过 100%、通过国有融资平台公司变相举债建设的风险小镇。基于此，特色小镇的融资模式亟须创新和拓展，而且随着近两年我国 GDP 增速明显放缓，地方政府的负债率过高，政府财政压力加大。在此背景下，PPP 模式的出现对于盘活社会资本和引进社会资金，推动企业（特别是中小型企业）和特色小镇的发展具有重要的意义。特色小镇的开发采用 PPP 模式在许多方面都具有较大的优势，如降低政府的投资成本，提高建设和运营的效率，刺激经济可持续发展。

PPP 模式最初应用于地铁等城市基础设施项目中，而后应用范围扩展至各类基础设施和供水、供电、垃圾处理、养老、特色小镇等公用事业领域。国家财政部 PPP 项目库的统计数据显示，2015—2017 年文旅特色小镇 PPP 项目的发起数量分别为 15 个、40 个和 85 个，文旅特色小镇 PPP 项目正处于快速增长阶段。在我国已开展的特色小镇项目中，PPP 模式应用已较为广泛。统计数据显示，在首批 127 个国家级特色小镇中，超过 50% 的特色小镇已经应用了 PPP 模式，73% 的特色小镇已经购买了市场化的服务项目。随着文旅特色小镇运营模式日渐成熟，私人集团参与投资开发的意愿不断增强，PPP 模式的文旅小镇开发具有较大的发展潜力。

4.1.4　文旅小镇发展现状

我国文旅小镇发展具有自身的特点，可以概括为以下四个方面。

（1）现有的文旅小镇数量多、规模大。自 2014 年起，从地区来看，省级旅游特色小镇建设如火如荼。新旅界研究院研究报告显示，截止到 2019 年，一共有 334 个特色小镇，其中旅游特色小镇占比达到 35.05%，共有 22 个省市区提出建设特色小镇，19 个省市区公布省级特色小镇创建名单。从投融资事件的数量和金额来看，文旅特色小镇和文旅综合体稳定地占据文旅项目投资主体地位。同时，根据新旅界研究院的不完全统计，2018—2019 上半年，全国共发生文旅特色小镇签约或开工项目 116 个，拟投资总金额达到 1.04 万亿元，平均每个项目的投资额将近 90 亿元。文旅特色小镇在整个投资环节中占比最大，明显高于文旅综合体，比景区投资、主题乐园投资及其他文旅项目投资都要高出很多，如图 4-4 所示。

（2）多方主体参与，跨界投资。一方面，在众多参与者中，跨界企业成为旅游特色小镇重要的投资方。在各省市特色小镇名单中，可统计数据显示，跨界企业参与和主导项目比重达 61.73％。另一方面，在旅游特色小镇建设中，民营资本成为重要的投资力量。主要参与文旅小镇投资的主体是地产企业和旅投企业，新兴的投资主体还有电影企业及其他行业。地产企业以其雄厚的资金实力与专业的工程建设为文旅小镇提供坚实后盾；旅投企业拥有专业的产业运营与产品打造能力，为小镇的发展提供后续动力；影视企业以电影元素为核心的独特文化创意为小镇增添创新活力。

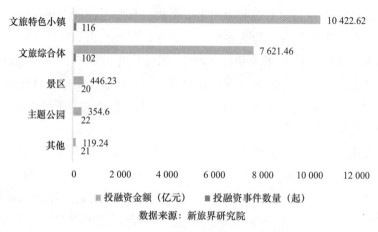

数据来源：新旅界研究院

图4-4　文旅项目投资金额和投资数量

（3）以旅游为主导，文化融合为内核。我国文旅小镇已形成以旅游为主导、文化为内核、多元产业有机融合的丰富的产业生态。文化旅游小镇的特色元素体现了文化创意产业旅游应用上的延伸，相关元素可以是非物质文化遗产、影视、动漫、演艺、教育等，或者是多种元素的组合。

（4）文旅产业数字化进程加快，推出线上、线下交互旅游。2020年在疫情影响下，一方面，为有效防控疫情，文化旅游市场从"保障供给、繁荣市场"转向"防疫情、停组团、关景区"，各大景点景区关门，各项活动取消，酒店冷清，旅行社停止收客，整个行业几近"停摆"；另一方面，疫情的突发改变了人们的消费意识和消费习惯，加速了数字化互联网为核心的线上旅游新模式。

部分平台型互联网企业与旅游景区合作，强化数字文旅体验和线上、线下互动，将文化内容与旅游和虚拟数据平台相融，将旅游景区植入网络游戏、动漫、电影、综艺等数字娱乐场景中，采取"电影＋沉浸式体验"等方式，构建数字"虚拟文旅空间"，吸引游客线上浏览景区。同时开设线上文旅产品销售，其后引导线上用户转化为旅游景区的实地观光和线下消费。实现旅游前线上虚拟体验、游中现场沉浸体验、游后数字回味体验的全体验流程，从而达到线上、线下交互旅游的目的，为旅游景区增添活力。

4.2　建业·华谊兄弟电影小镇的源起

4.2.1　建业集团发展历程及业务布局

建业集团成立于1992年，是一家多元化的集团型公司，下设新中原城市运营集团、地产集团、中原建业集团、筑友集团、新生活集团、教育集团、足球俱乐部七大业务集团，构建了地产、智造、物业、科技、文旅、商业、酒店、农业、君邻会、旅游、教育、足球、金融为一体的大生态服务体系。旗下建业地产（00832.HK）、筑友智造科技（00726.HK）、建业新生活（09983.HK）、中原建业（09982.HK）四家公司已实现香港主板上市，集团初步实现了向新型生活方式服务商的转型升级。目前，建业进入"大运营、大协同、大循环"发展阶段，以启动大中原战略为标志，建业将主动融入双循环新发展格局，全面开启高质量发展新征程。

建业集团秉承"根植中原　造福百姓"的核心价值观，肩负"让中原人民都过上好生活"的企业使命，坚守"追求卓越　坚忍图成"的企业精神，致力于"做中原城市化进程和社会全面进步的推动者"，决心为行业和民营经济的发展、民族的振兴、国家的富强做出贡献。建业集团首创并践行"省域化发展战略"，扎根河南，逐步、分级向下延伸拓展业务，实现了省、市、县、镇、村"五级市场联动"，河南省 122 个县及县级以上城市全覆盖，因业务模式所具有的独特性，也被中国房地产界誉为"建业模式"。

4.2.2　项目地块基本情况

项目位于郑州文化创意产业园，北邻金水大道，西邻文创路，东邻文信路，南接弯月路，规划范围总用地面积为 419 381.22 平方米，其中可建设面积为 307 243.91 平方米，公园绿地面积为 35 674.50 平方米，停车用地面积为 76 462.81 平方米。项目总建筑面积为 193 420.52 平方米，平均容积率为 0.63。项目预计总投资为 45 亿元，共分三期开发，目前已开发一期工程，用地面积为 108 138.49 平方米，一期总建筑面积为 63 656..92 平方米，容积率为 0.69，包括电影大道和太极街。

4.2.3　项目前期定位分析

我国的文旅小镇还处于发展期，全国各地各式各样的文旅小镇涌现出来，在文化旅游业迅速发展的背景下，文旅项目同质化严重。在项目前期定位过程中，为了避免同质化，提炼核心竞争力和实现差异化显得非常重要。在项目前期，决策者抓住项目地块的文化资源，发展旅游潜力，基于创新发展战略明确项目定位。

项目确定以属地文化作为内容，用电影美术的表现手法，以演艺为核心，凸显主题娱乐的特色，结合休闲消费形成高能级、高品质的电影文化主题景区。在项目的前期定位中，分析项目所拥有和可能拥有的核心资源优势非常重要。除电影文化、属地文化等资源优势外，项目还具有其他核心资源，如地域文化资源、区位交通资源、华谊兄弟电影资源等。

1. 地域文化资源

文化的挖掘、创造和利用对项目质量具有重要的影响。古往今来，逶迤的黄河把最精华的内容留给了河南，在中国八大古都中，有四个在中原地区，有二十多个朝代曾经定都中原。这里有大唐神都洛阳，有北宋汴京开封，有殷商甲骨；这里有三座城、三百里、三千年的"黄河交响"；这里有中国最早的村落遗址裴李岗遗址，这里是人文始祖轩辕黄帝的家乡等。属地文化是项目最大的文化创意，项目选择近一百年来的当地故事，挖掘城市将忘未忘的历史和记忆依稀可感的故事，讲述河南的一百年、村落的一百年、城市的一百年，讲述黄河两岸的一百年，让中原故事和时代印象重新走进大家的视野与记忆。

璀璨的中原历史文化作为项目的"灵魂"。太极文化、武术文化、饮食文化、豫剧文化、民俗文化等，这些多种多样的文化将历史串联起来，展现出中原文化渊博、独特的一面。

在所有的文化种类中，武术文化的表演性质最为突出，其娱乐体验也最具吸引力，场景结合体验开发绝佳。同时，河南是陈式太极拳、苌家拳、少林拳等大拳种的发源地。饮食文化：作为我国的八大菜系之一的豫菜，不仅有鲜明的地域特色，同时，还兼收了各大菜系之长。豫剧文化：戏曲表演的形式以豫剧团、豫剧院表演展示类为主，文化观赏性强。民俗文化的观赏性强，内容广泛、内涵丰富，如太极拳、仰韶文化、少林寺、汴绣、朱仙镇木版年画、祭祖大典、马街书会等。这些民俗不仅有民间手工艺品、土特产，还包含了民间游艺表演。决策团队将特色的地域文化资源融入项目的景观、园区演出、内装、建筑外饰等各个方面，打造出一个以电影文化元素为主要内容的旅游产品。

综上所述，项目的实现离不开中原文化这一核心资源，其外形和文化灵魂来源于深厚的中原文化底蕴，它是使项目能够在无资源依托的郑州郊区得以落地生根的重要依托。

2. 区位交通资源

项目位于郑州市中牟县，距离郑州市区只有半个小时的车程，是入驻郑州国际文化创意产业园的第一个项目。项目地处中原腹地，河南省中部偏东，位于郑州和开封之间，两市夹一县（即郑州市、开封市、中牟县），是郑开一体化的纽带。另外，项目位于的中牟县是郑州辐射和带动豫东经济发展的一个桥头堡，是郑开一体化建设的承接点和连接点。

项目所在区域是国家重要的交通枢纽，一小时交通圈辐射了整个中原城市群，辐射的人口接近 4 218 万；两小时交通辐射了全省及周边其他省辖市，辐射人口大约为 3 亿人，潜在的客源市场非常巨大。"两横一纵"（两横：郑民高速、连霍高速。一纵：京港澳高速）汇成了郑州的高速公路网；全国的铁路心脏，陇海、京广两大干线交会，8 条城际铁路辐射了中原城市群，形成了一小时交通圈；截至 2019 年年底，郑州新郑国际机场开通航线 218 条，通航城市 121 个，年旅客吞吐量达到 2 912.93 万人次。

3．华谊兄弟电影资源

华谊兄弟传媒集团创立于 1994 年，成立以来，制作、出品发行了上百部电影作品，涉及电视剧、电影、唱片、营销、娱乐、艺人经纪等各个领域。在其二十多年的发展中，打造出一流的美工团队，并进军文化旅游行业，致力于打造中国高端的电影文化旅游项目。华谊兄弟传媒集团是最早布局实景娱乐的影视公司，即原创电影元素＋地方特色文化的项目。2014 年，海口观澜湖•华谊•冯小刚电影公社开门迎客，是第一个华谊自持电影元素而打造的电影小镇；2015 年 5 月，建业集团和华谊兄弟强强合作，宣布共建电影文化旅游项目。这是华谊兄弟全国第四家、中原第一家电影小镇。2018 年，华谊兄弟电影世界（苏州）开业，是第一个华谊自持电影元素而打造的主题公园。华谊兄弟传媒集团具有丰富的文旅项目建设运营的经验，为本项目的定位设计及运营提供了参考。

4．项目定位综合研判

项目的定位直接影响着项目的成败，项目前期策划团队需要对很多关键因素进行分析和判断。例如，建业集团具有强大的资源整合能力，作为河南本土知名企业，其有庞大的本土客户基础；与建业集团合作、强强联合的华谊兄弟所拥有的电影故事、专业的电影美工、明星资源、一流的电影场景营造能力、品牌影响力；中原市场有许多亟待挖掘的中原文化，停留在书籍里的、待触摸的、待活化的中原文化等。

基于以上众多影响因素，通过 SWOT 分析方法总结各大因素，对项目进行综合研判，见表 4-2。

表 4-2 项目资源 SWOT 分析表

优势	劣势
（1）区位优势：地处中原腹地，两市夹一县（即郑州市、开封市、中牟县），是郑开一体化的纽带，中牟县是郑州辐射和带动像东经济发展的桥头堡，是郑开一体化建设的连接点和承接点。 （2）交通优势：项目所在区域是国家重要交通枢纽，一小时交通圈辐射整个中原城市群。高速公路，"两横一纵"；铁路，全国铁路心脏，京广、陇海两大干线交会；航空，截至 2019 年年底，郑州新郑国际机场开通航线 218 条，通航城市 121 个	（1）项目并不是在已有的文化建筑上修建或者重建，缺少文化根基。 （2）虽然华谊电影 IP 具有很强的复制性，但是文化内容植入性较差
机会	威胁
（1）郑州地区旅游消费投入占收入的比重增加，选择出游的人越来越多。 （2）有区域文化旅游产业发展规划的支持，项目所在地是文旅发展重点项目区，规划到 2020 年，打造成为千万人次的时尚文化创意旅游新城。已吸引二十多个项目，数百亿元投资。电影小镇是这块蓝图上的第一个项目，是郑州国际文化创意产业园区的开篇之作	（1）还原历史文化难度巨大。 （2）来自外部环境的变化和不确定性对项目运营的影响。 （3）项目一期、二期开发节奏的把握和社会的期望

根据 SWOT 综合分析项目的优势、劣势、机会和威胁，决策团队将项目确定为以文旅功能为核心的电影小镇，从中原文化和沉浸式电影场景出发，以电影主题演艺为核心，集电影场景游览、电影主题演艺、电影互动游乐、电影文化体验、电影主题客栈、民俗和非遗体验等于一体的沉浸式电影潮玩地。

项目的总体目标为打造有文化、有记忆、有温度、有场景的"文商旅融合"情境体验街区。总体目标可以分解为基于多个主体的具体目标：政府——城市文化旅游的名片、外地人了解郑州的窗口；市民——情感记忆纽带、电影和历史文化体验场所、旅游休闲去处；历史——独特旋律的"实景剧"；建业——有责任、有温度的标杆性作品。项目的市场定位为：立足省会郑州，聚焦周边市场；利用地处郑州国际文化创意产业园和"郑汴洛"黄金旅游带核心地段的区位优势，立足中原，辐射全国。

4.2.4　项目核心文化元素

项目核心文化元素是项目独特属性的标签，是简单鲜明有特色的符号和元素，代表着独特的个性和稀缺性。文旅小镇文化元素是小镇开发、建设、运营的核心，也是小镇核心竞争力的重要标志，赋予特色小镇灵魂。如果没有文化元素效应的加持，任何一个特色小镇都避免不了被同质化的市场命运。如果文旅小镇拥有自己独特的文化元素，可以为小镇注入持久发展的精神动力，有助于增强小镇的品牌建设，也有助于小镇产业链的开发。本项目的文化元素可以从中原属地文化元素和电影元素两个方面分析。

1. 中原属地文化元素——电影大道

本项目中原属地文化元素体现为电影大道（图 4-5）：以 20 世纪初的老郑州为创意蓝本，将郑州商埠初开时代的老建筑——恢复，又将电影历史文化和电影工业幕后转化为可以互动体验的内容，巧妙融入街道中。20 世纪前叶到 30 年代，随着卢汉铁路和陇海铁路的开通，郑州迅速成为中原地区最大的贸易商业中心，老郑州街场景氛围采用电影美术手法营造出当时郑州商埠大同路一带车水马龙的繁华景象。豫昌百货商行的橱窗正在展示当季最时髦的旗袍，"号外～号外～"报童叫卖最新的报纸，铛铛响的电车拐过街角。在这里，不仅可以邂逅利兴面包房、瑞丰祥绸缎庄、尚金钟脂粉店等年代老店，还能在电影工坊里一探电影幕后制作的奥秘，欣赏各种影视特效的神奇，体验武林高手行侠仗义、快意恩仇的感觉，感受火海逃生、漫游宇宙的刺激。

2. 电影元素——太极街

本项目电影 IP 主要通过太极街（图 4-6）体现，致力于以影视元素为核心驱动，通过电影艺术创意，将经典的电影场景呈现在小镇空间。太极街以电影《太极》作为 IP，讲述发生在陈氏太极拳发源地河南焦作温县的故事，尝试留住中原人的城市

图 4-5 电影大道

记忆，以光影的魔法和持续迭代的演艺打造全新的文旅体验。太极街以"太极功夫"为线索，导入河南老字号、河南本地民居文化、传统民间活动等，集中展现清末民初时，河南当地市井文化和河南民俗文化，再现电影场景式的规划布局，营造电影主题氛围，让参与者"入戏"。这里有山有水有门楼，有民俗市集，有繁华京城，又有各式古怪机械……古朴的中原民居与西洋机械特洛伊对望，太极功夫和蒸汽朋克混搭，演绎出一个中西文化交融、传统现代并存的大时代氛围。太极武术文化在这里得到了较好的体现，一方面展示了太极武术精神的礼仪、廉耻、忍耐、克己；另一方面，礼数、文艺、信仰、饭食、节日等原汁原味不刻意的河南民俗也被尽情地展示出来。整个太极街不仅是《太极》的电影片场，在这里见到的、闻到的、感受到的更是来自对河南质朴生活的真实写照。

图 4-6　太极街

4.2.5　项目空间规划

空间规划在旅游规划项目中具有重要的作用和意义，对于特色小镇来说，空间规划中功能分区尤为重要。功能分区是在项目内核定位的基础上，结合项目地块资源条件、旅游交通和游线组织关系，根据科学分析与合理组团，对旅游产品和业态功能的空间划分。小镇的空间规划具有包容性，应该兼具乡村和城市的优点，具有城市的精致生活及便捷和现代化，但是生活节奏放缓，同时，具有广袤的自然环境和浓厚的文化氛围。电影小镇以电影手法重现郑州街和太极街两大主题街道，以两条主街为线，扩大游览范围，以百年城市记忆、太极拳、电影文化作为文化和旅游的结合点、切入点，打造"演、玩、吃、住、购"全方位的文旅体验。

1. 项目一期规划

主入口从真实历史建筑中挑选开封中山门作为电影小镇的进出园通道，同时，大门两侧设计游客服务中心与行政楼。老郑州街电影大道作为整个电影小镇主要形象入口，采用主轴式布局，场地地形设计较为平缓，主街区宽度控制在 10 ～ 14 米区间，长度在 160 米左右，两侧建筑以二至三层的民国风格建筑为主，零星穿插清代风格建筑，建筑物加上各类的置景陈设道具，让街区尺度和风貌格外地协调与亮丽。以世界大剧院广场为界，老郑州街分为两道向北延伸，建筑采用组团布局方式为主，相比电影大道有更加紧凑的街道、非通透的内庭院、风格各异的竖向交通等，让游客在其中有更多维度游览的空间和趣味。

太极街部分，局部设计台地，人行流线拾级而上，建筑形式丰富，主要游览路线以太极湖为中心呈回字形布局，局部流线可在小组团内环通，道路宽度控制在 4 ～ 9 米，狭窄的街道及两旁建筑高度还原了当时人居生活环境。南侧沿湖区域除演艺区外，还设置了特色儿童游玩区，适合低龄儿童玩耍嬉戏，风格与周边浑然一体。

2. 停车场规划

电影小镇地块西南侧有四块停车场用地,如图 4-7 所示,功能涵盖小汽车停车区、大客车停车区、非机动车停车区,规划用地面积为 76 462.81 平方米。场地内人车分流、机非分流,保证游客的舒适性和安全性。其中,小汽车停车位 1 369 个(含充电停车位 207 个),大车停车位 106 个,机动车停车位合计 1 475 个,非机动车停车位 6 292 个,满足了本地块控制规划文件的要求。

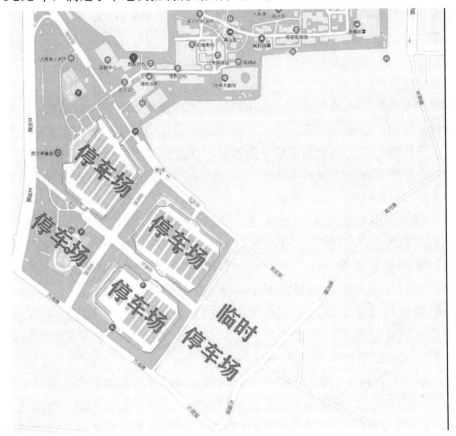

图 4-7　项目停车场规划图

4.3　建业·华谊兄弟电影小镇的运营

4.3.1　电影小镇的运营策划

项目运营管理是一个复杂的系统工程,电影小镇通过运营前置,在项目前期就让运营团队参与到项目中,编制产业招商规划、投融资规划、空间布局规划等。在前期对小镇的产业业态、项目指标、资金投入、运营管理等内容制订实施计划,保障项目能够实效地落地建设，通过运营获得稳定良性增长的现金流。在电影小镇的运营过程中，不仅要坚持合作共赢、利益共生、品牌共建、文化共识等运营理念，更要确定适合本项目的开发策略、盈利模式、营销推广模式，这是项目成功运营的坚实基础。电影小镇较为成功的运营离不开对小镇开发策略、盈利模式及营销推广模式的合理选择。

1. 运营理念

随着大众旅游需求不断升级，多数游客不再满足于看山水、看建筑或看演出，而是注重"吃、住、行、游、购、娱"全过程服务质量。一桌好饭、一张好床、一份好的服务等，只要能为美好的旅程提供温馨体验和优质服务的元素，都可能成为吸引游客的要素。

基于游客消费需求的挖掘，电影小镇的运营理念是以演艺产品为核心，特色餐饮、购物、住宿产品等为配套，为游客提供一个完整的体验产品体系。通过特色化运营，提升小镇的文化性和沉浸感，为游客带来沉浸式体验内容，从产品和精神形态上制造差异性，塑造小镇的唯一性，形成竞争壁垒。电影小镇运营理念可以进一步分为演艺、商业和服务运营理念。

（1）演艺运营理念。电影小镇演艺运营理念是将演艺与旅游景区相融合，实现"景区演艺化，演艺景区化"。在剧目创作过程中，充分利用原有建筑场景特色，采用演艺舞美手法，巧妙地把演艺舞美制作融入其中，并在原始场景的基础上进行效果升华。通过点缀的舞美化处理和灯光等特效手段的渲染，让整个场景彻底舞美化。园内散布的各种不同类型演艺节目，通过不同的维度、不同的交互方式、不同的行进形式，将演员与游客融为一体，实现立体的时空交互体验，完成最重要的角色沉浸。

（2）商业运营理念。电影小镇商业运营理念是"文商旅融合"，连接传统与现代，融合文化与商业，即突出文化的产业拉动效应，挖掘文化主题下的商业开发价值，实现文化传承与商业价值开发的协同发展，让景区拥有持久的生命力。"商业即景点，景点即商业"，通过打造景点商业、文化体验式商业，控制景区的商业氛围，去商业感，增强文化性和体验性，以此丰富游客体验，提升景区的文化底蕴和厚度，形成区别于其他景区特色的商业模式。

（3）服务运营理念。电影小镇在运营中，其服务理念包括安全、友善、互动、高效。保障游客安全是小镇的首要价值诉求；友善地服务游客是小镇服务的基本要求；与游客互动，让游客体会沉浸式电影体验，高效的游客服务是提高游客满意度的基本做法。

在服务理念下，具体的服务要求包括"三善""四心""五员一体"。"三善"为善导览、善赞美、善表演。善导览要求每位员工都要熟悉小镇各场馆位置、开闭时间等信息，可以导览游客去想去的地方；善赞美要求每位员工都要善于赞美，赞美游客、赞美同事；善表演要求每位员工都要做好演员，演艺自己的角色，服务好游客。"四心"为爱心、用心、热心、真心。"五员一体"（导览员、服务员、安全员、演员、宣传员）体现在人人都是导览员、人人都是服务员、人人都是安全员、人人都是演员、人人都是宣传员。

2. 开发策略

电影小镇用地总规模大约 2 000 亩，其中 600 亩的商业用地作为文化旅游项目，1 400 亩左右（1 200 亩的住宅用地、200 亩的商业用地）为配套可建设用地。电影小镇拟建 6 条具有特色影视文化的商业街，将华谊经典的电影场景作为建筑规划的元素，同时注入河南历史文化（中原文化）的文化特色品牌街区。另外，综合考虑到区域经济的发展、游客的需求量等因素，将园区的建设分为三期，一期的建设体量对于项目的整体形象来说至关重要，电影小镇一期包括电影大道和太极街两条街区。

电影小镇的开发节奏，首先是一期项目的重点建设，对于二期、三期项目是否开始建设及从什么时间节点开始建设，还要根据一期项目建成的运营效果，以及旅游客流量和收支情况来具体制定。

3. 盈利模式

目前，旅游景区经营性收入方式可分为三类：一是以门票收入为主；二是不收门票以经营性收入为主；三是门票收入＋经营性收入为主。建业·华谊兄弟电影小镇通过对以上三种收入方式及对项目自身特征的分析，采用第三类收入方式，即门票收入＋经营性收入为主的收入结构。

对于盈利模式的选择，参考较为成功的典型代表项目——乌镇西栅游览区。乌镇是长三角首创的商务度假古镇和最具影响力古镇。乌镇西栅景区选择门票收入＋经营性收入盈利模式，市场的需求起到关键的作用，当游客达到 200 多万时，长三角高端商务度假需求开始兴起，西栅以精品与特色住宿作为吸引点，打造一个商务度假古镇。建业·华谊兄弟电影小镇采用同样的收入结构，根据市场情况打造一个符合市场需求的产品。第一，小镇具有足够规模的网上基础客源；第二，项目在郑州市场处于空白阶段，相应的消费性产品的市场需求量较大；第三，电影小镇的主要盈利来源包括游客门票收入、酒店经营、地产销售、商铺租赁、休闲商业经营、其他景区内经营等。综上所述，小镇采用门票＋经营性收入为主的收入结构，有助于降低项目在运营初期的风险。

4. 营销推广模式

目前，文化类旅游地产主要采用五大营销策略，即网络营销策略、节事营销策略、客源地营销策略、品牌策略、渠道营销策略。在网络营销策略方面，电影小镇借助网络营销的五大路径，即门户网站、专业网络媒体、官方网站、政府网站、知名社区进行网络宣传；在节事营销策略方面，举办一些大中型的吸引人气的节庆活动，以电影、明星主题为主，同时与节假日结合设置一些常态化的互动活动及民俗体验节庆活动，充分地推广、宣传电影小镇品牌；在客源地营销策略方面，将郑州、开封作为一级营销平台，精耕细作，全年覆盖；在品牌策略方面，借助建业和华谊兄弟的品牌影响力，并且依托庞大的目标客户群体和深厚的中原文化底蕴，塑造稳定的"宣传指引"与"品牌形象"；在渠道营销策略方面，选择目前用途最广的四种渠道——旅游互联网、旅行社/文化机构、专业协会组织、交通运输系统，进行小镇的专项渠道营销。

通过较为有效的营销推广，电影小镇的知名度不断提升。电影小镇自 2019 年 9 月 21 日开业以来，在经历了疫情期间 63 天闭园的情况下，累计接待游客近 300 万人次。电影小镇已经累计 15 次登录央视、12 次登录人民日报、45 次在新华社曝光、2 000 余次各大官方媒体曝光、5 次直播活动全网曝光 4 800 万人次、微信增粉 33 万人、微信公众号收获两篇 10 万 + 文章、抖音 POI 增长 8 亿次。2020 年 9 月 19 日，单次央视新闻直播在线观看量达 1 700 万人次，同年 1 月 1 日和 10 月 7 日两次登上央视新闻联播。

4.3.2　沉浸式电影潮玩体验

"沉浸式"一词最先出现在语言学教学实践中，意在改变人们周围所处环境，使人们达到身临其境的感觉，从而改变学习思维模式，更好地运用语言。沉浸式体验在积极心理学领域是指当人们在进行活动时如果完全投入情境中，注意力专注，并且过滤掉所有不相关的知觉，即进入沉浸状态。沉浸式体验是一种正向的、积极的心理体验，它会使个体参与活动时获得诸多愉悦感，从而促使个体反复进行同样的活动而不会心生厌倦。富有创新意识的投资者、开发商将沉浸式体验运用到其他行业，如高科技电子游戏、商业旅游等。旅游景区沉浸式体验，使得游客游玩的时候能达到"心流状态"，并且不会被轻易破坏。电影小镇从本土文化出发，从沉浸式电影场景出发，以电影主题演艺为核心，致力于打造集电影互动游乐、电影文化体验、电影主题客栈、民俗和非遗体验等于一体的沉浸式电影潮玩地。电影小镇沉浸式潮玩体验主要表现在展馆、演出、衣食住行三个方面。

1. 沉浸式游玩展馆

电影小镇有很多沉浸式游玩展馆，如图 4-8 ～图 4-11 所示。"电影工坊"全景展现电影工业台前幕后，一站式满足游客对电影工业的好奇心。"默片时代"，可以发现无声电影的光影挽救力，开启电影世界的造梦之旅；"12 号情报站"，游客需选取一件角色服装，化身游戏中的潜伏者；电影小镇里的"幻境奇观"场馆，游客需壮足胆子寻找封印于此的不老仙丹，完成任务；"易容变身馆"，游客可亲身体验电影化妆的神奇，华丽变身大片里的主角。除此之外，换装空间、雅芳照相馆、微电影工作室、农耕物语等展馆在小镇星罗棋布。

图 4-8　电影工坊

图 4-9　默片时代

图 4-10　12 号情报站

图 4-11　幻境奇观

2. 沉浸式演出

沉浸式演出采用电影 IP 主题深度包装 + 角色扮演的业态结构。小镇推出多款实景大秀:《战太极》节目(图 4-12),游客可亲临太极村陈家沟掌门嫁女现场,在清兵突袭、捉拿新郎的紧张氛围中,感受一场太极功夫与西式大炮的激烈对决;枪战动作大戏《中原刀客》(图 4-13),在 1920 年的郑州火车站,看一场义士大战军阀的恢宏演出;闯入《一路有戏》夜场的繁华,实现游客"演在故事里"的梦想。

图 4-12　《战太极》

图 4-13　《中原刀客》

电影小镇通过丰富的演出活动,包括剧场演出、电影实景演出、行进式演出等，打造电影"戏中戏"，将景区的场景、演员、游客和员工完全融合，营造出浓厚的沉浸式戏剧氛围。《一路有戏》是电影小镇最具特色的夜间大型沉浸式交互体验演出；《中原刀客》是在太极街观音堂火车站旁上演的一场实景特效演出；《战太极》是在太极湖水码头演出的大型室外实景演出；《影视人物秀》是在世界影剧院广场演出的片场拍摄演艺；《刺杀行动》是在电影大道演出的沉浸式体验剧（图4-14）；《宴天下》是在美食集结地"京城往事"上演的影视人物互动演出。2021年小镇正式推出沉浸式大剧《穿越德化街》，如图4-15所示，通过创新舞台剧的呈现形式，以1938年元宵节发生在郑州的大轰炸事件为原型，打破传统剧场式观演形式，以沉浸式体验方式入场，游客等待入场的前厅是一个老式车站，营造出逼真的民国车站实景。这些演出活动充分体现了"演"在故事里、"住"在剧情内，让游客身处"戏中"，打造真正的沉浸式场景体验。

图4-14　《刺杀行动》

图4-15　《穿越德化街》

3．沉浸式衣食住行

沉浸式衣食住行主要体现在与深度的沉浸式非玩家角色互动、游客的角色扮演、超真实情景重现、创意文创产品售展等。

"京城往事"以电影片场的布景方式，体现了台上好戏、台下美食的理念。档口小吃琳琅满目，电影主题包间应接不暇，营造一个汇聚天下美味的繁华京城，可供千人同享盛宴。电影小镇以"带着惊喜相见"的追求创造喜见民宿品牌，使游客获得"住在电影里"的居住体验。西厢，未入门可赏优雅腔调；踏进门庭，沉浸戏剧美境；新月文舍小住，感受大师辈出的时代风华。客栈建筑复原自电影《太极》，让游客身处于《太极》江湖之中，进一步感受太极文化。小镇推出独具故事的创意产品"百工市集"——编织铺、灯笼铺、木工坊、香坊、染坊、绣坊、陶坊、油纸伞铺、泥塑坊、纸鸢铺等非遗手工艺作坊，如图4-16～图4-19所示。

4.3.3　中原地区夜文化与夜经济的融合——《一路有戏》

1．夜文化与夜经济的发展

夜经济是伴随着城市经济的发展和人民生活水平的提高而产生的一种现象。

图 4-16 纸鸢铺

图 4-17 非遗市集捏泥人

图 4-18 京城往事

图 4-19 民宿之青山后

随着世界经济发展、消费结构和生活方式的演变升级，人们已经不再仅仅满足于日间的消费活动，将经济活动的时间逐渐延长到晚间。夜经济成为经济的重要组成部分，具有娱乐休闲性、休闲消费性、人际交往性、时间限制性、空间集聚性等特征，具有促进经济发展、丰富市民精神生活、打造城市形象等重要功能。

将城市文化与夜经济联系在一起，是当前郑州夜经济发展关注的重点。文化休闲赋予了夜晚更多的内涵，繁荣的夜经济更是离不开文化的支撑。文化不仅是城市的精神载体，更是城市对外交流的名片，挖掘城市文化价值，发展夜间旅游，以高质量文化和旅游供给增强人民群众的获得感、幸福感和满足感，推动文化成为撬动夜经济发展的杠杆。发展城市夜经济，文化的作用不容小觑，电影小镇用电影的方式讲述中原文化，从电影到文化，再从白天到夜晚，游客们始终在文化旅游产品多元化的小镇里享受着电影、体验着文化、收获着快乐。其中推出的电影小镇特色文化旅游产品——《一路有戏》，初步实现以文促旅、以旅彰文、协同发展，让游客在夜间旅游中受到电影文化和中原文化的熏陶。《一路有戏》充分挖掘区域文旅资源优势，以创新的手法将河南历史文化元素、郑州特色生活元素和现代艺术元素相融合，在疫情后有序推动文旅产业复工复产的同时，成为增长新动力、发展新引擎，促进中原地区夜文化与夜经济的融合发展。

2. 《一路有戏》

作为中原地区文化旅游夜经济的先行者，郑州电影小镇首创了大型夜间交互式体验演出——《一路有戏》。《一路有戏》全场参演演员 200 余名，70 分钟剧情，多个演出地点讲述电影发源、老郑州和杨露禅学拳的故事，涵盖三重时空、四幕好戏、八大场景，穿越时代的繁华，使游客沉浸在太极的神秘中，体验作为剧中主角的独特感受。

夜色渐浓，大型交互体验演出《一路有戏》华丽绽放，如图4-20～图4-23所示。游客们徜徉在电影大道和太极街头，体验这场极致浪漫的穿越之旅；在电影大道，一起追寻老郑州失落的文化记忆。100 多年前，蒸汽火车轰隆隆地拖来了郑州商业的繁盛；100 多年以后，通过电影场景的方式还原了 20 世纪初老郑州的市井生活画卷。这里不仅有当时的老街道、老字号、老建筑，还有省会郑州的繁华及曾经的骄傲，铁路、纱厂、烩面等。在太极街，展现电影《太极》中所表达的太极文化，可以更好地了解河南特色风土人情的中原文化。太极文化是中原文化的一个代表符号，涉及的风土人情是当时乡土河南的一个缩影。

图 4-20　《一路有戏》场景 1

图 4-21　《一路有戏》场景 2

图 4-22　《一路有戏》场景 3

图 4-23　《一路有戏》场景 4

走进《一路有戏》的游客们，既是观众，又是演员，不仅要看戏，更要入戏。时光匣子恍如一座时光长廊，见证郑州城市记忆的百年光景。游客们在《一路有戏》中享受着"演在故事里、玩在大片场、吃在电影中"的乐趣。演员带领游客们沉浸在电影实景画面之中，深度体验一百年前的郑州商埠初开时期的繁华，并与之进行交互表演，达到情感和情绪的共鸣。目前，电影小镇的夜间旅游消费呈现出了勃勃生机，开启了中原地区夜文化和夜经济相互依托、融合发展的良好开端。

4.3.4 产业链的延伸

郑州是历史文化名城，历史文化资源丰厚，文旅产业发展基础好、潜力大、市场空间广阔。开业至今，电影小镇对经济社会的带动效应逐步显现。电影小镇的运营规划符合中原地区产业发展规律，与文化型城市功能相融合，同时带动周边行业发展，提供大量就业机会。截至 2020 年年底，据不完全统计，电影小镇自立项落地以来，累计带动地区固定资产投资 21.7 亿元，纳税 1.82 亿元，直接解决当地就业 2 120 人，间接带动国际文化创意产业园关联从业人员 11 300 余人，为周边商业项目、旅游项目，如建业神垕天地、开封建业七盛角等，累计带来游客 200 余万人次，郑州东部正在逐步培育一座强劲的夜经济发展城市。

4.3.5 自适应市场拓展体系

企业自适应能力是指企业通过持续主动地进行创新、思维环境变化、学习知识和修炼价值观，并进行整合而形成的引导和驾驭环境变化的能力，具有综合性、复杂性、过程性、不可模仿性、可塑性、文化性和拓展性等特征。电影小镇的自适应市场拓展体系具体表现在以下三个方面。

1. 在产品上不断更新，深耕细分市场需求

以儿童娱乐产品为例，为满足家庭客群和儿童群体需求，电影小镇在运营过程中不断增加儿童体验类产品和节庆活动。如在一期地块内增加了蒸汽小火车、儿童无动力设施等，在六一儿童节期间举办"泡泡节"等活动，得到了广大儿童群体的喜爱；在规划中的小镇二期，更是增加了大面积的儿童无动力娱乐区、旋转木马和专门的儿童餐厅等，进一步满足家庭和儿童群体需求。

2. 在体验上不断创新，增加游玩的沉浸感

在商业形式上，电影小镇通过将传统业态与新业态相融合，将产品与文化、科技相融合，形成更具沉浸感的体验式商业，使商品消费上升到场景消费的层面，如充满历史年代感的雅芳照相馆、80 记忆餐厅，可以自己动手体验的灯笼铺、纸鸢铺，融入光影科技的"魔幻太极"体验馆等。

3. 在防疫上不断变化，充分保证游客安全

2020 年发生了全球性新冠肺炎疫情，电影小镇紧跟环境变化，相继推出各种防疫游玩活动。为感谢在防疫期间做出巨大牺牲和贡献的全国医务人员，在疫情期间暂停所有线下预约通道，开启医务人员线上预约，推出 2020 年医务人员及一名家属免费游玩方案，体现了企业的社会责任。疫情期间，展现花样防疫手段：动物、外星人系列防护服，在使园内游玩气息十足的同时，也保证了人与人之间必要的防疫距离。

电影小镇的运营团队紧跟需求、环境的变化，精用互联网数据平台进行线上宣传，一方面整合小镇现有资源与所有优惠活动，吸引游客们前来游玩；另一方面参与电视节目录制，提高了电影小镇品牌的知名度和吸引力，向外输出中原文化。同时，运营团队紧紧依靠电影元素，打造沉浸式民宿品牌和具有中原文化气息及电影气息的文旅产品，扩大了产业链。可见，电影小镇运营团队具有较强的自我创新意识和动力，能多元化开发市场。

4.4 案例总结

近年来，我国各地涌现了诸如冰雪小镇、体育小镇、文旅小镇等各式各样的特色小镇，其中不乏成功案例。但在特色小镇"汹涌建设"的浪潮下，也凸显出同质化、特色不鲜明、运营举步维艰等问题。建设特色小镇，一方面是走新型城镇化道路和实施乡村振兴战略的必然要求，另一方面是满足人民群众日益增长的美好生活需要的重要举措。文旅小镇作为特色小镇建设的主力军，其地位非常重要。打造一个具有特色的、差异化的、成功的文旅小镇要做到"三好"，即理解好文旅特色小镇，建设好文旅特色小镇，运营好文旅特色小镇。理解好，即要理解文化的内核与意蕴，尊崇并追溯传统人文精神的承续；建设好，即文旅小镇的开发逻辑不同于传统的房地产，要用一个内容丰富的"核"去撬动周边市场，要从观光景区转向特色社区，从繁华都市转向悠久古镇，从购物场所转向文博场馆；运营好，即精细化管理、资源整合、极具吸引力的特色文化元素打造、开发策略的精准实施、盈利模式的准确选择、经营理念的完美设计。

建业•华谊兄弟电影小镇作为文旅小镇在河南落地生根的一个比较成功的案例，自然有其可圈可点的方面。

（1）文化旅游项目只有在项目上合理化、特色化，形成差异化竞争才能获得成功。电影小镇进行场景空间主体化设置，强烈的主题感与时代感给游客们带来沉浸式的体验，使游客们达到"心流状态"。同时，不断完善景区建设，高效利用景区资源，功能分区紧凑，注重用户深度体验，打造差异化产品。

（2）独特且唯一的"中原文化 + 电影元素"。电影小镇注重电影元素的打造、更新与维护，依托当地历史文化特色，在将老郑州风貌原汁原味复现的同时，完美融入电影如《太极》等，将小镇打造成集电影互动游乐、电影文化体验、电影主题客栈、民俗和非遗体验等于一体的沉浸式电影潮玩地。同时，注重电影文化的深度打造，不定时推出新活动与新文创产品，保持电影文化与中原文化的创新力和活力。

（3）可靠的后期运营与宣传。电影小镇不只注重静态场景的打造，更加注重动态的项目溢出效应，客户的体验及后期宣传。电影小镇团队的自适应性保证了该项目面对市场冲击的抵抗力，同时多平台、多角度的宣传，提高了小镇的知名度和吸引力，从而保证了小镇客流量与盈利。

（4）抓住发展机遇，紧跟国家、地方政策、区域发展规划，抓住黄河流域生态保护和高质量发展战略机遇，顺应区域发展和产业发展的新趋势。同时，顺应消费结构变化趋势，将城市文化与夜经济结合，助力"夜经济"增长新动力、发展新引擎，促进中原地区夜文化与夜经济的融合发展。

1. 分析建业·电影小镇的开发模式及其特点。
2. 分析建业·电影小镇的运营"诀窍"及其策略。
3. 结合本案例，简要说明打造一个好的"文旅 IP"需要考虑的因素。
4. 如何创新文旅（特色）小镇，从而促进我国乡村振兴更高质量发展？

第 **3** 篇　社　群

金茂北京国际社区
原·聚场

配套服务升级加码、空间组织优化重构

致力于构建理想的社区生活新载体

共创共享不断创新、社群文化重新定义

推动美好邻里关系持续升温

社群，在"温度设计"中，逐渐成为城市生活的新型精神家园

5 金茂北京国际社区：

以先行之姿，引领青年品质生活

> 应当细心地观察，为的是理解；应当努力地理解，为的是行动。
>
> ——罗曼·罗兰

🏢 案例导读

2020 年年初，DT 财经联合链家发布了《2020 中国青年居住消费趋势报告》（以下简称《报告》），该报告基于链家平台数据和 CBNData 消费大数据，以 18～35 岁青年为主要研究对象，围绕"家"这一生活最基础的单位展开研究，总结了青年人购房、租房和居家消费的趋势。报告指出未来购房的主动权仍掌握在青年手中，并且青年消费升级将会继续，在满足消费者提升生活品质需求的领域，将持续存在爆品机会。然而对于在北上广深等一线城市打拼的漂泊青年来说，要想在这些一线城市安家依旧艰难，过高的房价令他们举步维艰。

2020 年 3 月，中国金茂推出品牌旗下全新产品"北京国际社区"，一举引爆北京房地产市场，成为金茂新的"网红盘"。在这个被疫情笼罩了许久的日子里，北京国际社区的火爆给了市场一剂强心剂，也给人们带去未来必胜的信心。首开 20 分钟逆势劲销 814 套，在竞争激烈的楼市，这并不是一件说做就能做到的事。而北京国际社区的走红，却让人看到了其中的秘密。

作为中国金茂针对北京青年推出的全新产品，北京国际社区的亮眼表现并非出于疫情刺激购房的市场偶然。本案例将从品牌形象、客群研读、产品设计、市场营销等多个维度，详细介绍北京国际社区成功的原因，为今后一线城市的青年购房项目提供借鉴。

5.1 中国金茂的崛起与变迁

5.1.1 责任央企:"择金而茂、共筑未来"

中国金茂控股集团有限公司简称中国金茂(以下简称金茂),是世界五百强企业中国中化控股有限责任公司旗下城市运营领域的平台企业。央企的背景使得金茂自诞生以来便秉持母公司中国中化追求卓越、担当责任的企业基因,在生产产品的同时不忘践行企业的社会责任,积极融入地方经济社会发展之中,为城市区域规划建言献策,让政府、社会、客户等利益相关方满意。

"与股东价值共创,与客户品质共享,与环境相依共生,与员工合力共进,与伙伴合作共赢,与社区和谐共建",这是金茂的社会责任观,也是金茂的大局观与前瞻性,匠心与品质是金茂一贯的追求,用时间保障匠心传承,用完备的质量管理体系延续品质人居。在节奏越来越快的房地产业,金茂却愿意用几年的时间打磨一个产品,用工匠精神保证品质的传承,打造了一座又一座具有国际水平和中国特色的绿色生态城市。

释放城市未来生命力,这是金茂的愿景。在实现绿色建筑理想、筑就城市地标的品牌愿景下,金茂以精细入微的态度,关注建筑品质和居住感受,坚持精品路线和完善服务,建立健全质量管理体系,以"五大开放日"及"十二大可视化管理"为方向,从客户体验维度与系统管理维度搭建可视化体系,让市场感受金茂高端"质造"的力量。同时,金茂酒店持续提升服务品质,致力于打造"零投诉"的酒店服务品牌;金茂物业延承多年五星级服务经验,为每位业主提供定制物业服务,为居住者营造并保持安全、舒适、和谐的环境和氛围,矢志创造更多样、更高水准的世界级生活方式,让智慧科技装点品质人居(图 5-1)。

在倡导可持续发展的今天,金茂积极开拓绿色地产实践,制定公司绿色可持续战略,完善绿色战略管理制度,组建绿色团队,开发建设绿色低碳地产产品,引领中国房

图 5-1 社会责任管理模型

地产向绿色地产转型。在规划设计阶段，推动绿色科技应用，通过精细化设计，降低外部能源使用；在实施城市运营过程中，始终尊重城市功能、生态环境和人文思想，追求建筑与人、城市、自然的和谐共荣。

金茂以前瞻的眼光与思维，诚信的态度与品质，专注于提供优质的"城市能源服务"和"建筑科技服务"，并通过投资、设计、建造、运营全过程专业化服务，提升城市能源使用效率，不断优化升级城市智慧能源综合服务，打造城市运营超级 IP，于每个细微之处，为客户开启健康、智慧、舒适、节能的生活体验（图 5-2）。

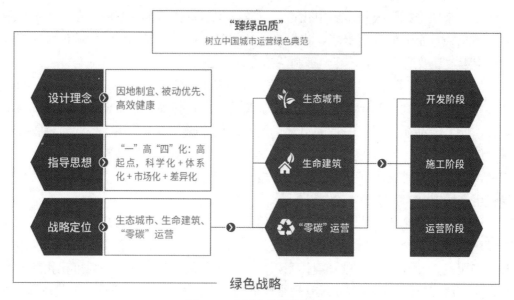

图 5-2　中国金茂绿色战略

在社群运营中，金茂视自身为社区的一部分，致力于建立和谐友好、互信互助的社区关系，搭建好与社区沟通的桥梁，与社区共发展共进步。从战略规划到建筑施工，到验收营销，再到物业服务，全方位地将自身发展与城市发展联系起来，勇擎发展大旗，与城市共发展，与区域共繁荣。

社区活动是企业与客户之间的桥梁，通过建立良好的社区沟通机制，金茂持续为社区提供优质服务，关注社区安全和发展，创造良好的社区环境。秉持良好的企业公民信念，积极参与社会公益活动，不断完善儿童慈善活动开展机制，创新活动形式，大力促进儿童公益慈善事业发展。始终将关怀孤苦老人作为支持社会公益事业的重要形式之一，关心老人生活及精神面貌，改善老人生活环境，提高老人生活品质。不断提升公司员工的社会责任意识，努力实施取之社会、回馈社会的企业发展理念，为创建和谐社会添砖加瓦（图 5-3）。

基于对中国城市发展潜能的思考和研判，金茂选择了一条"金质"之路、一条责任之路。它持续探索，继往开来，用品质回馈社会，用匠心筑就未来，在促进城市价值成长和功能升级的同时，也将城市格局推至一个崭新的高度。

图 5-3　中国金茂公益活动

5.1.2　理念变迁：从"地产商"到"城市运营"

1. 探索新生，蓄势待发

随着工业和城镇化的进程加快，为了规避城市病，解决城市建设资金不足和政府提供的公共服务不能满足市民需求等问题，城市运营概念应运而生。

城市运营是指政府和企业在充分认识城市资源的基础上，运用政策、市场和法律的手段对城市资源进行整合、优化、创新而取得城市资源的增值和城市发展的最大化。随之而生的就是城市运营商，城市运营商既以经济利益为导向，又注意兼顾长远的社会效益，以此带动区域经济发展，顺应中国城市发展。

城市发展与产业经济之间的联系密不可分，产城融合已经成为全球各大主要城市的发展主旋律。从英国新城运动到美国示范城市计划，再到日、韩的城市发展计划，树立了大量的成功案例。

在著名的英国管理哲学家查尔斯·汉迪的理论中，这就是带领企业二次腾飞的"第二曲线"，当增长的"第一曲线"天花板到来之前，转换新的赛道，企业持续增长的愿景就可以实现（图 5-4）。

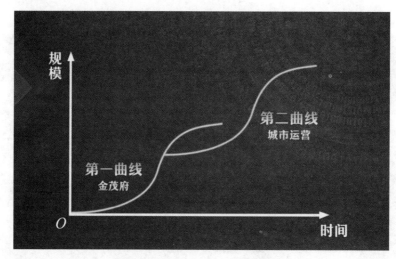

图 5-4　金茂发展的"第二曲线"

2015 年，中国房企的传统开发模式已日渐式微，而金茂住宅产品享誉市场多年，从绿色健康到智慧科技，从贴心物业到完善配套，均表现出了强大的市场竞争力。其中，金茂府的品牌价值更是为金茂带来了巨大的增长驱动力，成就了其发展的"第一曲线"。为了穿越行业周期，获得持续增长的内生动力，金茂的前身方兴地产正式变更为中国金茂，实现了公司名称与产品品牌的高度统一，开始从传统的房地产商正式向城市运营商转变，并将城市运营视作其发展的"第二曲线"。在金茂的执笔之下，这条"第二曲线"有着更为清晰和坚实的逻辑，那就是：建设一座品质城市，吸引一批优秀人才，导入一批优质企业，最终形成"以城聚人、以城促产"的"城—人—产"的城市运营大逻辑。

中国金茂的历史发展，从 20 世纪 90 年代初上海金茂大厦开始，这个集酒店、写字楼、商业等业态于一体的城市综合体一落地就成为中国经济、金融、贸易面向世界的窗口。可以说，中国金茂起步于城市综合体建设，后来在上海北外滩又积累了大量开发城市综合体的经验。

随着各地发展速度加快，更多城市也在进行旧城改造、新城建设、特色小镇开发。大时代背景也带来非常大的产业风口，中国金茂凭借城市综合体运营的基因和经验，很快走出上海，在长沙、青岛、南京、丽江等地铺开进行城市运营。

2015 年之前，金茂一直蓄势待发，积累口碑，创造品牌价值，而 2015 年之后才是金茂做城市运营商正式腾飞的年头。央企的背景优势、中国中化的产业多样性让金茂和地方政府有很好的互动，也让金茂可以充分发挥城市运营方面的经验，坚持以规划驱动为牵引，以资本驱动为基石，注重绿色健康与智慧科技，推动城市升级与产业升级，助力政府打造城市新核心。

2. 城市运营，运营成势

作为城市运营商，金茂习惯从时间、空间和内涵三个维度去定义城市运营。在时间上，应该跨越城市规划、开发建设、物业销售、持有运营等几个阶段，跨越从一块荒地到建成新城的全过程；在空间上，应该是成片区的综合开发，具备一定的体量规模，占地面积在1 000亩以上或建筑体量超过500万平方米；在内涵上，应该涵盖多业态，配套齐全、产业齐备，最终实现产城融合。

金茂提出转型"城市运营商"之时，正值中国的改革进入"深水区"，传统的粗放型发展方式走到尽头。对于房地产行业而言，规模取胜的时代已经落幕，跑马圈地的核心逻辑也已过时。用科学创新和精细运营代替资源占有逻辑，成为金茂应对土地成本不断提升的主动选择。

2016年，金茂在青岛举办产业发展峰会，发布了城市运营的战略模型，即"两驱动，两升级"（图5-5）。

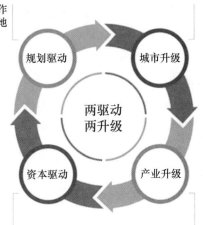

国际视野的规划团队及合作单位城市运营项目规划落地实践经验

在品质住宅、五星酒店、精品商业、5A写字楼领域具有产品优势与品牌口碑

规划驱动　城市升级

两驱动
两升级

资本驱动　产业升级

依托金茂资本优势和信用背书，实现以投引产、产融结合

大文化产业
大健康产业
大科技产业

图5-5　金茂城市运营的战略模型

"两驱动"，第一是规划驱动，基于对城市潜能的远见，以及城市运营项目规划落地的实践经验，为城市进行整体性、系统性、前瞻性、科学性的规划；第二是资本驱动，是指凭借金茂雄厚的资本实力和良好的信用背书，同时依靠中国金茂资本的创新平台，积极在城市运营过程中探索房地产基金及PPP等创新模式。

"两升级"，第一是城市功能的升级，第二是产业升级。例如，原来是荒地，要升级为可以居住的城市，就得有配套的基础设施，包括复合立体的交通网络、绿色环保的生态环境、智慧便捷的城市服务、高端酒店与综合商业等。完成城市功能升级后，接着就是产业升级，产业升级要先想清楚产业定位，金茂重点聚焦大健康、大文化、大科技三大产业方向。

在布局城市的具体选择上，金茂相当谨慎。金茂选择城市的标准，可以用"一线城市和二线城市及环一线的卫星城市"来概括。具体来说，一线城市实际上就是北上广深四大城市；二线城市则要求人口净流入、GDP增长超过全国平均水平和供需平衡、住宅库存去化周期在9个月以内。而在选择城市的具体地块时，依旧需要对一个区域的未来发展前景做出准确判断，规划要有前瞻性。这些都考验着金茂"城市运营商"的战略定位。

为此，金茂坚持以城市运营为核心的业务模式，在以品质领先为核心的双轮驱动战略基础上，加快推进科技引领和服务创新，实现由"双轮驱动"到"双轮两翼"的战略升级。

"双轮"即开发加持有。金茂将保持开发、持有两大核心业务的均衡组合与良性互动，实现开发业务规模有序扩张，酒店、商业、写字楼等持有业务的规模稳定增长，巩固精工优质、绿色健康、智慧科技的品质地产标杆地位。

"两翼"即服务与科技。在服务方面，金茂将坚持客户导向，整合服务资源，搭建互联网平台，围绕核心业务，实现服务延伸，逐步形成配套多维、体验超值、便捷无忧的服务方向；在科技方面，金茂将聚焦"数字•科技"核心主线，推动"一纵一横一体系"落地，形成"既有业务＋科技赋能"（一纵）、"新方向＋科技业务"（一横）、"创新支撑＋保障"（一体系）的科技板块延伸，培育新的支柱产业，向科技驱动的创新型企业转型发展。

可以说，"双轮"是公司发展的基础与优势，"两翼"将是助推公司发展的全新动力。未来，金茂将继续坚持"双轮"为核心，同时借助科技引领与服务创新，推动公司更快、更好的发展。

3．进击未来，品质领航

2017 年，金茂上市十周年，系统地提出三种城市运营模式，即城市核心综合体、城市新城、特色小镇。

（1）城市核心综合体一般地理位置优越，以上海金茂北外滩为代表。

（2）城市新城则意味着要把曾经默默无闻、看似价值洼地的区域，培育成市场和政府都认可的价值高地。如长沙梅溪湖国际新城，在项目伊始就提出了"榜样中国、比肩世界"的规划理念（图 5-6）。

▲ 以前的梅溪湖是一片葡萄园　　　　　　　▲ 长沙梅溪湖国际新城

图 5-6　长沙梅溪湖国际新城对比图

　　长沙梅溪湖国际新城项目邻近岳麓山支脉桃花岭，环抱 3 000 亩梅溪湖，集山、水、洲、城于一体。项目总占地约 11 452 亩，总建筑面积约 945 万平方米，其中住宅面积约 710 万平方米，商业商务面积约 240 万平方米，涵括高档住宅、超五星级酒店、5A 级写字楼、酒店式公寓、文化艺术中心、科技创新中心等众多顶级业态。如今，这里变成了长沙市最具活力的"新中心"与"增长极"。

　　商业是城市运营中的重要一环，金茂打造了以览秀城为主体的城市级商业项目，顺应个性化、品质化、体验化的消费新趋势。金茂览秀城由中国中化董事长宁高宁亲自起名，取自杜甫诗句"一览众山小"和"造化钟神秀"。览秀城通过跨界组合、创新创合，重点打造亲子、餐饮、运动和家居等业态，为家庭提供一站式的购物体验（图 5-7）。

图 5-7　长沙金茂览秀城

　　（3）特色小镇是金茂为城市居民的度假生活提供的解决方案。丽江金茂谷镇是金茂首个旅游综合体项目，坐落于玉龙雪山脚下，占地约 855.96 亩（图 5-8）。

　　金茂为这个项目赋予了核心内涵——文化、活力、创新、智慧，通过打造金茂雪山语、丽江金茂君悦酒店、金茂 J·LIFE 商街等成熟配套，以及承建丽江大剧院、丽江市博物馆、丽江市文化馆等，把金茂谷镇建成了一处高端休闲目的地，一座世界级的文旅特色小镇。

图 5-8　丽江金茂谷镇

在发展中，金茂一步一个脚印地把"品质"塑造成了自己的市场形象，无论是酒店、商业和住宅，品质都要走在行业前列，以质取胜。

金茂对自己的要求是效益优良，售价要保证在一定水平。售价代表着价值创造能力、产品溢价能力、成本控制能力等，体现出企业综合能力。

所以，企业具备的产业优势、历史积累的开发经验都丰富了金茂的城市运营的内涵，这种内涵和地方发展需求相契合，也夯实了金茂城市运营商的定位。

回溯过往，金茂始终秉承前瞻的眼光与思维，精耕每个区域的潜能；以创新的规划与设计，倾注于脚下的每块土地。从开启上海发展新纪元的智慧型摩天大楼金茂大厦，到黄浦江畔亚洲最大的绿色商务建筑群组金茂北外滩，从国家级首批绿色生态示范城区长沙梅溪湖国际新城，到开拓城市发展新模式的青岛中欧国际城，金茂始终致力于以建筑彰显现代都市的文明空间，不断将人居和城市梦想变为现实。

展望未来，金茂将继续以"绿色健康"和"智慧科技"的产品战略驱动城市进化。一方面，金茂在策划、设计、采供、施工及后续物业管理等方面全面导入绿色要求，促进项目全面绿色化；另一方面，金茂会实现分区域、分时段、立体化地将商务、商业、文化、休闲、旅游等功能有机结合起来，致力于为城市最大化创造经济、环境和社会综合价值。

5.1.3 产品创新: 从"府悦墅"到"国际社区"

以 2005 年拿下北京广渠门 15 号地块为标志,金茂正式进入国内城市高端住宅开发市场。基于对城市潜能的远见,金茂整合国际领先的优质资源,引进合理互生的城市规划理念,实现区域功能和城市活力的全面提升。目前,公司已成功进驻五十余座核心城市,打造了以"金茂府"为核心的高端产品系列。上市之初,金茂的业务重心是商业地产,时移世易,金茂凭借自身的优势,闯出了有自己特色的高端定位、精品路线的发展路径,逐渐形成了府、悦、墅三大住宅产品系列(图 5-9)。

图 5-9 北京广渠金茂府

"府系"是中国金茂旗下的高端住宅 TOP 级产品,自北京广渠金茂府落地,金茂精耕城市 16 年,在 28 座城市的核心地段布局了 55 个作品。秉承着"非核心不选,非地标不筑"的开发理念,"府系"产品布局于核心城市之中配套成熟且具有爆发式价值潜力的核心区域,服务于顶级客群,融合精湛工艺,利用十二大科技体系打造智慧住宅,建基市中心,树立中国高端生活品质新典范(图 5-10)。

图 5-10 "府系"代表性项目

悦系,传承了金茂"府系"产品线的绿金科技系统,它布局于交通便利的城市近郊,服务于品质家庭,从客户的角度出发,以高于市场均值的精装标准,为中坚

阶层提供完善的生活配套，缔造全家庭健康宜居生活样本。

墅系，就是金茂品牌下的别墅产品，主打超低密度大空间的高端社区，缔造墅级品质人居。

金茂以品质领先为核心，坚持高端定位和精品路线，用金茂府系产品指引市场，着眼于对城市土地赋能及对板块价值的重塑，凭借着"府、悦、墅"三大产品线领跑中国住宅市场。"府系"和"墅系"占领高端市场的同时，金茂推出"悦系"，定位青年家庭，关注儿童家庭，以均好品质满足改善型客群的需求。

由热销的"悦系"延伸，金茂洞察到年轻群体疫情后高涨的置业需求。住宅布局如果只是满足高端需求，那便不足以对整个城市生态构成更有建设性的价值，青年群体是城市发展的核心动力，关注青年客群才能让城市发展得更为均衡健康。因此，金茂在原有产品系的基础上，针对城市里大量有置业需求、更为年轻的客群，推出补位青年生活需求的新产品——金茂北京国际社区。依托"府系"部分科技基因，关注年轻人多元生活需求，以高配成本投入，为急需在北京安家的年轻人，提供了一份品质生活的解决方案。

金茂北京国际社区，作为金茂新锐产品，面向"90后"，甚至未来"00后"的客群下沉，是金茂在北京探索新一代青年品质生活的开篇，也是城市运营概念下新一代生活方式的创新。金茂北京国际社区以小户型、低总价的产品为主，创新共享大社区设计，突破传统住宅配套，设计共享空间、艺术商街、体育公园等新概念配套，为青年客群提供了一种新的生活选择（图5-11）。

图5-11 金茂北京国际社区

5.2　客群研读：产品的定位与逻辑

5.2.1　机会：填补空白，抢占先机

1．项目区位分析

北京国际社区位于北京六环外的顺义北小营板块，属于新兴宜居板块。该地块为 R2 二类居住用地及 A33 基础教育用地，容积率为 2.0，与首都国际机场直线距离 18 千米，与未来科技城直线距离 23 千米，与顺义新城直线距离 9.5 千米，与地铁 15 号线俸伯站直线距离 9.5 千米。区域受顺义新城区、国门商务区、未来科学城辐射，预计未来成熟度将不断提升（图 5-12）。

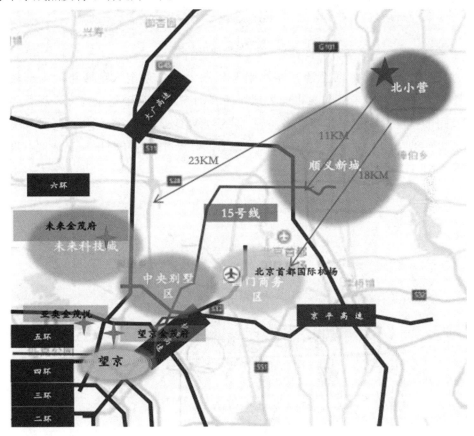

图 5-12　地块区位图

由于地处远郊未经妥善开发，地块周边生活配套匮乏，3 千米内仅有小型商超，未来可以借助合景天汇的商业配套发展完善。教育配套多为区属普通学校，医疗配套仅有少数乡镇卫生院，城市生活感较差（图 5-13）。

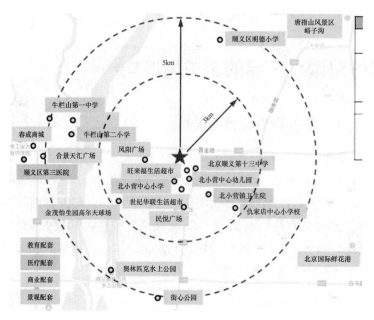

图 5-13　地块周边配套

地块北至昌金路，西至通怀路，南至望湖大街，东至水色西路，内部较为平整，多树木及植被。未来顺义将加大地块所在河东地区交融建设力度，提升道路总里程及路网密度，新增南北向道路，规划 15 号线东延。交通规划中的通怀路紧邻本地块，可连通怀柔、顺义、通州，预计 2022 年全线贯通，届时区域交通便利度将大幅提升（图 5-14）。

图 5-14　地块交通区位图

尽管地块未来发展趋势良好，但由于该区域位于顺义河东区，属于北京远郊，2018年拍卖时周边正处于开发初期，仅有村级配套，与最近的地铁站直线距离也有10千米，北侧道路沿途多薄钢板及平房，业态及人口低端，严重制约项目发展，这块地最终被金茂以楼面价14 909元／平方米的底价成交（图5-15）。

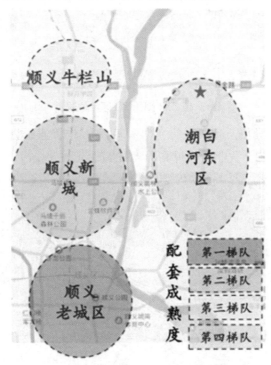

图5-15 地块城市感及配套成熟度

各大地产商都对这块地敬而远之，金茂又何来底气将其拿下呢？

首先，虽然该地块地处远郊，但是属于顺义新城板块，是国家5G建设前沿阵地、互联网汽车小镇，有很好的产业定位规划和未来配套，是一个区域价值处于抬升态势、未来发展潜力很大的地块。驱车半小时即可到达顺义老城区，四十分钟就可到达国展商圈，一小时可以到达望京商圈，距离机场也较为便利。并且地块西侧为规划中的主要交通干道，通车后将缩短到通州城市副中心的时间，提高区域交通便利度。其次，本地块的面积足够大，计容建筑面积有28.5万平方米，加上地下配套面积有40万平方米，是北京市场上少见的"大盘"地块，对于有城市运营经验的金茂来说更容易操作，金茂可以在其上大展身手，玩转"大社区"概念。再次，金茂北京国际社区是限竞房地块，按70/90规划，并且成交楼面价较低。而长期以来，即便是限竞房的地块，在北京土地市场上，楼面价低于2万元的土地少之又少。最后，地块所处区位自然环境优越，区域绿化覆盖率高，周边多休闲及景观配套，环境十分宜居。以上种种正对金茂胃口，因此，金茂果断出手，将这块不被看好的地块收入囊中，为北京国际社区准备好了立足之基。

2. 北京国际社区定位逻辑

北京国际社区定位逻辑如图 5-16 所示。

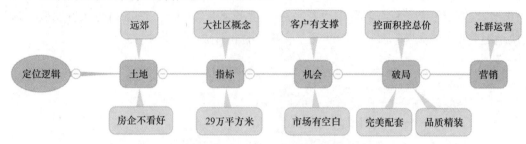

图 5-16 北京国际社区定位逻辑

随着购房群体年轻化，金茂进行了"90后"客户置业研究，发现有大量青年人渴望在北京置业，但苦于置业门槛过高而无法实现（图 5-17）。

图 5-17 "90后"客户置业研究

对于首次购房的、家庭条件一般的、刚刚工作的年轻人而言，如果自己支付，在北京买房存在很大的困难和压力。庞大的渴望购房的年轻群体，难以跨越的支付门槛，需求与供给的不对等，恰恰也是市场机会所在。

在顺义，总价为 300 万元以下的房屋市场基本空白，当前房地产市场的主力面积为 80 平方米以上的三居室。金茂调研团队发现市场低总价段处于空白，并通过客户调研，验证低总价空白区间存在购房需求迫切的客群，并且客群容量足够大，该空白区间是机会而不是陷阱。验证了低总价项目大有可为之后，金茂设计团队以控制面积从而控制总价作为破局之法，将北京国际社区的面积段下沉，首期以 50～89 平方米的小户型为主，以低总价打开市场，全精装每套 150 万元起，总价在 150 万～280 万元的区间价格远远低于原有品牌系。通过打造青年社区这样一个项目，金茂开凿出一个全新的市场空间和产品品类，在市场主力面积段基础上继续下沉，深切挖掘市场底层逻辑，扫除了年轻群体在购置属于自己住房路上的最大障碍。低总价、低首付，庞大的年轻购房群体，环环相扣，完成了首开热销的转化。北京国际社区的客户群体以 20 ～ 35 岁青年客户为绝对主力，首次置业的青年白领居多，是金茂客户平均年龄最年轻的项目（图 5-18）。

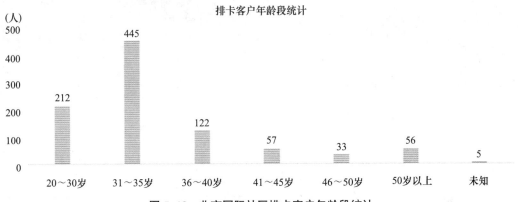

图 5-18　北京国际社区排卡客户年龄段统计

虽然北京国际社区瞄准的是低总价市场，但金茂并未降低产品标准，金茂对北京国际社区的定位并不是"刚需"，而是"青年"，为青年打造品质生活才是北京国际社区的宗旨。为此，北京国际社区配套了完善的社区价值体系，出于"创新共享大社区"理念，北京国际社区配备了共享空间、艺术商街、体育公园、幼儿园等，解决了住宅配套问题，通过丰富的项目配套来降低客户抗性，提高客户满意度。并且，北京国际社区的精装设计针对年轻人的生活方式和偏好的风格、色调，品质与格调兼具，个性与温馨共存，令年轻人见之神往。

3．填补市场空白，延伸金茂触角

2017 年以来，"90 后"购房比逐渐超过"70 后"，成为新的购房主力。随着"90 后"近乎而立，"95 后"奔向社会，青年的购房需求急速增长。过去 3 年，购房者中"95 后"的比例大幅上升，2019 年主要城市购房者中，"95 后"的占比相较 2017 年提升了 11 个百分点，大多数城市购房群体年轻化趋势明显，购房者更加年轻化是所有城市的大趋势。但是对于北上广深等一线城市来说，置业压力仍不容小觑，2019 年北上深青年购房者的年龄都超过了 30 岁。对于北京来说，市场上能满足青年购房预算和品质要求的房源少之又少，要么地处偏远的京郊，要么就是毫无生活品质可言的"老破小"，针对青年群体购房需求的低总价市场更是一片空白。可以说，北京房地产市场上存在巨大的青年置业需求，一个巨大的矿藏在等待开采（表 5-1）。

金茂团队经过周密的市场调研，敏感地注意到了这一市场空白及其背后巨大的客户体量，本着"释放城市未来生命力"的理念，金茂萌生了打造一个完全不同于以往"府悦墅"系列的新产品的想法，一个为解决北漂青年安家愿望而量身打造的"青年社区"——"金茂北京国际社区"由此诞生。

表 5-1 顺义区普通住宅和正常网签统计

面积段	2018 年 9 月—2019 年 8 月 顺义区普通住宅&正常网签统计								
	总价								
	200 万元以下	200 万~300 万元	300 万~400 万元	400 万~500 万元	500 万~600 万元	600 万~700 万元	700 万~800 万元	800 万~1 000 万元	1 000 万元以上
50 m² 以下	0	0	0	0	0	0	0	0	0
50 ~ 60 m²	0	0	0	0	0	0	0	0	0
60 ~ 80 m²	0	0	5	0	0	0	0	0	0
80 ~ 90 m²	0	13	51	169	150	0	0	0	0
90 ~ 100 m²	0	0	1	82	1	0	0	0	0
100 ~ 120 m²	0	7	21	73	11	0	8	0	0
120 ~ 140 m²	0	7	3	2	81	17	7	0	0
140 ~ 160 m²	0	3	2	1	2	6	4	3	0
160 ~ 180 m²	0	0	0	0	0	1	3	2	0
180 m² 以上	0	0	0	0	3	3	4	0	16
合计	0	30	83	328	248	27	26	5	16

北京国际社区一经推出，2020 年 3 月 5 日首次线上开盘，20 分钟内就售出 814 套（货值 16 亿元），首日售出 924 套（货值 20 亿元），去化率 88%，登上各大网站热搜排行榜，4—6 月顺销期分别认购 200 套、260 套和 275 套，50 平方米户型更是供不应求，令许多原本并不看好的业内人士大跌眼镜。敏感的市场嗅觉，准确的产品定位，精心的产品设计令"北京国际社区"一鸣惊人，在北京青年置房群体里声名鹊起，超高热度令房源一再加推。在青年购房市场争夺战中，金茂再一次成为"爆款制造商"，可以想象在"北京国际社区"推出后，类似产品的出现指日可待，而金茂在竞争激烈的市场中，已然占据了先机。

过往金茂的客群主要是 40 岁以上的成功人士，然而，客群的年轻化及对应的需求变化对金茂提出了更高的要求，面对越来越年轻的购房群体，如何精确感知他们的痛点，满足他们的要求成为金茂亟待解决的问题之一。在金茂的客群版图中，青年人板块是缺失的，相应的数据信息也并不完善，使得金茂或许不能及时抓住当下青年客群购房敏感点。在对北京国际社区的购买客户进行调研后，金茂发现年轻客群购房前并不了解金茂，大部分都是先接触了项目，再搜索了解金茂品牌。北京国际社区的出现则弥补了金茂过往青年客户缺失的空白，北京国际社区与过往"府悦墅"三大产品系配合，使得金茂形成了客户年龄圈层完整的客群体系。作为金茂有史以来客户平均年龄最小的项目，同时，又作为一个"万人社区"，北京国际社区为金茂带来了大量青年客户样本，提前接触年轻人，使得金茂的视角更为年轻化，更能有效探析当代青年人对住房有何要求与期待，继而在以后的产品中进行完善与变革，也为其他系列提供了后续支撑。

客群年龄下沉、市场下沉，可以说北京国际社区是金茂的再一次引领。

5.2.2 破局：完善配套，共享空间

北京国际社区虽然是以小户型、低总价来打开市场局面，吸引年轻客群，但金茂却并不打算放松一贯以来对产品标准的严格要求。

北京国际社区的主力客群是青年群体，虽然买房很吃力，但他们的消费观念并不保守：女性更追求品质和精致生活，为生活品质不吝花钱；男性虽然消费更为理性，但仍不属于节约型客群。他们对品质生活的消费首先集中在旅行和衣物穿着方面，旅行长见识、穿着显品位是"90后"客群的共同认知。其次，主要是教育培训与培训班的花销。这从另一方面体现出了他们其实与人们想象的"90后"年轻人并不相同：作为新北京人，他们在北京的生活并不充实，工作平淡、生活无趣、缺乏激情，周末宅家是常态。事实上，他们并不认为年轻、炫酷、活力能够代表自己，温馨简单才是他们对自己理想生活的定义。北漂的孤独让他们内心渴望温暖与关爱，而高学历和高审美，让他们追求简约的生活方式。图 5-19 所示是金茂前期调研团队根据街头访问及大数据分析做出的青年群体自我定义研究，展现了当前青年群体的自我认知及居住需求。

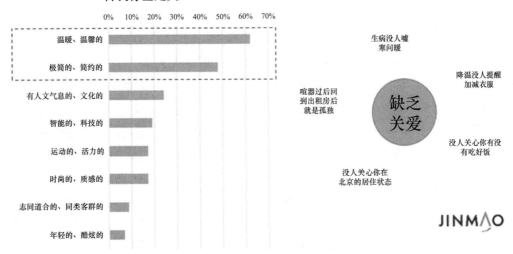

图 5-19 青年自我标签定义

如果说金茂之前的高端产品线为顶层客群打造了绿色健康、智慧科技的品质人居，那么金茂国际社区则是集生活、生态、生机、生长及生动于一体的城市共生体，它在满足客户对产品的功能需求之外赋予了多重生命力的情感享受和精神寄

托，为年轻客群打造了一座会生活的金茂城。为了迎合青年人的需求，金茂一改之前三大产品系中"成熟""尊贵"的形象，而是以活力四射、互动高频、归宿感十足的青年社区来吸引年轻人（图5-20）。

图5-20　北京国际社区与城市共生

对于大部分年轻人来说，工作日和周末的不同，不过是在公司宅着和在家宅着的区别。打游戏、追剧、撸猫……不是年轻人不喜欢出门，只不过是已有的乏味的社区生活太令人失望。为了解决年轻人的这一痛点，金茂北京国际社区打造了一个集青年人社交、运动、艺术相融合的共享社区，为年轻人的生活注入更多能量。

1. 在共享中找到归宿

马斯洛在《人类激励理论》中将人类需求像阶梯一样从高到低依次分为5级，分别是生理需求、安全需求、社交需求、尊重需求和自我实现的需求。人际交往在人们的生活中占据了很重要的地位，对于青年来说更是如此。通过前期客户调研，北京国际社区的购买人群主要是刚工作不久，远离亲人和家乡在北京打拼的年轻人，他们选择北京国际社区不仅是想有个挡风遮雨的庇护所，更希望能够在此经营自己的生活，在此建立自己的社交圈、朋友圈，在离家万里的大都市中找到归属感。

"共享社区"正是由此而生，金茂设身处地地为青年客户着想，围绕他们的多元生活需求，规划了约1 000平方米共享空间，结合不同功能空间布置了各种主题的"同频圈"：运动、阅读、游戏、咖啡、电影等，并通过在其中打造诸如共享书房、共享会客厅、共享游戏室等的共享设施，形成集休闲、艺术、社交等多种功能于一体的社区公共交流空间，为不同职业、不同习惯的青年人相互结识提供机会与平台，让他们能够因为共同的爱好、共同的想法聚集在一起，找到适合自己的圈子，分享生活、共同成长。每个人可以因兴趣结识到志同道合的伙伴，充分解放自己的社交天性。当然也可以跨圈探索自己未知的领域，认识更多有趣的人。除此之外，社区还配备了单向书房超市、24小时便利店、业主食堂等丰富业态，以及长达480米的艺术商业街，它并不等同于传统商业步行街，而是用艺术＋商业的模式，形成一个都市潮流年轻人生活的生态圈。这里不仅是一个购物消费的地方，更是一个陶冶心境的艺术场所，种种相加形成万平商业配套，让业主在小区内就可尽享宛如大学生活般的便捷轻快，不出社区就能感受到艺术的力量和奇思妙想，这是多么奢侈而又美好的一件事（图 5-21）。

图 5-21　北京国际社区共享空间实景图

2. 因参与找到幸福

北京国际社区将神经元触角不断延伸，连接青年人的态度生活，和他们一起营造一种新的潮流生活方式，为不同个性的年轻人带来新奇的生活体验，让年轻人活出期望中的自己。金茂北京国际社区在城市公共绿地投入近百万元，配套有约 1.3 万平方米的创意体育公园，将环形跑道、篮球场、羽毛球场等一系列参与性较强的公共空间设施整合在一起，打造业主健身运动活力区，充分满足了当下年轻人运动社交的需求，但不仅是爱运动的住户能够在这里大显身手，除运动功能的规划外，金茂还用极具创意的艺术风格集装箱，举办创意市集、艺术展览等活动，这些活动的举办使得每个年轻人都能参与其中（图 5-22）。

图 5-22　BLOCK 30 PARK 体育公园实景图

除此之外，北京国际社区还组织了四大青年社群——不孤独多动社、不孤独逛吃社、不孤独文艺社、不孤独游戏社，让每个年轻人都能找到适合自己的归宿，每周都能参加举办的社群活动，更是让同频的年轻人能够聚在一起，在各种社区活动中找到适合自己的定位与角色，分享各自的精彩生活，在参与中获得幸福（图 5-23）。

图 5-23　"不孤独星球"活动照片

3. 以景观润养心灵

不同于其他社区千篇一律的社区景观，金茂并未如传统一般将老人与小孩作为社区景观主要适用人群，而是针对青年住户，研判城市青年个性时尚的生活方式，从他们的生活需求出发，打造集艺术空间、多元社交、健康生活、品质享受、亲子陪伴、精致细节于一体的社区园林（图 5-24）。

北京国际社区以"兴趣"作为景观打造的关键词，结合建筑的业态布置了各种主题的"朋友圈"，如阅读圈、聚会圈、多功能圈等，再通过运动步道将这些"朋友圈"贯穿起来，紧凑而有序地串联一系列开放空间。

作为一个针对年轻人的项目，北京国际社区在景观打造上也做出了一定的突破与创新，社区的园林景观不仅满足视

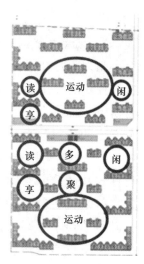

图 5-24　"缘圈"

觉的观赏，更满足生活中休闲运动、娱乐社交等更高层次的需求。金茂将项目各地块连接的一横一纵两条街道，打造为艺术商街（图 5-25）和樱花大道（图 5-26），景观与商业、艺术等元素相融合，更具活力，更具参与感、互动性，让年轻人感受景观给生活所带来的不同的魅力。

图 5-25　艺术商街

图 5-26　樱花大道

　　除此之外，金茂还在三大地块中心设计了不同主题的独立花园，拥有休闲空间、跑道、儿童区等多种功能，满足不同家庭段日常休闲需求。项目 A、B、C 三个地块呈 L 形关联，共享体育公园、樱花大道、艺术商街，每个地块内部都有各地块特色的主题公园（图 5-27），同时三大地块景观之间形成联动，互为补充，相互共享。

图 5-27　主题公园

除年轻人外，老人与小孩的需求也获得了北京国际社区的妥善对待。金茂针对不同年龄段设计不同主题的园林景观，如年轻人的雕塑花园、孩子的星空花园、老人的图鉴花园等。在年轻人活动区域加入潮流艺术元素、儿童区域增加趣味性和安全性、老人区域增加安全防护等，根据不同受众的生活需求和喜好，景观设计各有侧重。

人性化也是北京国际社区景观打造的一个突出优点。无障碍通行，给老年人和残疾人士创造了方便；健身打卡节点、运动趣味标识、跑道夜灯，让居民体验运动的乐趣；草坪灯、驱蚊灯，保护孩子和老人减少被蚊虫叮咬。

金茂北京国际社区回归到青年群体真正的核心需求所在，打造出适合年轻人的居住空间：以别出一格、精益求精的景观设计，让住户不用出社区，就可以享受到娱乐、艺术、运动、商业等多种年轻化的功能；以共享、多元、有趣的方式，吸引年轻人回归现实中的社交生活，从而获得更饱满、更丰富的生活。

5.2.3　营销：客户画像，精准引流

1. 客户画像

客户画像作为一种勾画目标客户、联系客户诉求与设计方向的有效工具，在各领域得到了广泛的应用。作为实际客户的虚拟代表，客户画像所形成的客户角色具有代表性，能代表产品的主要受众和目标群体。在房地产开发项目中，精确的客户画像可以避免设计人员代替客户"发声"，使项目的服务对象更加聚焦，切实地针对客户需求进行产品设计与营销，是房地产项目成功的基础。

金茂的调研团队针对北京国际社区项目进行了精密的客户调研。由于北京国际社区地处顺义东城，距离城市中心较远，且客群以年轻人为主，故北京国际社区的适宜人群主要在望京、亚运村、顺义等东北部地区工作，主要以地铁为出行交通工具，接受 1 小时左右通勤时间的人群。确定客户所在区域后，通过共性特征提取与差异性特征捕获的手段，金茂将该地区存在的购房客户划分为"佛系务实""移巢养老""资产配置""拼搏后浪"四类。其中，"佛系务实"类客户较为分散，年龄均在 33 岁以上，生活节俭，对品质追求较低；"移巢养老"类客户集中在后沙裕、顺义老城，重视的购房要素是环境好，距离自己熟悉的圈子近；"资产配置"类客户主要是各行业相对成功人士，其重视的购房要素是品牌和增值空间。这三类客户并不符合北京国际社区的产品定位，只有"拼搏后浪"类客户的需求与北京国际社区最为契合，故金茂将其作为主力客群。

"拼搏后浪"类客户是指在北京奋斗满 5 年，取得了购房资格，主要在望京、中关村一带从事 IT 等互联网行业的年轻青年或情侣，以及其他学历高、追求小资品质生活、全城找房、核心关注首付的人群。他们的购房动机主要是在北京安家，购房敏感点在首付、公共交通配套和生活配套。在首付预算下，理想居室是 2 房，其次是 1 房，3 房由于超出预算并不在其考虑范围内。目前，生活缺乏品质感、房租上

涨是"拼搏后浪"类客户的核心居住痛点，他们迫切地希望能够有一套能承载自己生活梦想的居所。这一类客群由于年纪较轻，置业经验不丰富，比着自己的首付预算，他们并不仅局限于自己的工作区域，而是全城找房。同时，这波客群还有新房情节，买新不买旧。

首付预算内，目标客群核心关注两点，即公共交通和生活配套，而所求也并不高，公共交通与基本生活保障就能满足他们的要求。在对共享中心和共享配套的需求上，健身、泳池、图书馆都是第一层级的关注要素，年轻人希望身体与心灵都在路上。

对于"拼搏后浪"类客群来说，缺乏生活品质感和高昂的房租是他们目前最主要的居住痛点。在对主力客群的特征和生活方式做了详细分析后，金茂顺理成章地抓住了他们的购房敏感点，从而保证能够量需为他们打造心中期望的居所（图 5-28）。

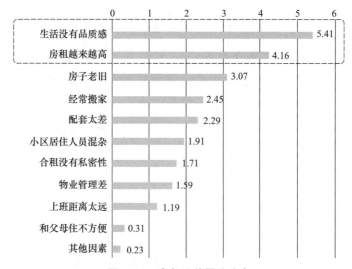

图 5-28　青年目前居住痛点

以北京国际社区为样本，金茂对成交业主进行了定性和定量研究，发现"拼搏后浪"类年轻客群大多数购房前并不了解金茂，他们大部分是先接触项目，再搜索了解金茂这一品牌（图 5-29），而最终让他们下定决心购买北京国际社区的核心理由仍是价格（图 5-30）。

作为针对主力客群特点提出的销售路径，"小面积、低首付、低总价"这一策略的成功，有力证明了金茂对北京国际社区主力客群画像的精准性，也昭示在房地产项目中，准确完善的客户画像是项目成功必不可少的先决条件。

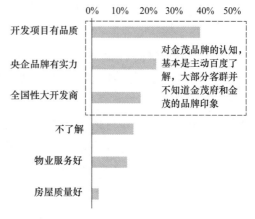

图 5-29　北京国际社区客户对金茂品牌的认知

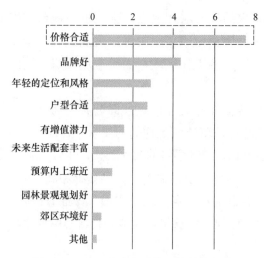

图 5-30 购买北京国际社区的核心理由

2. 青年首个家，为青年生活服务

在对北京国际社区的目标客群做了精准画像之后，金茂对准目标市场发力，针对青年客户因首付高而难上车的问题，以低总价、低首付来打击市场饥饿点，用首付不过百万元这一在北京市场难以想象的价格，为北漂青年提供在北京安家的最优解，为他们提供首个家。

作为青年高定产品，北京国际社区给予了青年应得的尊重，无论是社区打造，还是产品打造，一以贯之的是以青年人对生活的需要和特定的、不同的行为方式、审美习惯等展开的。年轻人期待怎样的生活，北京国际社区就努力去实现。国社共享空间前置兑现，Moookey 金的青年餐厅、单向书房、不熬夜公社、宇宙养生中心，喝咖啡、看书、打游戏、跑步休闲、朋友聚会，不用出社区就能吃喝玩乐（图 5-31）。

"府悦墅"之后，金茂增加北京国际社区作为进取型青年产品，完成了品牌产品线的全层级布局。北京国际社区作为金茂新版图的开端，旨在为青年品质生活服务，为此，金茂在坚持一贯对产品的高标准、严要求的基础上，更有针对性地提出了北京国际社区的八大产品标准，使这一品牌体系化。

第一，北京国际社区虽然并不处在城市中心，但其所处的顺义北小营镇，规划建设 5G 基站 77 个，早在 2019 年 10 月月底，就已经实现重要区域 5G 信号覆盖。小镇将建设集自动驾驶、智慧路网、车路协同、共享出行、产城融合于一体的智能网联汽车特色小镇。处在时代发展红利风口，北小营发展潜力巨大。第二，20 万平方米的大社区规模，50～145 平方米的户型，满足客户发展需求。第三，北京国际社区的户型并非传统固定模式，而是创新适配新青年生活需求格局的新户型。第四，低总价、低首付，贴合北京青年购房预期价格。第五，北京国际社区与过往几大产品线相同，同样拥有金茂品质精装。第六，北京国际社区

图 5-31　金茂北京国际社区效果图

内有大面积纯粹共享空间、体育公园、教育配套等，为年轻生活注入更多能量。第七，社区内还入驻了 Moookey·金 IP，打造时尚 IP 社群。第八，由 U+ 运营、金茂物业为社区提供精心服务，助力青年品质生活。

　　正是以上严格的八大产品标准，让金茂自信地宣布，北京国际社区是为青年在大城市构建的有爱、有料、有发展的首个家（图 5-32）。

图 5-32　北京国际社区效果图

5.3 豪宅传承：品质的延续与坚守

5.3.1 科技基因：绿色健康，智慧科技

绿色科技，一场自然与生命之间的生活革命。从 1999 年建成的中国最早超高层建筑、第一座使用科技系统的大楼金茂大厦，到北京广渠金茂府等金茂住宅项目采用了科技能源系统、置换新风系统等健康人居解决方案……21 年来，金茂始终在科技的路上不断探索、创新。

"科技的温度、生命的质量"一直都是金茂首要思考的课题。不断创新与迭代，让健康成为一种可选择的生活方式——这，在中国金茂眼中没有止境。回溯过往，当人们还不知道何为雾霾之时，金茂就已经走在绿色科技的路上。如今，"绿金科技系统"已经成为金茂最具辨识度的产品特质。而作为中国金茂绿色战略升级实体的金茂绿建，则一直以"绿色科技 美好生活"为使命，聚焦智慧能源、健康人居、智能化三大重点研发领域，将研发创新作为核心驱动力，不断提供智慧健康人居整体解决方案，包含设计、供货、施工、调试和运维全过程的产业链服务，以绿色科技构建健康舒适的生活体验。

在时代中快速变革的北京，从来不缺标榜出来的豪宅，也不缺购买力，缺的是真正能打动人，走入人心的"好房子"。当绿色理念和科技不断渗透时，人们对"好房子"的要求不再局限于建筑空间，而是深入生活内里的深层次蜕变。金茂的科技系统都隐藏在建筑体内，是从项目拿地之初便涉足，经历方案设计、模块搭建、选材施工等各个环节，是与整个地块、环境、项目相融合的整套定制化科技运行体系。

坚持科技创新，中国金茂不断迭代升级十二大科技系统（图 5-33），让绿色科技成为人类更好生活的原动力，为更多客户营造健康居住体验，也不断为城市人居升级树立新范本。

每一步，都在进步。北京国际社区作为金茂打开年轻市场的新产品，继承了其一贯的科技基因。无论什么年纪，健康永远排

图 5-33　金茂十二大科技系统

第一。金茂北京国际社区从人的听觉、视觉、呼吸和体感四种知觉系统，对应不同的技术来关照年轻人的健康。采用新风系统、智能家居、智能安防、5G 网络等智能科技化系统，打造国际化智慧新社区，让金茂北京国际社区焕发智慧生机，如图 5-34 所示。

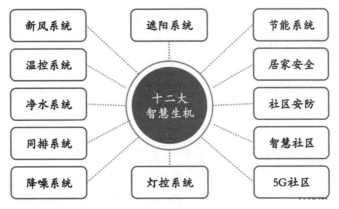

图 5-34　北京国际社区十二大智慧生机

对应听觉，有外窗隔声系统，三层双中空 Low-E 外窗，隔声、降噪、降低紫外线辐射，能营造安静舒适的居住环境；对应视觉，客厅、主卧有智慧灯光系统，可以根据不同需求，自定义不同场景下的灯光模式——离家模式、睡眠模式、电影模式和会客模式等；对应呼吸，有户式新风三重过滤系统，主要用在推售的大户型中，不仅隔离大颗粒污染物，还能净化空气中的 PM2.5，增加室内的新鲜空气，虽然这部分仅在后期推售的大户型中实现，但其实顺义的空气和水质都很好，这一系统更多价值在于锦上添花；对应体感，有屋内温度调控系统，包括地暖、户式中央空调及 24 小时无忧热水等。

金茂北京国际社区在低总价的背后，依托金茂府系部分强大的黑科技"基因"，为急需在北京安家的年轻人提供了一份品质生活的解决方案。譬如针对传统隔层排水的诸多痛点，金茂采用了黑科技——同层排水（图 5-35），使其水管和下水道不必穿过楼层，即可在本层内处理，所以不必担忧楼上漏水、渗水的情况；同时，同层排水还可以有效降噪，楼下住户也不再被楼上洗手间水管哗哗的水声打扰。而传统排水方式导致的水管堵塞、易生异味现象，由于同层排水不需要装置新式的 P 形或 S 形管道，所以发生水管梗塞的状况也会比较少，且不会添加卫生死角，住户也就不必再做吊顶来保护水管，影响洗手间

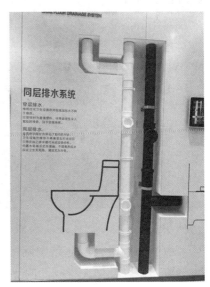

图 5-35　同层排水

的高度。另外，由于同层排水卫生器具支管均在本层连接，故不会破坏任何建筑结构，而且能有效减少病毒通过排水系统传播的可能，全方位守护家人安全。

除与年轻人健康息息相关的科技系统外，金茂北京国际社区还赋能智慧家居，让现代人在绿色健康的基础上，生活更加便利随心。家门口智能门锁，可使用指纹、密码、钥匙三种开门方式，避免每天翻包找钥匙或忘记带钥匙的烦恼。还有智能灯光系统，通过手机 App 和 AI 智能音箱即可自由操控，不管是在家办公、休闲、看电影还是朋友聚会，都能营造最适合的灯光场景。同时，预留电动窗帘电源，满足日后智能化升级的需要。

在安防方面，金茂北京国际社区创新地利用智慧科技，全方位全天候地守护年轻人。在小区里，有电子围栏、电子巡更、智能停车系统；对于回家和访客来访，有智能来访管理人脸识别、门禁对讲、访客系统；社区内还有视频监控和红外幕帘。在室内，则有一键报警、燃气泄漏报警、感应灯，360 度保障业主安全。

金山银山不如绿水青山。对于环保，金茂作为央企，积极践行企业的社会责任，将开发绿色建筑和生态城市作为企业的发展战略，将绿色理念科学地融入所开发产品中，这体现的是金茂作为"城市运营商"在可持续发展方面对建筑绿色、环保、品质、人居的持续追求。金茂的每座建筑，从选址、设计、建造到运营、维护，每个环节都融入了对人与环境、人与自身相处之道的体悟，赋予"绿色科技""美好生活"最鲜活的生命力，让人们对"居住"的要求，回归健康、舒适、美好的原点。

北京青年生活研究所，作为年轻人的品质生活图鉴，则以更富创意和趣味的形式，让客户可以"零距离"体验自己未来的家的建造工艺、装修标准，从源头上见证产品品质，充分了解精装金茂家是怎样建成的。在北京青年生活研究所，北京国际社区以剖析自己的方式，展示自己的精工品质。这是金茂对年轻人的诚意，也是金茂对年轻客群的暖心之举。让客户真切感受到北京国际社区背后的用心，同时，也对自己未来的居所，感到真正的放心和安心（图 5-36）。

图 5-36　北京青年生活研究所

继往开来，金茂北京国际社区让年轻人跳出租房蜗居的困境，给他们以更体面的生活，无惧青年人挑剔的眼光，采用新风系统、智能家居、智能安防、5G 网络等智能科技化系统，打造出一个年轻态的国际化智慧新社区。

5.3.2 美学引致：品质精装，高定青年

科学合理的设计才能将美好生活愿景变为现实。金茂北京国际社区建筑师刘芳认为：建筑设计师应当把业主需求放在首位，只有从用户需求和习惯出发，才能做出真正适合用户使用的好空间。品牌年轻化，并不是喊个口号就可以，而是要从年轻人中来，到年轻人中去。为此，金茂历经采访、调研、问卷、考察、筛选，排卡了主力客群意向户型并进行分析发现：客户的意向户型以 50 平方米一居和 70 平方米两居占比较高，其中 50 平方米一居占比 45%，70 平方米两居占比 42%，89 平方米三居占比 11%（图 5-37）。

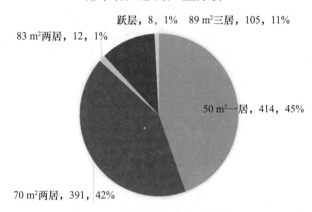

排卡客户意向户型分析

跃层，8，1%　89 m²三居，105，11%

83 m²两居，12，1%

50 m²一居，414，45%

70 m²两居，391，42%

图 5-37　排卡客户意向户型分析

对于置业，每个人有每个人的观点。无论是看区域、品牌还是配套，最能影响未来居住幸福感的，其实是户型。北京国际社区打造现代简约建筑风格，凭借令人惊艳的户型设计，传承金茂一贯的品质格调，以多种独具特色的户型满足客户不同的居住需求，俘获了大批年轻人的心。

针对青年客群，北京国际社区将产品面积段下沉，主力 70 平方米两居满足追求功能和舒适度兼顾的客户；最小 50 平方米一居满足首次置业，受总价影响较大的客户；一、二期主力面积控制在 90 平方米以下，单价 3 万元起，最低总价 150 万元，50 ~ 70 平方米总价极致下探抓底层客户，89 平方米三居产品抓顺义老城改善客群，满足首置首改，追求功能性的家庭型客户（图 5-38）。

金茂北京国际社区，作为年轻人有爱、有料、有发展的北京首个家，控面积、控总价，却并不降低产品的功能空间。

在户型设计上，北京国际社区没有采用传统的固定模式，而是创新适配新青年生活需求格局，在满足基本功能需求的基础上，增加个性化的设计，针对年轻人的生活方式和偏好的风格、色调，设计了开放式厨房、餐厨一体吧台、全明带浴缸卫生间等，品质感和小资情调极强，而这些贴合年轻人需求的设计在其他项目中都是没有的。

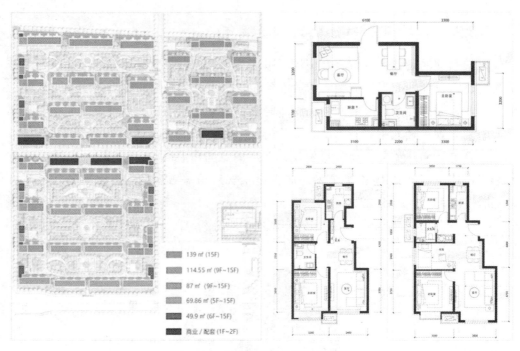

图 5-38　北京国际社区户型分布图

北京国际社区产品推向市场后，70 平方米两居凭借逆天的空间利用率成为"镇社"户型，这是因为 70 平方米正是空间功能最大化与总价支付成本的黄金平衡点。它以超出常规的户型设计，同步年轻一代的居住观，打造出更能彰显个性、实现自我享受的、契合年轻人生活哲学的户型。

一个项目，真正能打动客户的不是多么好看的建筑立面与多么漂亮精美的材质，而是真实简单的生活场景。建筑面积约 70 平方米却给人一种超越小户型的空间感受，丝毫不会觉得拥挤。南向约 3.4 米大面宽客厅，年轻人中意的开放式厨房，餐客一体设计，有效地放大空间纵深感。生日派对、亲人聚会、好友轰趴都不在话下，小户型也有大担当。南向主卧带飘窗，不仅可以扩大空间的尺度感，还可以凭兴趣打造功能区。猫咪们的小窝、家里的读书角、练吉他、喝茶或收纳，1 平方米也可以当作 10 平方米使用。还有一个让人惊叹的设计，那就是约 8 平方米超大全明卫浴，圆了年轻人的浴缸梦。超大洗漱台，早上洗漱化妆一步到位。而且全明卫生间，采光通风不容易滋生细菌，更健康舒心（图 5-39）。

另外，一个爆款户型是建筑面积约 89 平方米三居，如果说 70 平方米两居是浪漫的理想主义，那么 89 平方米三居便是精巧的实用主义。与 70 平方米户型相比，这个户型的设计没有那么跳跃，南北通透户型方正，没有多余的空间浪费，实用性更强，适合已婚年轻人居住。南向约 3.8 米大面宽，餐客厅一体设计，客厅空间舒适宽敞，就算三代同堂也完全不用考虑空间不够用的问题。而客厅采用落地窗设计，既能确保居室拥有充足的采光，又能让清风穿堂而过，为家增添更多蓬勃生机。南向主卧带飘

图 5-39 建筑面积 70 平方米样板间

窗，可以根据兴趣打造成一块自由天地，如收纳空间、阅读空间、游戏空间等。三分式卫生间设计，将日常洗漱、洗澡、厕所分隔开，三种功能相对独立、互不干扰，有效解决了每个家庭早晨"抢厕所"的问题，开启高效每一天（图 5-40）。

图 5-40 建筑面积 89 平方米样板间

取悦年轻人，不仅需要外在美，还得有内在美。只有卸下所有的装饰之后的精工之美才是一间房子真正的美。北京国际社区装修管材选自中国金茂悦系品牌库，其中吉博力 HDPE 黑管被称作管材中的黑金刚，强度高、耐腐蚀、耐高温，使用起来非常有安全感。吉博力的水母地漏有超大水封容量，水封高度可达 50 毫米。地漏配备硅胶防臭膜，能延缓水封蒸发，即使水封蒸发完成依然可以防臭。而独特的地漏和排水设计，更能有效降低病毒通过排水系统传播的概率。

低总价不等于低品质，金茂北京国际社区选用的是中国金茂悦系品牌库中战略合作的品牌，像摩恩的水龙头、吉博力的马桶、方太抽油烟机、欧派的橱柜等，超配成本投入，给年轻人更体面的、更美好的、更舒心的生活（图5-41）。

位置	厨房					卫生间						
	橱柜	水槽	龙头	烟机	灶台	坐便器	面盆	龙头	浴室柜	浴盆	花洒	毛巾架
精装品牌	博洛尼	摩恩	摩恩	西门子	西门子	科勒	科勒	科勒	科勒	科勒	科勒	科勒

图5-41　北京国际社区精装品牌

金茂品牌，悦系精装，延续金茂品质"基因"，从产品到服务，用年轻人的标准，为他们带来更契合自己的产品，更贴近内心的生活方式。这不仅高度匹配了年轻人的生活状态，为年轻人打造行业内出类拔萃的优质居住产品；更塑造了产品的核心市场竞争力，完全引领了地产市场的新航向。

5.3.3　臻善服务：金茂物业，一脉相承

金茂物业成立于2007年，是中国金茂控股集团有限公司的全资子公司，一级资质物业管理企业。其业务范围遍及全国30余个城市，管理面积逾1 400万平方米。秉承"用心缔造美好生活"的服务宗旨，金茂物业致力于为更多用户创造高品质物业使用体验、为更多业主实现资产保值增值、为更多客户提供超出期望的服务产品、为实现未来人居和城市梦想不懈努力。

金茂物业服务的项目类型涵盖高端住宅、高端写字楼、大型商业综合体、政府机关办公楼等多业态。业务范围囊括物业前期规划、秩序维护与清洁服务、园艺绿化养护、设施设备集约化管理、会所经营、房产经纪、楼宇智能化运维等各领域。

坚持"品质生活服务商"目标定位，金茂物业打造行业品质物业服务品牌，协同中国金茂战略落地。以客户为中心，打造的场景设计能力和稳定的品质输出能力，

提供超出客户期望的持有资产打理服务和品质生活解决方案；深入推进企业数字化转型，以科技促进服务升级，通过万物互联管设备、移动互联管服务，持续提升管理服务效率和用户数字化体验。2020 年，公司在持续打造品质、智慧两大 IP 的基础上，秉承可持续发展理念，进行企业战略升级，新增共生概念——与社区共生、与环境共生、与城市共生、与社会共生，致力于社区和城市可持续发展的未来（图 5-42）。

图 5-42　金茂业主专属 App

基础物业服务方面，金茂物业致力于建设"响应及时管家好，环境秩序维护好，设备设施运行好，尊利透明权益好，悦邻崇礼氛围好"的"金葵花五好社区"。针对园区不同的配套设施设备，金茂物业制定了合理、专业的维保方案，延长房屋、设施寿命，提供快捷的入户维修，解决业主生活的后顾之忧；采用电子围栏、红外脉冲技术，实现园区全方位封闭式管理，配以武装巡逻、高效电动车巡逻、重点区域监控，园区安全尽在掌控；提供 24 小时管家服务，一个电话、一条微信，贴心快速为业主提供解决方案；成立跑友会、妈妈帮、艺术团、摄影会四大社团；举办暴走赛、礼茂节、中秋会、摄影展，打造"匠心尚品、安居乐活、悦邻崇礼、向阳共生"的金茂社区品牌文化（图 5-43）。

图 5-43　金茂社区品牌文化

增值服务方面，金茂物业推出"悦邻＋"增值服务品牌，以衍生服务及专属化服务，建立金茂物业特色增值服务体系，为传统物业服务赋予创新内涵，以践行"用心缔造美好生活"的服务宗旨。"悦邻＋"共分为五个业务线条——悦邻·资产、悦邻·到家、悦邻·优选、悦邻·美居、悦邻·仓，分别从客户日常衣食住行建立不同维度，为客户提供资产全生命周期的体验式服务项目。

另外，金茂物业还提供前介咨询服务，包括功能规划、环境布局、设备选型、竣工验收、配套设备、楼宇设计等内容，涵盖 26 个城市，服务 800 万平方米管理面积，依托定制化管理、共享高端客群与科技系统加持，通过运用数据积累，实现前介专业服务由"劳动密集型"向"专业平台型"转变，实现专业能力、管控能力与运营能力的全面升级，更好地服务及支持开发商的建设推广，真正为开发建设单位起到了保驾护航的作用，使物业能够保值增值。

金茂物业金葵花示范区服务旨在通过"软性"层面的关注和深耕，秉承"人性化＋精细化"的服务理念，创新服务内容，开拓服务模式，在为客户提供一站式、专享化体验服务的同时，提升地产在售项目的知名度、美誉度，助力营销、实现销售溢价（图 5-44）。

图 5-44　金茂物业前介咨询服务

而在金茂北京国际社区中，金茂物业无疑承担起了为八大产品系标准之一的"精服务"保驾护航的任务。尽管金茂北京国际社区的售价受制于年轻客群，但其物业服务传承"府系"一贯的国际标准，提供星级尊享服务，打造有温度的社区，用金茂特有的情怀和温度，重塑家的意义。

5.4　创新体验：责任的担负与践行

5.4.1　产品认知：打造青年社区样本

对于金茂来说，北京国际社区不仅是市场的创新产品，同时，也是在回应"金茂"这一品牌的使命与高度，金茂致力于将北京国际社区打造为青年社区样本，为城市留住青年，也让青年在大城市能生活得更好。

金茂将北京国际社区定义为"为青年在大城市构建的有爱、有料、有发展的首个家"，根据前期对北京青年的关键洞察来看，北京青年们渴望在北京获得个人发展机会，畅想体验一线城市的多元、时尚、前沿的生活方式，希望在工作和网络之外，以志趣构建广泛的社群社交，能够在北京有个居所，获得有形的城市归属感，从而自由地追求运动、文艺、养宠物等爱好。

针对青年用户的生活敏感点，金茂将"共生""共乐""悦己"作为北京国际社区这一产品三大核心价值。北京国际社区毗邻智能小镇、奥林匹克水上公园、潮白河、怡生园酒店及加拿大 wellness 健康体检管理中心，通过配备 1.3 万平方米体育公园、幼儿园、预留教育用地、社区大巴等配套实现城市主题资源强连接，从而达成"共生"价值；通过打造樱花大道、三大社区园林、跑道、艺术商街、千平共享空间、业主食堂、24 小时便利店、书店、咖啡吧等公共设施实现社交化公共空间及社群连接，从而达成"共乐"价值；通过 WOW HOME 空间设计，悦系精装、国际审美设计、智能家居、金茂精筑、超值价格、一键服务、金茂物业等产品配置实现客户取悦自己的品质连接，从而达成"悦己"价值。"共生""共乐""悦己"这三大产品核心价值相辅相成，共同引爆了"省时多乐""未来可期""年轻世界""同频众乐""发烧享受""颜值正义""轻松支付""一键妈宝"八大用户燃点价值，使北京国际社区完美满足金茂预期，成为当之无愧的青年社区样本，让青年"在北京，活出 YOUNG"（图 5-45）。

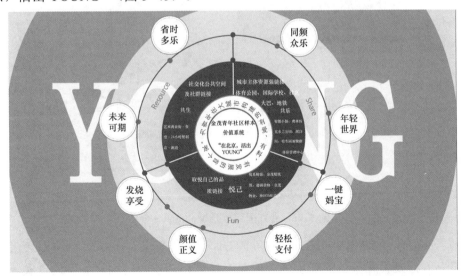

图 5-45 北京国际社区价值体系构成

北京国际社区已然为青年提供了理想住区，随着智能网联孵化转化中心、新建二级综合医院及社区卫生服务中心等其他配套的推进，北小营特色小镇的综合承载力也将进一步提升，让青年能够在居住、工作、教育、医疗、商业等多个方面享受

一线的生活资源，同步国际前沿的生活方式。

5.4.2 客户关系：重构客户圈层体系

金茂一贯致力于打造自身与客户及客户与客户之间的和谐关系，对于北京国际社区来说，不仅是靠国际社区本身的高颜值、硬标准来吸引客户，也依靠各种各样的共享设施和社区活动来塑造家的温馨感及归属感，从而让客户形成对金茂的产品认知。在项目销售阶段，北京国际社区就已经开始置入社群运营概念，让客户对产品的认知从冰冷建筑转变为温馨家宅和友睦邻里，增加客群吸附力。一个IP化的沟通符号是与天然的、与年轻人连接的方式，因此，北京国际社区首位业主、青年共享生活倡导者 Moookey·金诞生，它代表目标客群活泼好动、灵动、热情、热爱冒险等特质，并融合了大社区共享体系的活跃与社群概念。通过塑造专属IP，北京国际社区统一了后期信息输出与社群运营口径，增加了客户的亲切感与归属感（图5-46）。

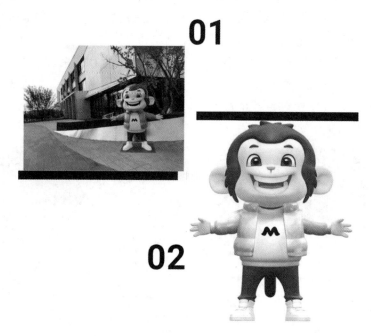

图5-46　北京国际社区 Moookey·金

随着生活节奏的加快，在城市打拼的年轻人渐渐没有了社交，他们会羡慕电视剧里三五好友常相聚的温馨生活，但关上计算机却不得不面对寂寞的现实。居住的成本和风险使得孤独与焦虑不仅是个体的困扰，也成为整个城市生活的通病。金茂北京国际社区一直在探索年轻人更好的居住方式，其提出的"不孤独星球"是以青年人为主打的社群运营概念，是北京国际社区在潮流生活方式领域营销创新的边界，致力于为年轻人提供一个情感沟通的平台，让城市里的年轻人，找到属于自己的圈子，与志同道合的人玩在一起。"不孤独星球"以北京国际社区共享空间为平台依托，读书会、音乐发烧友、狼人杀局、运动圈……从共享到共有，从自我到联结，为年轻人提供了最佳平台，开辟生活的全新领地。在传统的社会框架之外寻求另外一种生活方式的可能性，发挥青年人的潜能，获得生活的真正乐趣，"不孤独星球"的诞生，让北京国际社区成为年轻人的朋友圈（图 5-47）。

图 5-47 "不孤独星球"活动海报

北京国际社区常常举行的社区活动更是照顾到不同家庭的审美趋向和生活趣味，将志趣相投的邻居们凝聚在一起，在一个小圈子中彼此启发，共同成长。

金茂北京国际社区与金茂 XU+ 部落，继国际社区共享空间运营之后再度携手，举办"滑板部落公开体验日"，丰富的环节设置，有趣的滑板课程，滑板大神的精彩炫技……为喜欢潮流街头文化的年轻人们，带来最"躁"的体验（图 5-48）。

当集体行动变得乏味时，重复而单一的场景已经不能再满足年轻人爱玩儿的心。北京国际社区以一站式不转场派对体验为核心，把接待中心、体育公园和共享空间组合在一起，混合产生"不孤独星球轰趴馆"这一奇妙化学反应物。游戏乐园、文艺碰撞、吃喝派对……直通减压神经，创造出带着多巴胺气息的轰趴现场（图 5-49）。

图 5-48 金茂北京国际社区 XU+ 部落活动现场照片

体育公园，乒乓球、羽毛球、篮球、网球……花样球技对抗赛，荒野行动水枪大战、刺激战场撕名牌、趣味名场面综艺同款互动游戏；共享游戏室狼人杀、大富翁、三国杀、飞行棋趣味桌游……。

这样的社群，不再只是生活的调剂，而是实现梦想的人生舞台。这样的社群打造的是金茂对邻里居住生活场景的深度思考。为了让住户走出家门，感受"面对面"的连接乐趣，金茂整合多年来积攒的资源和客户，为金茂的邻居打造这样一个平台：他们可以在这里相识、交流，找寻同好，进而成为亲密的朋友。一种金茂体系下的全新生活方式正日渐清晰。通过人与人的兴趣连接，成为构筑社区美好生活可持续发光的光点，以趋同的审美标准和生活态度，从有形到无形，连接每个独立个体，

图 5-49　"不孤独星球"轰趴馆游戏环节照片

鼓励多维而丰富的兴趣自然成长，打造"共享、共生、共悦"生活领域和精神世界的共同体，实现可深度体验的美好生活愿景。

5.4.3　破"疫"密码：线上开盘新模式

在新冠肺炎疫情的紧张情势下，全民在家自我隔离，线下活动被疫情"禁足"之后，传统的房地产行业也大受打击，不得不由传统的线下转移到线上营销，线上看房逐渐成为主流。而在线上营销的过程中，金茂北京国际社区的表现可谓极为突出，现场客户成交中有近 50% 的成交量是通过线上看房完成的转换，最终实现云排卡。

一个针对青年群体的项目，自然就需要吸引年轻人的关注。在营销活动上，北京国际社区并未遵循以往房地产企业"以我为主"的传统营销思路，而是充分尊重青年人的想法与习惯，通过自身 IP 人设打造、流量借势、关键意见领袖大咖助阵，利用抖音、微博、朋友圈、一直播等多个平台进行跨界营销，多维度、多形式不断霸屏，从而打入年轻人的内心世界。

按照"90后"的审美与方式，金茂使用了行业中少有人用的社会化营销手段作为北京国际社区项目入市的开篇，2019 年年底，项目亮相发布会跨界搭配奇葩说 IP，现场辩论"这届北京年轻人该租房还是买房"，将北京国际社区低总价的优势放到最大，通过 IP 影响力让更多年轻人看到，将年轻人在大城市买房的痛点一一道破，通过强价值、强沟通力输出，让青年觉醒。主动出击探讨年轻人关注的社会热

点而不是围绕自身产品做文章，为金茂北京国际社区带来了极大的在公众议题层面上的曝光度，在发布会后的 24 小时，微博互动 #程璐大王买房小团伙# 冲上微博热搜前三，话题浏览量 1 400 万人次，实现真正的跨界曝光（图 5-50）。

2020 年年初，新冠肺炎疫情突如其来，在线下活动被纷

图 5-50　金茂北京国际社区发布会现场图片

纷叫停的特殊时期，线上流量和平台就成为各家企业"自救"和营销"带货"的突破口。北京国际社区的线上营销主打场景挖掘，所邀请前来测评的知名大 V 不仅局限于房地产领域的几位老面孔，还包括汽车、美食、美妆等众多细分领域的 KOL。在样板间内，用生活中的现实需求来检测产品的实际功能，全方面覆盖年轻人的生活场景，拉近产品与用户的距离。2020 年 2 月可以说是北京国际社区的直播月，10 天 9 场直播，累计观看量 7 000 万 + 人次，最高单场观看量高达 2 520 万人次。线上跨界传播，引起了大量关注，而业内自媒体的点评，则给予了价值背书，再加上疫情尾声，线下样板间示范区的亲临体验，累计 1 200 多张排卡，基本锁定了开盘的胜局，也为北京国际社区选择线上开盘新模式鼓起了底气。

进入 2020 年 3 月，线上超高流量成功转化为线下的爆棚人气，示范区门口一度排起长队。据统计，3 月份来电超过 2 070 组，到访超过 4 250 组，累计排卡 1 200 组。3 月 25 日，北京国际社区作为北京新晋网红新盘线上开盘，这是疫情之后北京首个线下排卡后线上开盘的限竞房项目，首次开盘 845 套房源，超过 1 100 人线上选房，开盘 5 分钟，已售超过 700 套，开盘 20 分钟热销 814 套，线上开盘模式取得了巨大成功（图 5-51）。

图 5-51　北京国际社区线上开盘海报

总体来说，北京国际社区线上开盘取得成功的原因主要有：针对其主力客群，也就是年轻人的生活习惯，利用多个社交软件跨界营销；结合流行 IP，扩大影响，吸引年轻人关注；邀请知名大 V，短时间、快节奏地进行直播"轰炸"，炒热氛围；邀请业内自媒体为产品质量背书，用质量为线上营销吸引来的客户注入强心剂，让他们留下来。金茂这一套先获取关注、扩大影响再趁热追击、留住客户的营销策略，是线上流量能够转化为线下排卡的关键。

北京国际社区选择线上开盘模式能够取得成功固然有新冠肺炎疫情使得大家更适应线上操作，降低了对土地属性要求的原因，但是随着 5G 全面化指日可待，线上操作的方便快捷也越来越深入人心，可以想见越来越多的房地产企业今后也将以线上举行作为项目的开盘方式。新的模式将带来新的改变，新的改变总有新的体验，房地产企业需要做好准备以迎接挑战，认真思考如何能够在最适合体验营销的互联网场景里，通过线上和线下感知的融合，为客户带来最好的科技现实，让客户足不出户也能身临其境地体验项目，感知信息。或许在不久的将来，线上开盘将成为常态。

5.5 案例总结

秉持"释放城市未来生命力"的理念，金茂的每个作品，都与所在的城市一起向前迈进。

凭借拳头产品"府系"，金茂在高端住宅市场占据了重要位置。针对改善型客群的需求，金茂开始了"悦系"产品的布局，承袭"府系"品质"基因"的"悦系"，在产品设计上更加精巧灵动。面对更年轻的"90 后"置业客群，金茂以崭新姿态推出北京国际社区，以更低价格、更具活力的产品，赋能年轻人品质生活，为城市留住更多年轻人，为城市发展增添动力。

金茂北京国际社区既是中国金茂新锐产品，同时也是中国金茂对北京新一代青年生活方式的探索，其在最开始便圈定了目标客群，然后才是对产品及最终土地获取研发的转变，是一次真正意义上以青年客户为中心的定位论。面对大储量的青年购房诉求，北京国际社区创造性地通过小户型、低总价打开市场，直击青年购房痛点，辅以完善社区配套、品质精装、住宅科技、臻善服务，卓越的社群运营更是令其成为青年社区样本，诸多优势层层加码，北京国际社区为青年创造了一个首选之家。

多年来，一直深耕高端住宅市场的金茂，基于对市场趋势的准确把握和多元布局的眼光，继"府悦墅"之后，市场触角继续延伸，直到距离青年客群更近、更容易接受的层面，推出北京国际社区。作为一款进取型青年产品，在为青年创造品质生活助力的同时，也开启了金茂全新的产品系，完成了金茂品牌产品线的全层级布局。金茂不仅是从个体出发，更是从城市长足发展的逻辑里考量，北京国际社区要做的，也不仅是以青年人群为导向的一次产品探索，更是释放城市青年力的品牌责任，还是释放城市未来生命力的践行。

1. 金茂北京国际社区的产品定位与逻辑是什么？
2. 金茂北京国际社区是如何做到品质的延续与坚守的？
3. 金茂北京国际社区是如何满足客户对产品的功能需求与情感享受的？
4. 房地产项目开发过程中如何提升消费者的产品认知？

6 原·聚场:

大社区 × 小社会

建筑的实质是空间，空间的本质是为人服务。

——约翰·波特曼

🏛 案例导读

在中国人忙碌的日常生活中，社区与小区是距离人们最近的公共场域。虽然无法再回到胡同生活与单位大院的时代，但社区公共空间绝不止于房地产开发的副产品，而应承载更多的新内容，赋予每位居民愉悦与安全。社区公共空间的营造，不仅是硬件上的比拼，更在于内涵上的深耕细作。东原集团作为中国社区运营模式创新领导者，不断探索品质人居的生活需要，致力于实现"温暖小社区"的理想，通过打造以"原·聚场"为代表的社区运营品牌，前瞻性地关注社区关系新型构建方式，通过构建一个个场景，让业主产生联结与能量共享，重塑浓浓归属感、家园感和愉悦感的众乐乐社区。

6.1 东原：社区运营的创新实践者

6.1.1 城市社区的人本回归

受限于经济和复杂的社会环境，早期的住宅以满足人们基础居住和物质生活需求为主。随着经济的高速发展与人们物质文化水平的不断提高，社会需求从物质需求逐渐过渡到精神需求。住宅不再仅是人们居住的场所，更是美好生活和精神满足的载体，人们不但开始关注住宅产品内部空间舒适性，对生活品质与邻里和谐的需求也越来越迫切。

需求决定行业的发展方向。告别了土地与资本的"黄金时代"后，房地产行业进入下半场。如果说房地产的上半场通过追求规模来占据优势是一种成功战略，那么在下半场，精神需求决定了抢占服务领域的新高地才能走得更稳更远。由关注"物"到关注"人"，从"短平快"的空间开发转变为"长期人居运营"已是大势所趋。思考如何将产品真正回归"人本"需要，成为每个开发企业的核心战略问题。

人是社会性动物，每个人都通过扮演不同的角色来获得社会认同，而社区是人每天生活的出发点和回归点，也是城市中人的最基层社会关系网络构成。很多购房者在购房时不仅是选择一种居住生活，而且是选择一个社交圈。现今生活节奏紧张，现代商品房社区邻里陌生化日益严重，回归熟人社会的呼声也在日益高涨。社群既是一个有效连接，又是一个有相互关系的网络，还是打造人际关系的媒介。所谓的地产社群就是生活在同一个小区的业主，因为相似的价值观和兴趣爱好发生连接，由陌生到熟悉，建立起守望相助的邻里关系。优质的社群也会增加业主的认同感、归属感，成为决定房屋价值的重要因素。除此之外，邻里关系也是一种资源，社群会演变成圈层属性，进而形成社会资本。

在"人本"回归的大背景下，与客户距离最近，打通线上线下"最后一公里"的社区运营，开始逐渐成为房地产转型的方向之一。社区空间不仅是邻里交流的主要载体，而且是连接居民与开发商、物业的重要纽带，同时，也是行业变革和时代发展下，开发商潜在的利润增长点。对内而言，社区运营导入了用户思维，提高了用户体验，满足了客户居住需求之上的生活诉求、精神诉求。优质的社区运营将成为企业保持竞争力的重要手段。对外而言，面对行业转型发展的重要节点，房企基于多元化业务布局需求，触角越来越长，延伸至养老、文旅、小镇、教育、物流，甚至科技、环保、医疗、零售等方面，社群成为连接纽带，打通多业务与客户之间的联系。

知识点：

社区是若干社会群体或社会组织聚集在某一个领域里所形成的一个生活上相互关联的大集体，是社会有机体最基本的内容，是宏观社会的缩影。

社区空间中的要素如图 6-1 所示。

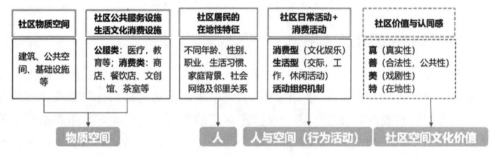

图 6-1　社区空间中的要素

人是推动社区更新的核心力量，社区中由于人群特征和邻里关系的差异性，与其他要素的互动关系呈现多样化。

6.1.2　东原的客户逻辑

在全新的市场格局之下，唯有找到适合自身发展和行业趋势的细分领域，才能在激烈的竞争中谋得一席之地。对于东原集团来说，这个问题的解决路径最终落在了四个字上，即"客户体验"。

早在 2014 年，东原就提出产品要以客户为导向。在东原看来，好的产品不仅是好的立面、好的户型，更不是炫酷的网红售楼处，东原更关注的是产品背后的空间营造和生活创造。迪马股份董事长、总裁兼东原集团董事长罗韶颖曾在多个公开场合表示，东原的优势就是通过创新客户体验，来引起客户的认可与呼应，从而转化为集团盈利。2015 年起，东原集团开启多元化战略合作进程，在"大社区、小社会"的创新理念引领下，东原结合消费市场趋势与痛点等细节，从客户的每个生活细节出发，提升社区生活品质，以"东原，你的城市生活细节"为品牌价值口号，致力于成为中国新社区运营模式的创新践行者。

多年来，东原一直坚守客户逻辑，社区运营理念也经历了一次又一次迭代升级，从早期的 1.0 时代"靠沟通吃饭"，到 2.0 时代的"让连接发生"，实现社区内人与人之间更有质量的连接，再到 3.0 时代的"小社会"规划——"俱乐社区"，深度挖掘社区内部资源，打通内外部资源的分享系统。

持续进化的背后，是以人为本的硬核支撑。以社区运营作为企业战略，在社区运营道路上不断进化的坚持，在根本上，是源于东原对于"人"的关注。考察人发生了什么变化，以人为核心而去塑造社区的生活场景，这一点贯穿了东原的"社区观""产品观""服务观"。

带着对客户体验的一贯重视，东原地产集团不断探索优质住宅生活需求，潜心研究每位客户的社区生活细节，并打破传统的产业链结构，创新整合"地产开发、商业运营、物业服务、外部配套"四大业务，全力投入社区运营模式的研发与落地。结合近年来"社区运营"的持续创新和实践落地，东原已经梳理出具有鲜明特色的"童梦童享、友邻友趣、乐享乐配、优度优家"四大社区子品牌，分别从儿童成长、人文亲邻、社区配套及特色精装修等方面为客户提供全生命周期的社区服务，创造更为丰富的社区生活体验（表6-1）。

表 6-1　四大社区子品牌

童梦童享 优配社区儿童成长系统	东原集团首次在全国提出将儿童作为服务对象，创新打造童梦童享儿童成长系统，从硬件到软件，全方位提供儿童社区配套产品和服务，引领孩子健康快乐的成长
友邻友趣 优配社区人文亲邻系统	围绕社区运营，创新整合多方优质资源，通过对社区软、硬件的优化，为居民提供舒适、便利的优质居住体验，并实现居民固定资产价值的增长
乐享乐配 优配社区居住配套系统	以打造人文亲邻的社区生活为目的，通过设置丰富多样的社区活动，加强人与人之间的情感沟通，构建良性的社区生态系统
优度优家 优配社区全装修成品住宅	从每个社区生活细节出发，通过对户型和功能的深入挖掘，打造更加多元化的居住空间，创造更加精致的品质生活

其中除优度优家是更偏尺度感、物理空间外，其他三个子品牌都是来源于人和人的关系、人和社区的关系，目的也是要服务这样的关系。

2017年，东原地产提出了"原·创家"品牌口号，这是基于东原客户体验逻辑而适时抛出的新思路。它是东原在地产开发的过程中探索的一种新的社区关系运营方式，以实现社区即社会的品牌理想。在这一品牌口号下，东原经过调查研究，基于人居和社会发展未来趋势而构建的社群运营——原·聚场启幕。作为俱乐社区的实体承载，原·聚场意在将社区中每个个体细节进行放大与分享，满足每个个体的发声渴望。

事实上，东原正追求设计出一套良性的生态系统，让业主真正喜欢生活在东原的社区里。这套独特的社区生态系统，也是东原社区与其他社区最大的差异所在。

童梦童享、友邻友趣、乐享乐配、优度优家四大社区子品牌，从硬件与服务的层面上，给东原的社区加持了一系列的便捷性和舒适性。作为区别于四大社区子品牌的全新尝试，原·聚场通过建立有温度的社区，创造社区的新型精神家园，为业主带来有营养、有价值的社群生活，同时，通过对实体基地的运营及资源引入和创新，积极探索新型的社区运营闭环，力求发展形成自身独特的社区运营体系。

在"客户体验"的战略引领下，凭借创新扎实的运营能力，东原集团已将创新社区运营模式打造成为极具特色的核心竞争力，稳步迈向未来。

6.1.3　原·聚场：初心与实践

随着城市化进程的不断深入，中国社区环境发生了翻天覆地的变化。传统群体居住形态被高楼大厦侵蚀，城市由一栋栋彼此独立的建筑构成，人们也搬到更具私密性的单元住宅，生活的场景局限在家门关起的空间之内，失去了可供过渡的共享居住领地。社区人际环境也难免变得陌生化，从前守望相助的邻里关系逐渐变成了后来的进出不

图 6-2　原·聚场

识邻，城市社区步入冷漠的"亚健康"状态，社区的人文价值越显可贵（图6-2）。

在这样的背景下俱乐社区的概念顺势出现，希望把这个时代人与人、人与城市、家庭与城市割裂的东西一点一点找回来。但俱乐社区创立之初，东原人总觉得它缺乏一个点——一个具象的、能把这种理念标志性地呈现和聚焦的点。东原地产掌舵者罗韶颖及很多高管都是从北方大院走出来的，所以，内部开会探讨美好生活时总高频提及热闹的"大院生活场景"，罗韶颖认为大院儿生活为一种中国式社会主义的邻里关系。但随着社会变化，大院儿正在慢慢消失。于是，东原提出了一个大胆想法：在社区里打造一个公共空间，把逐渐割裂的邻里关系重新聚拢到一起。这就是原·聚场的初心。

> **知识点：**
> 公共空间的概念有狭义和广义之分，狭义的公共空间是指供城市居民日常生活和社会生活公共使用的室外及室内空间；广义的公共空间不仅只是一个地理的概念，更重要的是进入空间的人们，以及展现在空间之上的广泛参与、交流与互动。这些活动大致包括公众自发的日常文化休闲活动和自上而下的宏大政治集会。

2017 年 6 月 23 日，原•聚场首个全国线下实体基地于重庆江北区大石坝的东原 D7 区 4 期（原物业客服中心）正式开业。"以爱好为媒，以空间为载体，以社群为方式"，原•聚场通过对空间、社群的运营，连接社区中人与人、人与家庭、人与社区、人与城市的关系，重新找回"社区里人与人之间逐渐消失的温情"，实现社区"The Big Family"的生活理想。原•聚场所在的社区，邻里和睦、抱团学习、有趣有爱，人们通过各种各样的连接，从陌生人变为熟人、亲人和老友，找回随着那些城市尺度增大和交通的快速化而消失的亲近感及归属感。在追求速度和效率的快节奏都市里，原•聚场重现了"鸡犬相闻，守望相助"的众乐乐社区，回归每个人心中的大院人情味的小社会情结，通过设计为更多互动留出可能，将社区活力在更有意思的场地空间里重燃。

在房地产行业标准化流行的当下，人们看到的大多数空间都重视功能性或观赏性，而东原认为社区不应该是冰冷的钢筋水泥，更应关心它所承载的状态及赋予每位城市居民的生活价值。搭建一个共享空间，通过这个平台将人们连接起来，把"家"的概念延伸到城市、社区里面，通过有温度的空间设计，让"大家变小家"，将独乐乐不如众乐乐的社区基因和文化带给更多的城市与家庭。

截至 2020 年，原•聚场已落地 10 座城市，19 个原•聚场（表 6-2）。线上原•聚场原聚点空间 7 个，服务数万名社区用户，运营超 100 个社群，成立 31 个兴趣小组，挖掘 390 余位业主关键意见领袖代表，聚合超 4.7 万名的社员与 10 万 + 粉丝。这些数字背后是业主的高度参与，原•聚场彻底激活了原本散落的社区活力，正在重新塑造失落的邻里关系。

表 6-2　东原原•聚场全国分布情况

城市	项目
重庆	D7 原•聚场
	嘉悦滨江原•聚场
	印江州原•聚场
贵阳	朗阅原•聚场
成都	阅墅原•聚场
昆明	璞阅原•聚场
	启城原•聚场
	金马中心原•聚场
杭州	印未来原•聚场
武汉	阅境原•聚场
	阅原原•聚场

续表

城市	项目
武汉	时光道原·聚场
	印未来原·聚场
	启城原·聚场
苏州	千浔原·聚场
	阅境原·聚场
南京	印长江原·聚场
上海	璞阅庄行公园原·聚场
郑州	阅城原·聚场

未来，原·聚场也将继续保持一路小跑的速度，复制和推广到全国的一、二线城市中，为更多的城市社区增添新的可能性，为更多人带来有温度、有价值的美好生活。可以预见，随着原·聚场的创新和推广，东原在不断提升自我社区运营能力的同时，也为行业下半场的创新转型提供了示范，而中国社区运营也正在迎来全面革新的时代。

6.2 重庆东原 D7 原·聚场：大社区＋小社会

2017 年 6 月 23 日，国内首个在交付社区打造的社群空间——原·聚场线下实体在重庆东原·D7 区启幕。一个社区居民自己的公共生活客厅、多元学习课堂和邻里展示交流的舞台，也由此拉开序幕。这是东原地产继社区"童梦童享、友邻友趣、乐享乐配、优度优家"子品牌之后，在社区运营领域的又一次跨越升级，也为行业下半场的创新转型提供了示范性探索。

东原 D7 区位于重庆市江北区鸿恩寺片区，邻近鸿恩寺公园与嘉陵江，周边居住品质较高。社区紧邻大型购物中心与轨道交通站点，被红兴路、红原路两条生活性道路包围，居民出行购物便利。东原 D7 原·聚场就位于 D7 社区中庭，社区第一期业主有 5 000 多户家庭，1 万多人口，不同年龄层的业主在这里除能享受到东原社区子品牌服务外，还能从"原·聚场"里得到更多硬性的功能设施和软性的精神生活满足，东原 D7 已经成为一个具有良性的社区生态系统的理想社区（图 6-3）。

图 6-3 重庆东原 D7 原·聚场实景图

6.2.1 空间设计

空间是客观存在的，常常被人为地赋予特定意义。东原对于空间，尤其是社区空间，有着自身独到的理解。首先它必须满足社区内不同人群的生活需求，还要具备"温暖"的特性，符合人们的精神需要，让业主身处其中倍感愉悦，最终促进社区内人与人之间的连接，产生互动，这其实也就是东原致力于打造的独乐乐不如众乐乐的"有温度的小社会"的剪影。基于这样的社区理想，原·聚场有意识地将空间构建成更利于人与人、人与家庭、人与社区、人与城市相连接的平台。空间贯彻"用设计创作更有温度的空间"的设计理念，把理想的社区生活方式融合到空间中，功能分区但不隔离，有门却不拒人于门外，小社会在这里诞生，大家变成小家。

1. 方案设计

现在的住宅小区，有门禁、有防盗系统，各种各样的安全系统把人们的家和城市、和外面的人隔开，从而失去了人与人之间的交流，失去了对城市的认知机会，要如何解决这个问题？原·聚场给出了答案。在设计之前，它最主要的目标就是解决生活交流的问题，成为人与人之间互相连接的空间。也是基于这一目标，东原找到了深耕北京的日籍设计师青山周平来为重庆 D7 原·聚场 900 余平方米的空间进行建筑与室内的整体设计（图 6-4）。

图 6-4　重庆东原 D7 原·聚场实景图

青山周平（图 6-5）一直希望通过空间设计改善社会状态。他常常去做一些与社会生活相关的项目，不断关注人和自然环境、文化、生活这几个基本的元素之间的关系。他认为现在大家都越来越强调"我"，失去了很多成为"我们"的机会，社会越来越需要回归。他自己生活在北京胡同，胡同是共享生活的一个场所，这种生活方式激发了他很多设计灵感。由此他就考虑更多人的家什么时候也能成为一种"共享"，不仅是空间的共享，同时，也是某些生活物资的共享。东原的"大社区、小社会"与青山周平不断

图 6-5　重庆东原 D7 原·聚场
设计师——青山周平

实践创新的"共享空间"不谋而合，牵手参与设计"原·聚场"也使青山周平的设计理念有了一次真正的实践落地，因此，双方只接洽了一次就谈妥了这个项目。

在具体的设计方案上，原·聚场希望把空间开放给城市，把外面的空间和室内的空间结合在一起。青山周平的设计也完美实现了"创造一种尽量没有界限的空间"。在原·聚场，推拉门可以打开，室外和室内是结合在一起的，吧台、书塔、剧院等不同的功能被装进大小不一的"盒子"之中，自由散落地布置在了高低起伏的室内空间中，所有身处室内的时光就好像在室外一样，仿佛走在重庆的街道上，有高有低、有上有下。在这样的空间里，大家会自然而然地产生连接，而非刻意地交流。这也是青山周平对未来之家的思考和想象，"我的"就是"我们的"，我的生活空间、

我的时间、我的物品都可以在这个共享社区里面被共享，未来城市公共空间将是家的延伸，通过空间的设计可以改变社会和城市生活（图6-6）。

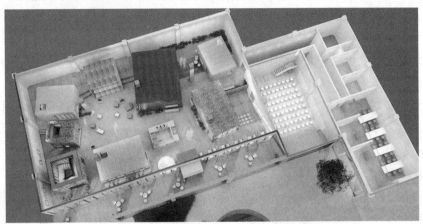

图6-6 重庆东原D7原·聚场功能展示

2. 空间组织

原·聚场想把理想的生活方式融合到空间之中，强调人们在空间的各功能模块中存在的相互交流与联系。基于这一理念，重庆东原D7原·聚场以"生活的另一种可能"为命题，以村落为设计理念，以空间为背景，强调人们在各功能模块中存在的相互交流与联系。重庆D7原·聚场在800平方米的空间内打造了十一大主题场景，并以此为基础规划出了多个小主题空间——阅读梯、1℃大教室、演出空间、陪读室、吧台、书屋、4℃小教室、周末影吧、小剧院、烘焙工坊、2℃小教室、3℃小教室、休闲区、户外木台。这些小空间彼此相互独立却又没有界限，同时兼具交通空间、活动空间及休闲空间，将温暖有趣的社区生活场景进行还原（图6-7）。

图6-7 原·聚场十一大主题场景

（1）七个固定主题区域。

1）吧台——让日常更有纯度。这里提供 Y.O（Yuan Organization）伙伴们用茶和各种草木、花果调制的茶饮，还有各式现磨咖啡（图6-8）。

2）烘焙工坊——让日常更有温度。为点心爱好者开辟了一个动手体验的小天地，在这里制作美食变成一件很生活同时又很艺术的事情，结识志趣相投的朋友，交流经验、分享乐事，无形中拉近了彼此的距离（图6-9）。

图6-8　吧台　　　　　　　　　　　　　图6-9　烘焙工坊

3）演出空间——让日常更有跨度。业主可以充当有创意的表演者，也可以是有爱意的观众。人们的创造力在这里得到激发，是贴心的私人演出空间（图6-10）。

4）书屋——让日常更有厚度。书屋是一个有心的共享图书馆，这里有针对不同年龄段的不同种类的书籍，为业主提供精神的栖息之地（图6-11）。

图6-10　演出空间　　　　　　　　　　图6-11　书屋

5）阅读梯——让日常更有高度。阅读梯是书屋的空间延续，业主们可以在这里席地而坐，自由放松地阅读或是面对面地与人交流，这里是思想火花碰撞的最佳场所（图6-12）。

6）周末影吧——让日常更有宽度。看电影是人们最喜欢的娱乐活动之一，电影延展了无聊单调、枯燥又稀松平常的生活，打破了每个平凡人的时空地域限制。这里每个周末会定期播放电影，人们会像小时候一样排排坐（图6-13）。

图6-12 阅读梯 　　　　　　　　　　　图6-13 周末影吧

7）小剧院——让日常更有广度。小剧院是人们欣赏音乐会、戏剧等表演的场所。大人和孩子们都非常喜欢的教育戏剧也会在这里演出（图6-14）。

图6-14 小剧院

（2）四个非固定主题区域。1℃、2℃、3℃、4℃为流动教室，不固定主题。原·聚场将在这里举办生活美学、亲子、教育、戏剧等各种丰富多彩的活动（图6-15）。

（a）1℃ 　　　　　　　　　　　　　（b）2℃

图6-15 四个非固定主题区域

（c）3 ℃　　　　　　　　　　　　　　　　（d）4 ℃

图 6-15　四个非固定主题区域（续）

（3）户外延伸。除室内空间外，东原的社区营造还带有户外的开敞空间，配备了针对不同年龄段的多样化游戏设施、充满趣味的公共玩乐空间。空间设计围合又开放，通过不同的分区创造不同的体验空间。户外空间与原·聚场相邻，力求一种休闲空间的延伸感，使业主走出温馨的室内原·聚场即可到达自由放松的室外绿色公园。在这些空间中，原·聚场又以沙龙、社群活动等形式让人们彼此之间发生联系，也让空间本身成为人们获得生活信息的据点（图 6-16）。

图 6-16　户外延伸

6.2.2　内容运营

1．业主共创

社区是一个能量宝库，在每个社区里，其实都拥有大量的资源，里面充斥着有才华的人、有资源的人、有时间的人、有梦想的人，如何将这些资源利用起来，在实现他们自我价值的同时将能量最大化，原·聚场一直在不断创新和尝试。

"关于原·聚场，东原不仅仅是盖了房子，还把自己作为一个社区活动的组织者。但组织者不是主导者。人们只是要做'点火器'，社区里的人，左邻右里，他们才是真正的'发动机'，是这些'社邻'让社群活动持续运转。"罗韶颖提出。"社邻"让社群持续运转，整个社区才能变成一个有生命力的活体，它是社区"自运营"的产物，只要"发动机"转得好，社群活动就会持续运转。而"发动机"转得好不好，除点火器外，东原还在做观察员、助推器。因此，原·聚场这个产品成功的标识，是这个社区能够完成社群的"自运营"，能够自己生根发芽、开花结果，然后越来越枝繁叶茂，社群活动会自己滚动着持续下去。如果社区运营始终是开发商带动业主玩，那社群的氛围将无法得到长期的延续。参与、共享、社群、自治贯穿着东原社区运营的始终（图6-17）。

（1）产品共创。原·聚场在与业主的产品共创时，更多的是扮演社区"天使投资人"的角色。在挖掘到可进行产品共创的业主的第一时间，与之沟通，明确共同的价值观和方向，在确定分成模式之后，由业主发出申请，由原·聚场提供平台及资源，甚至资金，取得相关资质后研发生产出产品，既可以在原·聚场门店进行展示和售卖，也可以进行公开售卖。从2018年下半年开始，产品共创有了非常显著的成果，与某电视台执行导演共创聚会游戏卡、与某微博知名手账达人共创美食旅行绘本、与手工达人共创手工皂和精油……原·聚场正在一步步实现真正的KOL经济（图6-18）。

图6-17　重庆东原D7原·聚场Y.O.团队　　　图6-18　原·聚场与业主共创的
　　　　　　　　　　　　　　　　　　　　　　　　"聚众狂欢"游戏手册

（2）团队共创。除原·聚场运营者提供最基本的服务外，东原会积极鼓励那些愿意展示、释放"真我"的业主参与进来，最终形成由原·聚场运营者与业主意见代表共同组成的Y.O运营团队。Y.O团队负责所有的活动策划与搭建，以及原·聚场情感维系、社群服务、活动支持等其他工作。所有的知识产权把握在原·聚场手中，为未来可能的资源对外输出创造了条件。

在2018年的妇女节，原·聚场与业主意见代表共同发起#3.8减负（腹）革命#三城（重庆、武汉、杭州）城市联动，将原·聚场提倡的独力新女性价值观以社群活动的形式去获得用户的认可和共鸣，减腹（身体）更要减负（情绪）。该活动的理念也来源于对女性群体的洞察，对时代背景下热点词汇——"女子力"的理解。原·聚

场通过社群运动达人发起和倡导，在女性用户群中得到了很好的共鸣效果（图6-19）。

图6-19 减负（腹）革命

（3）内容共创。在每个原·聚场空间里，都有一个留言簿，上面不仅记录着业主对于原·聚场的建议及生活在此的点滴，还有工作人员对于在空间里每天发生的故事的记录。这些内容一方面有助于更好地完善原·聚场，另一方面可以作为社区原创内容素材进行再创造。"我的社区日记"即是以业主与他们的生活为原型，每月更新一期内容，现在已经出了《爱情篇》《亲情篇》《向上篇》《收获篇》《真实篇》。也基于这些内容，原·聚场创办了国内首本社区生活杂志——《原本》，阐释对"热爱生活"的理解和表达。而以全国原·聚场用户为原型，拍摄的原·聚场1周年庆微电影#真我＆生活进化场#，在网络首映当天点击量突破200万，并最终创下了300多万的点击纪录（图6-20）。

图6-20 "原本"杂志

把做社群、做服务、做内容、做品牌的过程都开放，让用户参与进每个节点。一方面，能与用户打成一片，用户可随时随地表达需求，原·聚场在第一时间接收到最接地气的反馈，从而迅速迭代产品；另一方面，用户成为社区共创者，才会真正喜欢生活在东原社区里，升级用户满意度，为东原品牌创造价值，甚至成为市场销售助推器。

2. 社群内容

社群是人本服务重要的表现形式之一，主要是指通过建立形成不同的行动群体：业主自发地组织社群活动，运营者提供部分资源上的支持。在一次次社区活动中，不断强化人与人间的关系，形成特殊的情感纽带；信任的增加，促使人们的合作不仅满足于日常的娱乐，更进一步迸发出共同完成某项事业的热情，实现氛围营造和发展链接的双重价值。原·聚场在运营过程中秉承社区资源共享的理念，用社群的方式集合社员，创造原·聚场社群文化，构建一个"多元化同类生活情趣社群"，让业主在这个有价值的社群生活里分享与被分享，共同找回社区里消失的亲近感和归属感，创造一个独乐乐不如众乐乐的温暖小社会。

截至 2019 年年底，原·聚场已累计建立业主社群超 30 个，覆盖业主数量超20 000 人，累计举办超过 500 场社群活动。所有"鲜活"的活跃数据源自原·聚场的金字塔模型（图 6-21）。

图 6-21 原·聚场社群活动金字塔模型

在日常社区社群互动阶段，原·聚场以暖萌可爱的橘猫"原小胖"为形象（图 6-22），通过大量的日常互动，将原·聚场从一个"社区运营者"的角色逐步转变为居民"日常的陪伴者"，打破心理隔阂，这是整个模型中支撑后续社群进阶运营的底层逻辑。

图 6-22 橘猫

在社群业主活动阶段，原·聚场充分利用在获取社区及案场客户流量上的优势，确定了"生活美学、亲子互动、戏剧艺术"三大主要的运营方向，成立了多类社群：小行星亲子社、木棉美学社、分子动力社、微光爱心社、枫叶老友社、元气美食社等。通过反复论证社区、空间、人、生活需求、精神文化需求等要素，原·聚场对社群进行精细化运营，活动类别覆盖社交、艺术、健康运动、儿童活动、慈善公益、户外运动、知识学习、长者时光、全年龄段、全时段的承载社区居民的日常需求。

小行星亲子社是由 D7 原·聚场发起的亲子社群，自成立以来，与外部资源 BG野兽花园生态农庄、文创品牌远山有窑、重庆购书中心、重庆航天职业技术学院等开展了多个系列的主题文化体验，同时热心公益，前往山村关爱老人儿童等；并推出了小行星社群的周边产品，如小行星小黄帽、小行星奖杯、小行星成长记录笔记本等（图6-23）。

图6-23　小行星亲子社

而在年度品牌活动阶段，有了之前的粉丝基础，原·聚场着力系统性地打造精品品牌IP活动，做到少而精（图6-24）。

"世界拥抱日"：抛开对情感表达的冷漠，用拥抱和世界和解

"哈喽世界的小孩"第2季：以汉字为媒介，塑造亲子相处新方式

图6-24　精品品牌

原·聚场的社群内容也在不停地迭代更新，例如，2020年6月原·聚场就迎来了新物种——安心成长学院。它的前身即小行星亲子社，最初是为了增加亲子间互动而设立。但是，很多家长希望这个社群能融入更专业的内容帮助孩子成长。于是，原·聚场便与重庆市少年宫盒子学院合作，将重庆市少年宫教育体系和师资引入社区，在安心成长学院开展形体艺术、创意美术、书法舞蹈等一系列课程，使业主在家门口就能享受一站式优质教育内容。

3．运营价值

（1）打造超级文化，形成创新多元的业务模式。原·聚场通过商业模式的探索得以实现自运营，作为社群内容运营的超级文化在内容制造、知识产权输出、空间运营、衍生品消费等方面尝试形成多元的业务链，让原·聚场的文化价值实现最大化。目前，C端的收入占到总收入的40%，主要来自原·聚场衍生品如原咖啡、原

花房、生日聚会的收益，另外 60% 则是为不同的品牌主提供营销服务和内容建设的收入。

（2）运营与内容新逻辑下的多重价值。随着地产行业进入下半场，需要涌现更多的运营者和内容制造者。原·聚场通过对空间的运营和客户精细化管理，让空间价值重构为社群赋能增值，正迎合了这种趋势。

1）社区运营价值：迸发社区的多样化生活和良好的邻里氛围，同时，还帮助提升了物业满意度、物业缴费率及缓解了物业客服的危机。

2）资源整合价值：利用业主数据、流量和资源优化社区居民获取资源的方式，连接起各种外部资源。

3）资产盘活价值：城市和社区低效空间资产的价值再开发。原先闲置的社区客服中心从"死空间"变成了充满活力、富有价值的空间。

4）客户数据价值：客户大数据的采集与整理为企业积累更有效的数据资产，也为外部资源提供精准营销的方向，便于做针对性的策划。

6.2.3　社区运营的效果

任何漂亮的营销手段，只能取得短期化效果，长期来看，聪明的做法一定是服务品牌价值。在东原内部早就达成共识，原·聚场必须做大、做强，它是东原独一无二的标签，是引发用户对于美好生活的向往，是间接的隐形财富。虽然，从时间上说，社区运营不会太快看到实质性的盈利，但从空间上说，在持续的探索和运营实践中，"信息价值"与"沟通价值"将不断放大；而从企业品牌逻辑层面上来说，东原可以通过社区运营提高客户满意度及忠诚度，从而提升品牌影响力；从项目销售逻辑上来说，原·聚场可以作为东原地产的特色配套而提升社区价值，进而提升东原产品的竞争力。

D7 的原·聚场落成后不到半年，住户满意度和物业缴费率明显提升。2016 年，D7 的用户满意度为 77%，2017 年上升到 85%，住户来参加活动的时候随手就把物业费交了。小区的高满意度也带来了产品增值，几年前旁边某小区一手房售价比 D7 低一千元，现在二手房的售价差不多要低两三千元——这中间应该也有原·聚场的作用。

自从原·聚场落地以来，东原的整体满意度也是一路高升。赛惟咨询公布的数据显示：东原集团 2018 年客户满意度、物业满意度排名上升，位居行业第四；准业主满意度再创新高，达 93 分，老业主满意度以 87 分的高分持续保持优异水平；销售服务及案场满意度再创新高，社区文化满意度得分为 93，有较为明显的增长；物有所值感调查位列行业第六。2019 年东原物业客户满意度为 94 分，位列行业第一，总体满意度为 90 分，位列行业第三。东原集团也因为企业的高满意度而屡次获奖，在业内的名气得到了提升，并逐渐走出了一条社区运营的差异化道路（表 6-3）。

表 6-3　东原获奖情况

时间	颁奖机构	奖项名称	排名
2020	中国房地产业协会 上海易居房地产研究院中国房地产测评中心	2020 年中国房地产开发企业新社区文化运营	1
2019	中国指数研究院	2019 年中国房地产开发企业新社区文化运营	1
2018	中国房地产协会 上海易居房地产研究院中国房地产测评中心	2018 年中国房地产开发企业新社区文化运营	2
2017	中国房地产协会 上海易居房地产研究院中国房地产测评中心	2017 年中国房地产开发企业新社区文化运营	2
	2017·第一财经地产汇年度峰会	最具开创性社区运营商	
	博鳌·21 世纪房地产论坛第 17 届年会暨中国地产金砖奖	年度社区发展创新大奖	

作为东原集团下半场竞争的有力武器，原·聚场不仅改变社区，更新社区，让大院式的邻里生活愿景回归，并且成功引领了行业，成为社区运营的标杆之作，最终转化为东原的超额盈利能力。

6.3　社区运营扩展的探索与实践

"生活不止一种可能，也不止两种三种七八种可能；当你，每要打开一种新的可能时，新的可能，也就越多。"社区的公共空间，就是一种具体而有力的载体。打造一个社区公共空间是件简单的事，但运营好一个社区公共空间绝非易事，公共空间有公共性，它的活力、市民的参与度与满意度、运营机制的灵活性，以及空间的自治参与度等都需要运营。因此，社区公共空间的营造，依靠硬件上的比拼永远不具备优势和可持续性，只有内涵上的"深耕细作"，才能够真正实现长久发展。

基于社区运营的本质，结合实践经验，东原逐步形成了"人＋场＋同好＋文化纽带"的社群运营模型。东原认为，"人"是社群核心，是社区的使用主体，所有功能都应该围绕着人的需求展开；"场"是活动承载平台，以原·聚场为代表，是社区内打造的开放、有温度、多功能的社群基地；"同好"是每个参与者的兴趣爱好的出发点，是人和人之间连接的基本介质；"文化纽带"是东原独有的社群运营理念，它像一根隐形的绳索，通过情感与价值观的契合，将社群与社区紧密连接在一起。遵循这套社群模型，可以逐渐实现人与人、人与社区、社区与城市的相互连接，形成一个关联紧密的社区共同体，让"独乐乐不如众乐乐"的俱乐愿景落地到社区之中。

未来，原·聚场将继续依靠成体系的运营模式复制并拓展，如扩充业主投资、公益活动等新内容或社区教育、社区商业等新消费，以及与政府、街道、社区深度合作，以更多变的组织形态和落地形式，搭建更多不同的、个性的、以用户为中心共同创新的社区运营场景。

6.3.1　与政府合作探索新模式

"治贫先治愚，扶贫先扶智。教育是阻断贫困代际传递的治本之策。"这是习近平总书记对教育扶贫工作提出的明确要求，也是指导教育扶贫实践的重要指针。原·聚场积极响应政府号召，以社会角色参与到教育扶贫工作中，在重庆市民政局的引导下，对重庆市云阳县泥溪小学儿童之家进行改造，这也是社区运营与政府合作完成更多落地形式的一次尝试（图6-25）。

图6-25　泥溪小学改造扶贫活动图

重庆云阳县泥溪镇地处七曜山市级生态自然保护区，气候四季分明，生态资源丰富，山地特征显著；但同时，由于这里交通不便，其"三高（贫困发生率高、贫困人口占比高、贫困村占比高）、一低（人均可支配收入低）、三差（基础设施差、生存环境差、主导产业带动能力差)、三重(低保、五保、残疾等贫困人口脱贫任务重,因病致贫人口脱贫任务重,贫困老人脱贫任务重)"的深度贫困特征也很明显。2017年8月,泥溪镇被确定为重庆"市级深度贫困镇"。

镇上的泥溪小学始建于1918年。由于当地青年都外出务工了,人口萎缩,留守儿童现象很普遍。罗韶颖觉得,这样的地方要想脱贫摘帽不仅要改善交通条件,更要让当地的孩子得到良好的教育,有一条走出大山的"通路"。泥溪小学有400多名小朋友,因为都是山路,以前小朋友走路上学可能要一两个小时,现在大多选择住宿。原·聚场决定发挥社群营造优势,为学校留出一个公共空间作为全国首个创新型社区儿童之家——迪马泥溪儿童关爱中心(图6-26)。

图6-26 泥溪小学改造前

原·聚场为泥溪小学的孩子们打造了一个高品质、多功能的娱乐空间。据悉,关爱中心遵循"动静分区、科学布局、一室多用、随用随调、筑梦童真、回应需求"的理念,设计了动力书塔、文化梯步、多趣教室和多功能厅,赋予了更多有助于儿童学习成长的功能,能满足当地居民亲子陪伴、文化活动、兴趣集会等多样化需求。中心还有很多功能性设备,帮助他们身心健康成长。如此另类的扶贫形式,比传统开发商纯粹捐物资要有意义得多(图6-27)。

最值得一提的是,泥溪小学有2/3留守儿童,同时留守老人也非常多。在进行改造时,原·聚场设计团队充分考虑到老人活动需求,别出心裁打造了一个既关爱留守儿童,也温暖留守老人的创新型活动空间。而这也是原·聚场最核心的点,时刻瞄准客户需求。

在与政府的合作方面,除贫困小区改造外,原·聚场还积极充当党群活动服务中心。如昆明金马中心原·聚场(图6-28),已经不仅是金马社区居民的文化生活基地,更是云南省目前单层面积最大的党群活动服务中心,总建筑面积为2 600平方米,能辐射周边约3.4万居民。

图 6-27　泥溪小学改造后

图 6-28　昆明金马中心原·聚场

金马中心原·聚场的设计结合了昆明当地多元化的民族特色。与原·聚场以往社区空间不同的是，昆明金马中心原·聚场跨越单一商业空间，立足城市综合空间，主要可分为党群综合服务中心、为民服务中心、综合文化服务中心、社会组织中心四大功能区，设有"三点半"课堂、图书阅览室、健身房等活动场所，以及品味金马、书香金马等滇戏、茶文化等展示、体验区域。在休闲娱乐空间基础以外，还设立为各社会组织提供的办公空间、会议空间等。空间内部形式丰富，无论是对外的商业开放，还是对政府内部的党建建设，都能够保证群众日常集会及社区服务。

同时，金马中心原·聚场还开启了全新运营模式——由政府主导、政社合作、社会参与，联合开发，共同运营。金马中心原·聚场具备多功能的城市公共空间属性，将由整体运营方协助政府运营，其余空间则由社会组织联合会运营。这类创新型方式能够切实保障服务中心的整体可持续经营运转，也为后续投入使用提供更加完善的服务体系（图 6-29）。

图 6-29　昆明金马中心原·聚场

与政府合作探索的原·聚场外拓，更多是以回馈社会为出发点。在持续输出标准化社区运营、提升自身发展的同时结合政府社区服务功能的需求进行共创共建打造，发挥企业在解决社会诉求方面的积极作用，是原·聚场基于自身社区运营的经验与沉淀出的大数据，在市场更迭之际开辟的新拓展路径，也是原·聚场从困顿之局到破局而立的主动应变求变，而这也为行业下半场的创新转型提供了"示范性"探索。

6.3.2　从小区到社区

东原认为，独乐乐不如众乐乐，原·聚场不该局限于服务东原社区，它应该走得更好、更远，它也坚信东原社区外部消费者会非常欢迎它，东原已经在积极推进这件事。在成都市温江区金马街道，"原·聚场"的角色就已经发生了转变。

自 2017 年始，东原集团在金马街道陆续开发了东原西岸和东原悦墅两个商住小区，二者是"姊妹楼盘"，只隔了一条街，周边还有花样年五期、金穗园等小区，现有居民数万人。公共空间紧缺曾是这一片区的"短板"。得知原·聚场将来到金马后，金马街道按照"政府引导、企业投入、多方参与、共建共享"原则，将原·聚场按邻里会聚中心进行打造，由东原集团专业运营团队进行设计，立足金马地域背景、人文特色及空间特点，营造出有温度、有态度的邻里空间。在内部功能分区上，通过一室多用、动静分区、功能整合等方法，在广泛收集民意与调研基础上设置 3 大板块、6 个空间，从东原业主"独享"的小区空间变身"社区邻里中心"，辐射居民人口扩大翻了数倍，成为金马街道金泉社区有口皆碑的"全民共享、全龄友好"社区生活新场景。

对于未来原·聚场的选址与建设，东原也将不再立足自身的小区，重点瞄准社区周边 3～5 千米距离，力求与范围内的小区、物业管理全部打通。也就是说，范围内别的住户也会成为东原新的消费者与业主。这种服务的延伸化也正契合政府导向。一是国家陆续出台促进社区居民服务政策，而国内有大量缺乏社区配套的楼盘；二是国家现在鼓励幼教、幼托等机构的发展，并对文创产业大力扶持。为抓住政策红利期，原·聚场也已经制定出一套择址标准，尽力服务更多社区。

6.3.3 社区商业新生态

2020 年有一个年度热词叫作内循环经济。政府在工作报告明确指出"实施扩大内需战略，推动经济发展方式加快转变"。于是，"社区商业"被频繁提及，并因潜力巨大而被两会及各地政策不断重点点名。另外，国务院还专门发布了《关于促进内贸流通健康发展的若干意见》，明确指出"住宅用地商业面积不低于 10%"。政策春风强吹不断，社区商业迎来新一轮政策利好。

另外，随着城市化进程的加速，生活水平的提高，消费模式也随之升级，再加上电商的冲击，传统远距离的 MALL 已经不能再满足人们的需求，"最后一公里"风口顺势崛起：共享单车、社区巴士，填补出行"最后一公里"；社区驿站、快递行业，解决物流"最后一公里"；社区商业，则打通了生活商圈"最后一公里"，风口正劲。

东原认为，在目前商业同质化的当下，社区商业领域是需要变革的，没有完全发挥其应有的价值。东原商业的理念是全面整合资源创新，为消费者提供更好的服务。因此，东原规划未来利用原·聚场为平台构建社区商业生态小聚落。

原·聚场是比较成熟的社区产品，已经积累了一定的客户资源和活动内容。目前根据市场变化还在不断地更新，商业会充分运用这个基础，整合资源为消费者做加法，突出商业特点，以优质资源的组合为东原社区商业提供丰富多元的升级。东原社区运营的每一步，都是面对市场变化的一次创新。

6.4 案例总结

如今，房地产已经进入下半场角逐，市场环境越来越复杂、用户需求越来越多样化，获得晋升壮大的密码就是走出一条自己的特色之路。东原集团无疑是地产行业的一匹劲马，凭借着极具特色的差异化创新转型之路，成为中国新社区运营模式的创新践行者和社群实体运营的领军者，为社区居民创造了一种全新社区生活模式。

基于对客户的社区生活需求，并结合"社区运营"的持续创新和实践落地，早先东原地产已经梳理出具有鲜明特色的"童梦童享、友邻友趣、乐享乐配、优度优家"四大社区子品牌，为客户提供全生命周期的社区服务，创造更为丰富的社区生活体验。随着互联网时代的来临，人的价值不断被深入挖掘，社区这个人群聚居地也不断被赋予新的意义。作为一家始终坚守初心的房企，东原地产还原了一种最"朴素"的思考：人与人之间的交往，不应该只有虚拟连接那样的冷漠。因此，随着社区运营不断深入，东原不仅希望提供给业主优质的硬件服务，更希望以趣味社区的理念通过软性服务建立人与人之间的连接，实现资源共享。由此，东原推出了原·聚场这一社区实体社群运营空间。并在社区升级的过程中，特别提出了社群概念，希望通过东原社区创造的基础环境，能够让社区中的孩子们，包括他们的家庭更愿意主动参与其中，更具自发性和自主性，用孩子联动家庭，家庭联动社交，以家庭为单位，让社区发生更多的可能性。

原·聚场的成功之处在于"空间 + 内容"的结合，其利用庞大的业主资源和已有的空间优势，以社群运营带动业主们彼此互动连接和社区自治。三年来，原·聚场的运营团队不断实践探索，品牌成熟度和创新度双双得到提升，原·聚场的发展已不仅是空间的模块标准化和全国多城市拓展，更引人注目的是从运营管理到内容输出等成体系发展，在品牌和推广维度的聚能升级等。原·聚场已经不仅局限于一个品牌，而且已经具备较强的复制能力。在空间利用上，原·聚场通过空间设计、内容运营及资源引入，对低频效和闲置物业资产进行更新，重建空间价值，让空间发挥更有效的作用。在社群运营上，原·聚场充分利用在获取社区及案场客户流量上的优势，通过对数据分析，形成客户肖像、客户寻找、内容植入、产品触达、销售转化的全流程精准营销。同时，充分发挥原·聚场超级 IP 的文化内涵，在内容制造、知识产权输出、空间运营、衍生品消费等方面尝试形成多元的业务链，让原·聚场的 IP 价值实现最大化。

在当今激烈的市场竞争下，把握地产"最后一公里"的前提是做好社区生活服务，实现社区与企业的连接。作为其中的佼佼者，未来东原地产在打造"俱乐社区"的同时，将继续注重研究人与人之间行为关系的变化，并将不再局限于社区，从一个社区运营者逐步向城市运营者转型。毋庸置疑，在行业变革浪潮下，东原已经成功把握住社区服务的命脉，谋势而动，这也为行业下半场的创新转型提供了"示范性"探索。

思考？
练习题

1. 以东原为例，思考企业方向与社会需求的关系。
2. 思考"人、社群、社区"之间的关系。
3. 以原·聚场为例，思考：什么才是社区运营的正确道路？
4. 为什么原·聚场的商业模式可复制、可外拓？

第4篇 创 新

远大住工的新装配式建筑
易居 EBaaS 不动产联盟平台

从装配式建筑的专业化、定制化、智能化和可持续化
从房地产区块链应用的去中心化、透明化和安全化
用新的技术注入产品，高效节能环保
用数字化融入管理，打破行业信息孤岛
以创新的手段，填补行业的空白，促进行业智能发展

7 远大住工的新装配式建筑:

现代化之梦，执着前行

机器的生产方式是现代工业最本质的特征。

——拉法格（法）

案例导读

自 2016 年以来，在中央政府装配式建筑发展计划和激励政策的引导下，全国各省市纷纷开启了装配式建筑的发展热潮，房地产行业的巨头万科、碧桂园、华润、中海地产等也纷纷开始了装配式建筑之行。与此同时，作为中国建筑工业化先行者和领军者的远大住工，为房地产行业的升级提供了强大的装配式建筑技术支撑。远大住工是为建筑产业现代化服务的平台企业，早在 1996 年，它就进入建筑工业化领域，历经 20 余年发展，远大住工拥有了8 代装配式建筑产品体系，广泛涉足装配式高层建筑、装配式多层建筑、装配式别墅、装配式商业建筑和装配式市政项目，为建筑市场提供全球化、规模化、专业化及智能化的装配式建筑制造与服务。

7.1 装配式建筑兴起背景

装配式建筑是指采用标准化的设计、工厂化的生产、装配式的施工、信息化的管理，将建筑结构构件、部品部件等，运输至现场进行现场装配安装的一种建造方式。装配式建筑以其独特的建筑审美价值以及节能、节水、节地、节材、绿色环保的优势，近年来在国家的大力推动下，得到了快速发展。综合来看，装配式建筑是在以下背景中兴起的。

7.1.1 背景一：《中国制造 2025》及相关强国政策

在新的历史时期，以习近平同志为核心的中央领导集体以全球视野和战略眼光，立足治国理政全局，提出实施制造强国战略。2015 年 3 月 5 日，李克强在全国两会上作《政府工作报告》时首次提出"中国制造 2025"的宏大计划；2015 年 3 月 25 日，李克强组织召开国务院常务会议，审议通过了《中国制造 2025》；2015 年 5 月 19 日，国务院正式印发《中国制造 2025》。作为未来 10 年引领制造强国建设的行动指南和未来 30 年实现制造强国梦想的纲领性文件，《中国制造 2025》瞄准实现"两个一百年"奋斗目标，为中国制造业发展和产业升级指明了道路和方向，全面开启了中国制造由大变强之路。

经过改革开放多年的高速增长，我国经济已进入以增速换挡、结构转型和动力转换为特征的"新常态"。如何既能保持中高速增长，又能推动产业迈向中高端水平，关键还是要切实转变经济发展方式、推动产业结构的战略性调整。制造业是转方式、调结构的主战场。主动适应和引领经济发展新常态，形成新的增长动力，重点在制造业，难点在制造业，出路也在制造业。《中国制造 2025》着眼解决我国制造业面临的突出矛盾和问题，加快建立现代产业体系，提出了指引未来 10 年乃至 30 年制造业发展，并要求一以贯之执行的 30 字基本方针：坚持创新驱动；坚持质量为先；坚持绿色发展；坚持结构优化；坚持人才为本。

在《中国制造 2025》带来新一轮科技革命和产业变革背景下，作为中国制造重要组成部分的建筑业，也正在经历翻天覆地的变革和快速的升级。这个过程中，具有节能、环保、高效等特征的装配式建筑，逐渐成为当下我国各方关注的焦点。与此同时，有关装配式建筑的各种新概念和新模式，例如产业链有机集成、并行装配工程、低能耗预制、绿色化装配、机器人敏捷建造、网络化建造和虚拟选购装配等，不断涌现。随着科技革命和产业变革不断的深入发展，未来装配式建筑模式的建造系统与产业体系必将全面超越传统建筑模式。

7.1.2 背景二:"供给侧结构性改革"及相关供给政策

改革开放多年来,中国经济持续高速增长,成功步入中等收入国家行列,已成为名副其实的经济大国。但随着人口红利衰减、"中等收入陷阱"风险累积、国际经济格局深刻调整等一系列内因与外因的作用,经济发展正进入"新常态"。2015年以来,我国经济进入了一个新阶段,主要经济指标之间的联动性出现背离,经济增长持续下行与CPI持续低位运行,居民收入增加而企业利润率下降,消费上升而投资下降,等等。简言之,中国经济的结构性分化正趋于明显。为适应这种变化,2015年11月10日在中央财经领导小组第十一次会议上,领导人首次研究提出了"供给侧结构性改革"的概念:在适度扩大总需求的同时,着力加强供给侧结构性改革,着力提高供给体系质量和效率,增强经济持续增长动力,推动我国社会生产力水平实现整体跃升。简言之,供给侧结构性改革即是用改革的办法推进结构调整,减少无效和低端供给,扩大有效和中高端供给,增强供给结构对需求变化的适应性和灵活性,提高全要素生产率,使供给体系更好适应需求结构变化。

从经济学视角来看,需求侧有投资、消费、出口"三驾马车",决定了短期经济发展;供给侧有劳动力、土地、资本、创新四大要素,各要素在充分配置的条件下,可实现经济中长期潜在增长。然而,2015年,建筑业在基础设施投资增长和PPP示范项目纷纷落地的同时,全国固定资产投资下滑(2015年的实际增速较2014年回落2.9%);在城镇化发展的潜力巨大的同时(2014年末,我国城镇化率为54.77%),建筑业房屋建筑施工面积出现了负增长。与此同时,行业粗放型发展、管理落后、产能过剩严重、债务高企等成为普遍现象。这些都说明,建筑业靠投资拉动的增长模式已经失灵,以需求侧管理刺激建筑业发展,增长空间有限,必须将目光锁定在供给侧,通过解放生产力、提升资源配置效率、打造核心竞争力,才能重塑中国建筑业发展生态。

建筑业的供给侧结构性改革涉及优化产业结构、建筑产业现代化、市场开拓、优化市场发展环境等方面的改革。2016年国务院办公厅印发《关于大力发展装配式建筑的指导意见》,文中指出,发展装配式建筑是建造方式的重大变革,是推进供给侧结构性改革和新型城镇化发展的重要举措,有利于节约资源能源、减少施工污染、提升劳动生产效率和质量安全水平,有利于促进建筑业与信息化工业化深度融合、培育新产业新动能、推动化解过剩产能。此后,按照党中央、国务院的总体部署,住房和城乡建设部稳步推进装配式建筑发展,指导各地出台相关政策措施,相继编制了《装配式混凝土建筑技术标准》(GB/T 51231—2016)、《装配式钢结构建筑技术标准》(GB/T 51232—2016)、《装配式木结构建筑技术标准》(GB/T 51233—2016)和《装配式建筑评价标准》(GB/T 51129—2017)等标准规范,装配式建筑技术体系日益成熟。通过认定一大批装配式建筑示范城市和产业基地,建设一定规模的试点示范工程项目，为全面推进新型建筑工业化奠定了良好的发展基础。装配式建筑为代表的新型建筑工业化快速推进，建造水平和建筑品质明显提高。

7.1.3 背景三：建筑工业化发展

建筑工业化是指充分利用工业化、现代化的制造、运输、安装和管理的科学技术代替传统建筑业的手工作业生产方式。建筑工业化的概念最早是由西方国家提出，是为解决第二次世界大战后欧洲国家在重建时亟须建造大量住房而又缺乏劳动力的矛盾。建筑工业化的主要标志是建筑设计标准化、构配件生产流水化、施工机械化和管理控制科学化。

传统建筑生产方式，是将设计与建造环节分开，设计环节仅从目标建筑体及结构的设计角度出发，而后将所需建材运送至目的地，进行露天施工，完工交底验收的方式。建筑工业化生产方式，是设计施工一体化的生产方式，从标准化的设计，至构配件的工厂化生产，再进行现场装配的方式。建筑工业化颠覆传统建筑生产方式，最大特点是体现全生命周期的理念，将设计、施工环节一体化，设计环节成为关键，该环节不仅是设计蓝图至施工图的过程，而且需要将构配件标准、建造阶段的配套技术、建造规范等都纳入设计方案中，从而将设计方案作为构配件生产标准及施工装配的指导文件。由此也可以看出，建筑工业化生产方式是装配式建筑存在的基础。除此之外，混凝土预制（PC）构件生产工艺也是关键，在 PC 构件生产过程中需要考虑到诸如模具设计及安装、混凝土配比等因素。

建筑业传统手工生产方式存在生产率低下、能源消耗大、环境污染严重、质量控制水平低等问题，易引发社会矛盾。建筑工业化采用工厂化、流程化的施工方法，像造汽车一样造房子，产品质量按科学的方法控制；采用规模化、集约化的生产模式还可降低造价，真正做到物美价廉；建筑工业化技术更新快、节能环保、可持续化，是我国绿色建筑发展的主要途径和必然选择，也是解决当前环境问题的首选方式。

与此同时，建筑工业化在技术方面正向着以下的方向发展。

（1）通用化与新型建筑体系。目前某些发达国家建筑工业化在既有标准化、模数化的基础上，向通用化方向深度发展，并研发出多种新型建筑体系，如新型钢结构、新型钢混结构、新型木结构等。目前，瑞典和日本建筑部品通用化程度较高，可以根据建筑需要直接进行组合。

（2）定制化、集成化。将制造业中定制化概念引入建筑工业化生产中，形成模块化设计和生产定制建筑，提升客户体验，满足个性化需要。运用建筑技术集成化，提升科技含量，提高建筑设施精细化程度，降低功能造价，节省建筑空间，在提升建筑使用舒适性、便利性的同时，实现经济性优势。

（3）专业化服务体系。在技术进步和对建筑体系更为细致剖析的基础上，打造形成更具针对性的新型工程技术服务体系，催生出分工更加明确、专业化程度更高的施工队伍。例如，模板工程由传统的混凝土工程组成部分，进化为从模板安装设计到模板拆除的独立商品运营模式，订购、选购、租赁、安装、维修、拆除等实现了一体化运营，提高了建筑工程生产效率，缩短了工期，降低了造价，改善了施工场地环境。

（4）贯彻绿色、可持续发展理念。采用绿色建筑设计标准，使用绿色建筑技术与节能技术，打造绿色建筑。在实现节约资源、降低能耗的基础上，能够创造出健康、舒适的建筑环境，并与周围生态环境相协调，改造周围的自然环境和景观，实现人与自然可持续和谐发展。

（5）智能化。从技术发展周期理论来说，智能化技术还处于上升期。在"互联网+""大数据"等国家发展战略的实施带动下，建筑工业化融合智能化技术成果，向自动控制、系统集成、综合管理等智能化方向发展，前景广阔。例如，建筑需要各专业协同配合、各种技术"集成"，BIM技术就是这种配合集成的主线。它可以从方案设计到现场构件装配，到后期运维阶段，乃至日后建筑拆除进行全面把控，将建筑、结构、机电等相关专业进行集成设计，有效地将各个部门融合在一起，分工更为明确，大大提高建造和管理的精准度。

（6）3D打印。如今，3D打印建筑建造的过程是根据电子版的设计图纸，利用特殊打印材料打印建筑构件，再将构件运至施工现场进行组装。为使打印的建筑构件之间衔接得更加牢固，在墙与墙之间可使用钢筋水泥进行二次"打印"灌注，从而使结构连成一体，结构体系更稳固。该技术效率极高，质量可控，可大大节省人力，缩短工期。未来，随着3D打印技术的提高、材料科学的进步，可以实现打印整幢建筑。

伴随着这些建筑工业化技术的日臻成熟，更高效、更节能、更环保、更具市场竞争力的装配式建筑将成为现实。

知识点：
我国建筑工业化的发展历程简介

建筑工业化在我国起步于20世纪50年代，我国借鉴苏联经验，在重点工业建设中以装配化和施工机械化为重点开始发展建筑工业化。

20世纪70年代以后，我国政府曾提倡建筑实现三化，即工厂化、装配化、标准化，在这一时期，预制混凝土在我国发展迅速，在许多建筑领域被普遍采用，为我国建造了几十亿平方米的工业和民用建筑。到20世纪80年代末，全国已有构件厂数万家，全国预制混凝土年产量达2 500万立方米。装配式混凝土建筑和采用预制空心楼板的砌体建筑成为两种最主要的建筑体系，应用普及率达70%以上。兴起中国第一次装配式混凝土建筑高潮。然而从20世纪80年代后期，由于预制装配结构的造型单一、防水技术落后、研发水平不足、抗震整体性和设计施工管理的专业化不够等问题，装配式混凝土建筑的应用逐渐减少，装配式混凝土建筑逐渐被全现浇混凝土建筑体系取代，装配式混凝土建筑技术逐渐退出国内建筑市场，进入低潮阶段。

21世纪以来，我国经济发展的速度不断加快，这也进一步促进了建筑行业的高速发展，建筑行业由此进入了高速发展的新时期。不过，我国在传统建筑生产方式上也同样存在许多问题，如劳动力缺乏问题、环境污染问题等，这些问题严重阻碍了我国建筑行业的工业化发展。以此为契机，装配式结构的优点重新得到重视，并且随着建筑节能减排和住宅产业化的发展及要求，装配式结构的研究、试点和推广逐步升温。

7.2 远大住工简介及其装配式智能制造系统

7.2.1 远大住工简介

长沙远大住宅工业集团股份有限公司（简称远大住工），致力于实现建筑业现代化，是中国装配式建筑行业中首家完整运用全流程数字信息化体系的企业，也是首家拥有专属知识产权的全产业链技术体系的企业，提供全球化、规模化、专业化及智能化的装配式建筑制造与服务（图7-1）。

图7-1 远大住工集团企业文化

早在1996年，远大住工进入建筑工业化领域。历经20余年发展，作为中国建筑工业化的开创者和领军者，远大住工拥有了8代装配式建筑的产品体系、全国领先的信息系统、超过2亿平方米的工业化项目实践累积的经验和覆盖中国的战略性工厂布局。从产品供给、技术服务，到标准共建，远大住工已为超过300家房企客户提供装配式建筑整体解决方案；与前10大房地产开发商、前10大建筑企业中的9家，建立了稳定长期的共生发展关系。远大住工已连续三年蝉联装配式首选品牌行业首位，深受市场和客户信赖。

远大住工是唯一一家拥有工信部2018年智能制造试点示范项目的装配式建筑企

业。依托 PC 构件的一流制造能力和中国装配式建筑领域首款基于 BIM 平台的正向设计软件 PC Maker I，以及装配式建筑全流程数字化解决方案——PC-CPS 智能制造管理系统，远大住工打通了设计、制造、施工和运维的全产业链条的每一步。

根据弗若斯特沙利文 ① 数据显示：按 2018 年的收益计，远大住工在中国 PC 构件制造业务中，占据市场份额的 13.0%；在 PC 设备制造业务中，市场份额达到 38.3%。远大住工是同时具备 PC 构件制造和 PC 生产设备制造能力的全球领先的装配式建筑服务提供商。2019 年 11 月，远大住工在香港联交所主板上市，成为装配式建筑行业香港 IPO（Initial Public Offering）第一股。

未来，远大住工将持续提高研发能力、提升智能制造软实力及构筑核心竞争力，搭建行业大数据平台，并带动产业互联网平台体系的全面整合，成就"技术的远大""制造的远大"和"合作的远大"，推动中国建筑工业现代化。

远大住工集团发展历史如图 7-2 所示。

图 7-2　远大住工集团发展历史

---

① 弗若斯特沙利文：即 Frost & Sullivan 公司（弗若斯特沙利文公司），是一家国际著名的市场研究、出版和培训公司，1961 年成立于纽约，总部位于美国加州硅谷的心脏圣何塞市，以自己独创的"市场工程体系"服务于大量世界顶尖的高科技公司。

7.2.2 远大住工 PC-CPS 智能制造系统

远大住工开发的 PC-CPS 智能制造系统，是一种装配式建筑全流程数字化解决方案，是具有"建筑工业 4.0"特征的系统。PC-CPS 智能制造系统应用数字孪生技术，在 Cyber（数字）空间完成设计、生产、物流、施工、运维的全过程，将不确定的建筑实施过程确定化，并通过物理空间和数字空间精准映射，虚实交互，智能干预，指导 Physical（物理）空间的建筑建造实施（图 7-3）。通过将产业链各种要素进行数字化的定义，完成按需响应的柔性制造，促进和实现整个建筑建造过程的高效化、智能化和可视化，进一步提升房屋的产品质量和建造效率。

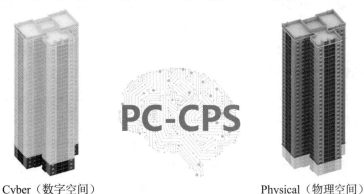

Cyber（数字空间）　　　　　　　　　Physical（物理空间）

图 7-3　PC-CPS 智能制造系统映射图

为了运行 PC-CPS 智能制造系统，设立了远大住工数据运用中心。它主要负责收集、整理远大住工各方面信息系统数据和实际工控数据。例如市场数据、技术数据、采购数据、生产数据、财务数据和人力数据等，实时更新，信息协同；进行周期维度的看板管理和数据关联分析，自动预警（图 7-4）。

图 7-4　大数据实时监控预警平台

7.3 三大标志性品牌概念的远大住工

远大住工经过多年的不懈努力，在装配式建筑市场和行业内获得了广泛的认可，形成了三大标志性概念的远大住工品牌：技术的远大、制造的远大和合作的远大。同时，这三大标志性品牌概念也是远大住工对自身的定位和对未来事业的追求。

7.3.1 技术的远大

远大住工致力于实现数字设计、数字工厂和数字工地，并引领建筑工业4.0。"建筑工业4.0"是以智能制造为主导的建筑行业第四次工业革命，或革命性的生产方法，旨在通过与信息物理系统（CPS，Cyber-Physical System）相结合，实现制造系统的实时感知动态控制和信息服务引导制造业向智能化转型。经过20余年的不断努力，逾1 000个项目实践，远大住工开发出了8代产品技术体系，并逐渐形成了"远大住工装配式建筑体系"等一系列体系。

远大住工建筑标准聚焦以技术优势填补行业空白，已主编和参编多项国家标准、行业标准和地方标准，积极推动装配式领域标准化建设，助力行业规范发展。截至2019年4月30日，远大住工已参与制定3项国家标准、1项行业标准及27项省级标准（表7-1），并编制三本出版图集和五本专业专著，远大住工拥有软件版权12项及专利723项。

表7-1 远大住工部分参与制定行业标准

序号	标准名称	级别	标准状态	标准号	参与方式
1	装配式混凝土结构技术规程	中华人民共和国行业标准	发布	JGJ 1—2014	参编单位
2	装配式混凝土建筑技术标准	中华人民共和国国家标准	发布	GB/T 51231—2016	参编单位
3	工业化建筑评价标准	中华人民共和国国家标准	发布	GB/T 51129—2015	参编单位
4	民用建筑节约材料评价标准	中华人民共和国国家标准	发布	GB/T 34909—2018	参编单位
5	建筑构配件术语	中华人民共和国国家标准	发布	GB/T 39531—2020	参编单位
6	螺栓连接多层全装配式混凝土墙板结构技术规程	团体标准	发布	T/CECS 809—2021	主编单位
7	装配式混凝土建筑结构技术管理指南	团体标准	发布	T/CSPSTC 46—2020	参编单位
8	装配式混凝土结构建筑信息模型分类与编码	团体标准	发布	T/CSPSTC 49—2020	参编单位

续表

序号	标准名称	级别	标准状态	标准号	参与方式
9	预制集成外保温墙板应用技术规程	团体标准	发布	T/CSPSTC 52—2020	参编单位
10	混凝土叠合楼盖装配整体式建筑技术规程	湖南省地方标准	发布	DBJ 43/T 320—2013	主编单位
11	混凝土装配——现浇式剪力墙结构技术规程	湖南省地方标准	发布	DBJ 43/T 320—2015	主编单位
12	盒式连接多层全装配式混凝土——板结构技术规程	湖南省地方标准	发布	DBJ 43/T 320—2017	主编单位
13	湖南省预制装配整体式混凝土综合管廊结构技术标准	湖南省地方标准	发布	DBJ 43/T 329—2017	主编单位
14	湖南省绿色装配式建筑评价标准	湖南省地方标准	发布	DBJ 43/T 322—2018	参编单位
15	湖南省装配式混凝土结构住宅统一模数标准	湖南省地方标准	发布	DBJ 43/T 331—2017	参编单位
16	湖南省装配式建筑混凝土预制构件与验收标准	湖南省地方标准	发布	DBJ 43/T 230—2019	参编单位
17	湖南省装配式混凝土结构城镇住宅图集	湖南省技术导则	发布		参编单位
18	湖南省装配式混凝土结构城镇住宅图集	湖南省地方标准图集	发布	湘 2015G101-1 ～ 8	主编单位
19	湖南省芙蓉学校标准设计图集	湖南省标准图集	发布	湘 2018J002-2	参编单位
20	长沙市装配式综合管廊实施导则	长沙市实施导则	发布		参编单位
21	装配整体式预制混凝土预制制作与验收导则	合肥市地方标准	发布	DBHJ/T 013—2014	主编单位
22	装配整体式建筑预制混凝土构件制作与验收规程	安徽省地方标准	发布	DB34/T 5033—2015	主编单位
23	装配整体式混凝土结构工程施工及验收规程	安徽省地方标准	发布	DB34/T 5043—2016	参编单位
24	安徽省装配式住宅全装修技术规程	安徽省地方标准	发布	DB34/T 5070—2017	参编单位
25	装配整体式混凝土结构工程施工质量验收规范	浙江省地方标准	发布	DB33/T 1123—2016	主编单位
26	装配式结构工程施工质量验收规范	江苏省地方标准	发布	DGJ32/J 184—2016	参编单位
27	装配式混凝土结构工程施工与质量验收规程	陕西省地方标准	发布	DBJ61/T 118—2016	参编单位
28	预制装配式混凝土综合管廊工程技术规程	陕西省地方标准	发布	DBJ61/T 150—2018	主编单位
29	装配式建筑评价标准	山东省地方标准	发布	DB37/T 5127—2018	参编单位
30	城市地下综合管廊工程设计规范	山东省地方标准	发布	DB37/T 5109—2018	参编单位

1．PC-CPS 全智能信息平台

（1）PCMaker Ⅰ。远大住工与中国建研院合作开发出了 PCMaker Ⅰ。PCMakerI 是基于实际装配式建筑项目应用而开发的一款基于 BIM 平台的装配式正向设计软件，用于实现装配式建筑设计由传统向智能化的转型。PCMakerI 具有三维模式下的模型创建、构件拆分、结构计算、构件设计、装配式检查、数据统计等功能，能为设计、生产、施工、物流、运营提供准确信息。

（2）数字工地支持服务平台。打造面向工业化建筑工程管理与实务的创新服务平台，为客户提供满足工程项目建设过程管控要求的信息化解决方案。基于大数据的业务管理分析，提供施工标准和过程管理指导服务，实现最高品质、最安全、最精益，做到建设效率最大化。

2．技术服务组织

（1）远大住工设计院。湖南远大工程设计有限公司是远大住工集团的全资子公司，具有建筑行业（建筑工程）甲级、风景园林工程设计乙级、城乡规划丙级设计资质，拥有设计人员 300 余人，专注于装配式建筑的设计研发工作，提供整体技术解决方案。设计院承担远大住工对装配式建筑研发设计及技术推广等多项职能，为装配式建筑提供了设计服务与施工咨询服务。

（2）远大住工重点实验室。远大住工着力打造了六大重点实验室，助力远大技术的不断进步。

1）标准实验室。携手大型房地产企业建立与标准化产品体系相配套的装配式建筑技术支持服务体系，在产品端实现标准化、数字化。

2）模块实验室。对接制造业设计理念，将建筑设计模块化，创建通用模块库，简化设计工作。

3）数字实验室。利用信息技术及大数据对数字模型进行研究，及数字工具的开发和应用。

4）工艺实验室。研究装配式建筑的全过程实现工艺技术，建立标准模块的通用化工艺数据库，实现模块的数字制造与数字建造，为后端生产、施工的实施提供强大的数据支撑。

5）图形实验室。研究建筑产品的可视化表达，配合装配式建筑标准化、模块化、通用化进程，进行图形与数据的分离与互换，以及模块选型技术的可视化研究。

6）区块链实验室。利用区块链技术实现智能合约管理，持续开发包括审批、采购、验证、监理、资产交接等在内的建筑管理过程，实现直接交易，提升项目交易的透明度和安全性。

7.3.2　制造的远大

装配式建筑，是将传统施工现场的大部分工作转移到工厂完成，由工厂生产

预制构件，然后通过相应的运输方式运到现场，采用可靠的安装方式装配而成的建筑。但装配式建筑不是简单的"工厂预制"＋"现场装配"，远大住工运用现代工业手段和现代工业组织，对建筑建造各个阶段的生产要素通过技术手段进行集成和系统的整合，从而实现建筑的标准化、构件生产工厂化、建筑部品系列化、现场施工装配化，从而提高质量和效率，降低成本和能耗。

在建筑预制构件等的工厂化生产上，远大住工采用柔性智能生产线，其具有模具通用化、流程标准化、台车共享化、作业傻瓜化等特点，从传统的生产方式转变成柔性智能的生产方式。同时，构件等管理采用"一物一码，数据驱动"（图 7-5）和大数据实时监控预警平台（图 7-4）。一物一码系统是一个全方位协同系统，从预测到收货全流程实时协同，扫码收货一键完成。

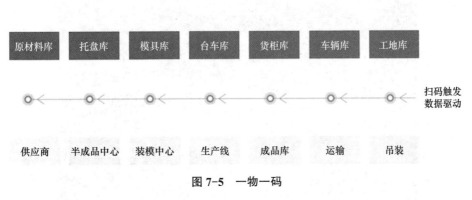

图 7-5 一物一码

1. 工厂预制

远大住工推进建筑工业化，将工地的大部分工作转移到工厂，改善了劳动者的工作环境，工作进度不受天气的影响；将大部分手工作业转变为机器生产（图 7-6），降低了劳动者的工作强度，同时提升了工作效率；将工地粗放式操作和管理转变为工厂流水线作业（图 7-7 ～图 7-9），进一步提升了生产效率，同时减少了资源的消耗。构件的生产中，远大住工采用快速换模系统、节拍式生产。

2. 现场装配

由于大部分构件在工厂预制完成，运到施工现场后装配（图 7-10、图 7-11），现场不需要堆放大量原材料，不需要大规模支模、拆模，从而减少了建筑垃圾的产生，同时也降低了施工人员的数量。

装配式建筑与传统建筑方式相比，具有质量可控、成本可控、进度可控等多项优势，施工周期仅为传统方式的 1/3，同时用工量也大大减少，施工现场无明显粉尘、噪声、污水等污染，可以做到节水 80%、节能 70%、节材 20%、节地 20%，真正实现了"五节一环保"，一举解决了保温、防水抗渗、隔声抗震等传统建筑的通病。

图 7-6　专业模具生产，精度高、效率高、重复利用

图 7-7　流水线生产，效率高、质量稳定可控

图 7-8　专用存运工具，安全有序

图 7-9　整体装车，安全、高效

图 7-10　预制构件吊装

图 7-11　预制构件现场拼装

装配式建筑的节能环保，不仅仅体现在建筑的建造过程中，更体现在建筑的长期使用过程中。夹心保温外墙（图 7-12）技术的应用，使建筑在使用过程中的保温、隔热效果大幅提升，解决了传统建筑保温效果不好，保温材料容易脱落起火的缺点，使住房成为安全可靠、节能环保的绿色建筑。

图 7-12　夹心保温外墙板，保温、防火、耐候性能优良

7.3.3　合作的远大

2015 年，为快速把握市场增长及善用行业的蓬勃发展，远大住工革新并开展远大联合计划：携手开发商、政府平台公司、建筑商、设计院（图 7-13），联合进行产业投资，共建、共享、共赢。

远大联合计划（图 7-14）推广了远大住工的管理体系，扩大了行业影响力，助力远大住工全资工厂和联合工厂双轮驱动模式的运行。截至 2020 年 12 月 31 日，已注册 62 家联合公司（图 7-15）。

全方位合作

聚焦产业，聚拢资源，共谋发展，构筑建筑产业全新生态。

图 7-13　远大住工部分合作单位

远大联合计划

输出品牌　　　输出技术　　　输出管理　　　参与投资

图 7-14　远大联合计划

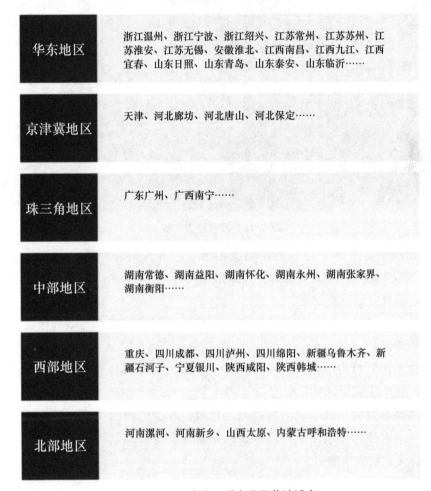

华东地区	浙江温州、浙江宁波、浙江绍兴、江苏常州、江苏苏州、江苏淮安、江苏无锡、安徽淮北、江西南昌、江西九江、江西宜春、山东日照、山东青岛、山东泰安、山东临沂……
京津冀地区	天津、河北廊坊、河北唐山、河北保定……
珠三角地区	广东广州、广西南宁……
中部地区	湖南常德、湖南益阳、湖南怀化、湖南永州、湖南张家界、湖南衡阳……
西部地区	重庆、四川成都、四川泸州、四川绵阳、新疆乌鲁木齐、新疆石河子、宁夏银川、陕西咸阳、陕西韩城……
北部地区	河南漯河、河南新乡、山西太原、内蒙古呼和浩特……

图 7-15　远大住工联合公司落地城市

7.4　远大住工现代化装配式建筑案例

7.4.1　装配式高层建筑案例

万科魅力之城（图 7-16）的建筑面积为 41 815.04 平方米，其预制构件包括外墙挂板、叠合楼板、叠合梁、楼梯、空调板。项目采用内浇外挂的结构体系，水平叠合、竖向现浇。

图 7-16 万科魅力之城

装配式高层建筑多采用预制和现浇相结合的方式进行施工，主体结构等同现浇，而实际施工质量控制优于现浇。常用的有两种结构体系，两种体系水平方向均采用叠合，竖直方向分别如下。

第一种是内浇外挂的结构体系，即水平叠合，竖向现浇，外墙挂板通过连接钢筋挂在主体结构上。

第二种是预制剪力墙体结构系，即水平叠合，竖向部分预制、部分后浇，预制剪力墙竖向通过灌浆套筒上下连接。

两种体系都致力于减少现场的现浇工作量，减少模板的使用，降低施工人员的工作强度，同时注重外墙保温，最重要的是将保温材料预制到混凝土中间，使其具有优良的防火、耐候性能。

7.4.2　装配式多层建筑案例

1. 湖南省委周转楼项目（图 7-17）

多层建筑通常采用自承重的结构体系，预制墙板承载建筑重量，不需要柱子或剪力墙，结构简单可靠，预制率高。该体系，楼板采用叠合或全预制，墙板竖向通过插筋灌浆连接，水平方向通过钢丝绳锚环连接。

2. 北京·青棠湾项目（图 7-18）

青棠湾项目位于北京市中关村永丰高新技术产业基地，因项目所在基地为海淀区重点发展项目之一，本项目定位为面向高端人群的公租房。项目总用地面积

图 7-17　湖南省委周转楼

图 7-18　北京·青棠湾公租房

109 269.9 平方米，总建筑面积 325 448 平方米，地上面积 221 674 平方米，其中公租房面积 207 191 平方米，地上住宅最高 12 层，标准层建筑层高 2.8 米，建筑高度最高约 36 米，地下室为停车库及人防物资库。

项目住宅部分主体采用装配整体式混凝土剪力墙结构体系，预制构件有预制夹心剪力墙、预制内墙、预制叠合楼板、预制阳台板、预制空调板、预制楼梯。内装系统采用 SI 技术体系，将 S（支撑体）和 I（填充体）分离，减少机电设备和内装对结构主体的损害，延长房屋整体使用寿命，方便机电设备和内装的检修和更新维护，解决结构支撑体和填充体不同寿命的难点。

本项目方案设计阶段结合装配式建筑的特点，执行了标准化设计的理念。户型设计上，按照面积分为 40 系列、50 系列、60 系列。由三种标准户型组合出 5 种标准化单元模型，其中以 T3 和 T4 单元为主力单元户型，厨房和卫生间均采用标准化设计，如图 7-19、图 7-20 所示。

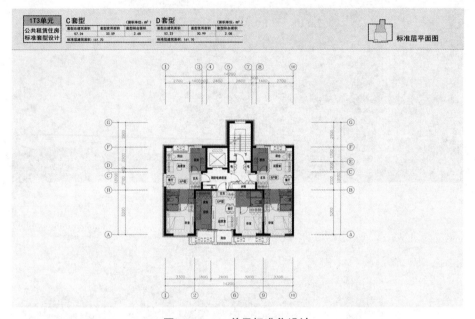

图 7-19　T3 单元标准化设计

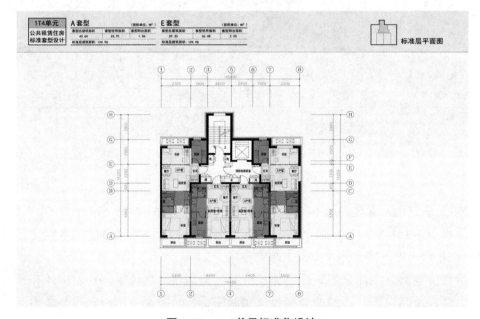

图 7-20　T4 单元标准化设计

预制构件的拆分设计根据楼栋结构布置，采用标准化的拆分设计（表7-2～表7-6）。预制叠合楼板拆分时，楼梯前室等公共空间、厨房、卫生间、楼梯平台采用现浇楼板，其他区域均为叠合楼板。建筑外墙周边采用了预制夹心外墙板，避免了保温后贴带来的安全问题，节约了外墙模板，提高了施工效率。

表 7-2　户型开间尺寸模数化

类型	宽度净尺寸 /mm	长度净尺寸 /mm	扩大模数 1M=100 mm
A 户型	4 200	6 000	2M
B 户型	6 000	6 000	2M
C 户型	7 400	5 000	2M
D 户型	10 200	3 100	1M
E 户型	11 100	3 100	1M

表 7-3　厨房的模数化、标准化和系列化

厨房所在户型	宽度净尺寸 /mm	长度净尺寸 /mm	扩大模数 1M=100 mm
A 户型	1 500	2 700	1M
B 户型	1 700	2 900	1M
C 户型	1 500	2 400	1M
D 户型	1 500	2 700	1M
E 户型	1 700	2 700	1M

表 7-4　卫生间的模数化、标准化和系列化

宽度净尺寸 /mm	长度净尺寸 /mm	扩大模数 1 M=100 mm
1 250	1 700	1/2 M
1 350	1 850	1/2 M

表 7-5　楼梯的模数化、标准化和系列化

楼梯类别	踏步最小宽度 /mm	踏步最大高度 /mm	扩大模数 1 M=100 mm
住户共用楼梯	260	175	1/2 M

表 7-6　建筑门窗设计的标准化和系列化

类型	最小洞宽/mm	最小洞高/mm	最大洞宽/mm	最大洞高/mm	基本模数	扩大模数
门洞口	800	2 100	1 800	2 300	3M	1M
窗洞口	600	1 400	1 800	2 200	3M	1M

项目内装通过部品标准化的设计来实现（图 7-21）。采用了整体厨房、整体卫浴、整体收纳、户内轻钢龙骨隔墙、同层排水、局部架空地面、统一设置管道检修口等优良部品，实现内装技术的干式施工工艺，提高了施工质量和住宅品质。

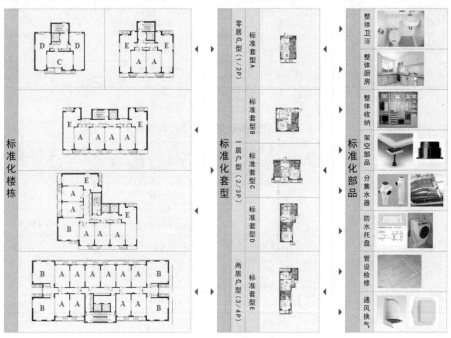

图 7-21　标准化单元模型

户内隔墙采用轻钢龙骨石膏板，在设计上为灵活分隔提供可能性，使将来的空间变化更加容易，同时建筑物自身轻量化，桩基、结构体的成本可降低，装修工期缩短，成本也可控（图 7-22）。

7.4.3　装配式别墅项目

1．2020 年远大美宅产品

远大美宅是远大住工旗下工业化别墅产品，保留远大住工装配式特点"好、快、便宜"，秉承远大住工集团领先行业的工业化造房标准，以服务品牌开发商的装配式建筑技术实力，助力建设新时代美丽乡村，通过一站式无忧服务，省时、省力、省钱、更省心，快速打造更具科技力与品质感的乡村高端别墅产品（图 7-23、图 7-24）。

图 7-22　户内轻钢龙骨墙体部品示意

图 7-23　美宅公园（展馆）实景图

图 7-24　2020 年款远大美宅产品——凡尔赛

远大住工装配式别墅的主体工艺采用全装配预制混凝土结构体系，抗震烈度达 8 度以上，外墙饰面与墙体在工厂一次压模成型（图 7-25），机械化施工，精度达毫米级，无须现场贴砖，不脱落，经久耐用。

图 7-25　外饰面与墙体一次成型

2．2021 年魔豆系列产品

远大住工旗下全资子公司远大魔方推出的模块化建筑产品——魔豆系列，通过提供更绿色节能、更高效率、更超值性价比的模块化空间产品技术体系研发与生产制造服务，致力于打造以供应链为基础的产品公司和产业互联网平台，不断颠覆对于未来居住空间的定义，实现产业革新。魔豆产品普遍运用于乡村民宿、旅游度假区、众创办公空间、魅力乡村建设、生态文旅小镇、咖啡店、书店等（图 7-26、图 7-27）。

图 7-26　部分魔豆产品展示——魔豆Ⅲ A

图 7-27 部分魔豆产品展示——魔豆Ⅲ A

7.4.4 装配式商业建筑案例

商业建筑在工业化工艺上与高层住宅类似，但是技术难度更大，主要表现为层高更大、跨度更大、造型复杂多变等。

1. 长沙·麓谷小镇项目

长沙·麓谷小镇（图 7-28）的建筑面积为 308 807.99 平方米，预制构件包括：外墙挂板、叠合楼板、夹心剪力墙（地下室）、叠合梁、楼梯、空调板。项目采取商住分离的模式，小区居民日常生活不受商铺经营活动的影响。

图 7-28 麓谷小镇

麓谷小镇商铺部分，为美式风情商业街，别具特色。商铺的主体结构为钢结构，外墙为三明治夹心保温装饰一体化外墙，且采用面砖反打工艺，节能环保，延长墙体寿命。

2. 张家界·蓝湾博格国际酒店

蓝湾博格国际酒店（图 7-29）的建筑面积为 71 763.2 平方米。其预制构件包括：夹心剪力墙（地下室）、叠合楼板、叠合梁、楼梯、干挂式外墙挂板、干挂式女儿墙。

图 7-29　张家界·蓝湾博格国际酒店

本项目的外墙挂板为干挂式夹心保温墙板，有 100 mm 和 250 mm 两种厚度，实现建筑设计的凸凹效果；大部分幕墙玻璃在工厂安装完成，幕墙安装由高空手工作业变成了工厂流水线生产，随外墙挂板一起吊装（图 7-30）；外墙干挂，现场机械连接，无湿作业，施工干净快捷，而且不影响主体结构的刚度，提升了主体结构的抗震性能。

L 形外墙挂板，将阳角处相互垂直的两块外墙挂板预制成一体，消除了拐角处的竖向拼缝，并且实现了 R100 的圆角造型效果（图 7-31）。

图 7-30 玻璃幕墙与外墙挂板整体吊装

图 7-31 L 形外墙挂板，外角为 R100 弧形

7.4.5 装配式市政项目案例

预制叠合装配整体式技术体系应用于城市地下综合管廊、建筑地下室、海绵城市项目的建设，拥有外观质量好、结构安全、防水性能优越、大幅缩短工期（至少5倍）、成本更低、施工方式规范简易等优点，且施工环境安全、整洁、有序，现场作业无噪声、无污染。

1. 装配式地下管廊（图 7-32）

装配式管廊在施工工艺上可以分为全预制拼装工艺和预制拼装整体式工艺。全预制拼装工艺是指采用预制拼装施工工艺将工厂或现场生产区域预制的分段构件在现场拼装成型；预制拼装整体式工艺（图 7-33）类似于全预制拼装工艺，但又与之有着本质的区别。预制拼装整体式是由在工厂预制加工的叠合底板、叠合墙板及叠合顶板在现场定位、拼装并进一步现浇而成。

图 7-32　装配式地下管廊

预制拼装整体式工艺的优势如下：

（1）缩短项目总工期和基坑留存时间，提高施工效率。

（2）工厂预制，混凝土自身的耐久性、质量、外观等有保证。

（3）通过接口设计和预应力技术，确保预制结构表现出比现浇混凝土结构更优秀的抗裂和抗渗能力。

（4）配合预应力技术，使构件轻型化，节省投资。

（5）节能环保，人性化施工，降低工程综合成本。

预制拼装管廊的优势是以技术为支撑的，其技术涉及设计、预制、施工、运营、维保等几个方面。从整个实施流程的角度来看，涉及的全预制拼装管廊技术可以分为管廊舱室设计、管廊舱室预制、管廊舱室现场施工以及管廊附属设施。

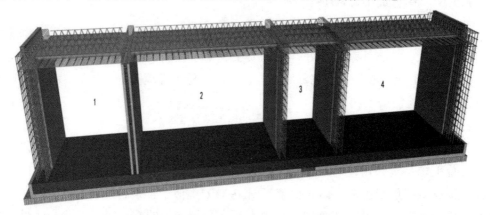

图 7-33　预制拼装整体式管廊结构
1—电力仓；2—给水仓；3—天然气仓；4—雨水仓

长沙高铁新城劳动东路综合管廊试验段，采用远大住工自主研发叠合装配整体式管廊技术（图7-34），5天即完成主体工程施工。由于工期短、质量好、防水性能突出，一举成为"城市地下综合管廊"示范样板。

图7-34 叠合顶板现场吊装

2．装配式市政广场（图7-35）

图7-35 长沙市三馆一厅前坪

长沙市规划展示馆前的"下沉式中央广场"作为面积达到10 900平方米的大型人流集散场合，采用远大住工耐磨性高精度清水混凝土预制PC地板，属国内领先工艺。下沉式空间设计是一种生态环保的雨水渗蓄设施，响应了"海绵城市"的建设理念。

7.5　案例总结

（1）在建筑领域，国家的产业政策和建筑工业化趋势都聚焦于装配式建筑。装配式建筑将是我国建筑重要的发展方向，传统的住宅建造方式正面临变革和升级。

（2）装配式建筑是将传统施工现场的大部分工作转移到工厂完成，由工厂生产预制构件，然后通过相应的运输方式运到现场，采用可靠的安装方式装配而成。

（3）装配式建筑不是简单的"工厂预制"＋"现场装配"，需运用现代工业手段和现代工业组织，对建筑建造各个阶段的生产要素通过技术手段进行集成和系统整合，从而实现建筑的标准化、构件生产工厂化、建筑部品系列化、现场施工装配化，从而提高质量和效率，降低成本和能耗。

（4）装配式建筑的发展须与最新的技术相融合，不断创新，才能更高效、更节能、更环保、更具市场竞争力。

（5）远大住工深耕装配式建筑，依托 PC 构件的一流制造能力，融合最新科技技术，创新打造智能制造管理系统，广泛合作，整合社会资源，实现设计、制造、施工和运维的全产业链条全覆盖，为装配式建筑现代化发展探索出一条新时代背景下的可行路径。

1. 简述远大住工 PC-CPS 智能制造系统的作用。
2. 请解释"建筑工业 4.0"的含义。
3. 与传统建筑方式相比，装配式建筑有哪些特点？
4. 装配式高层建筑采用什么方式进行施工？
5. 请谈谈装配式别墅项目的发展前景。

易居 EBaaS 不动产联盟平台：

科技赋能，助力不动产行业数字化升级

> 进步不是什么事件，而是一种需要。
>
> ——斯宾塞

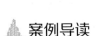 **案例导读**

2020 年 4 月，在国家发改委首次明确发布的新基建范围中，区块链作为新技术代表被正式列入新基建信息基础设施。区块链技术正从概念逐渐走向落地，应用场景多点开花，产业落地及生态共创成为各行业共识。时代赋予了新的机遇，不动产领域也进入了"通过大数据驱动精准交易与运营"的时代，整个行业都在拥抱数字化、拥抱高科技。

易居中国凭借其二十年深耕不动产行业的优势资源、强大的整合能力和先进技术，立足于行业的未来发展，积极推动区块链在房地产领域的落地应用。本案例从区块链发展背景出发，基于对区块链技术基础知识的介绍，分析了区块链技术在房地产领域的应用，最后以易居 EBaaS 不动产联盟平台在不动产领域的具体应用，加深对于区块链技术落地应用的理解。未来易居也将持续以开放的态度，依托区块链平台的技术输出，扩大其应用广度和影响深度，积极响应国家推广区块链技术与产业结合落地政策，助推不动产行业的数字化进程。

8.1 区块链发展背景

8.1.1 区块链发展政策概述

从全球范围来看，各国政府在加大对区块链的战略布局。2019—2020年，全球24个国家发布了专门针对区块链产业发展及行业监管方面的专项政策或法律法规。

从我国层面来看，据不完全统计，截至2020年12月月底，共计出台38项区块链相关指导政策，大力支持区块链创新发展。2020年4月，国家发改委召开例行在线新闻发布会，区块链连同人工智能、云计算等一道被细化为信息基础设施，正式纳入"新基建"范围。

自区块链正式上升为国家战略后，各地政府也纷纷出台区块链相关政策，发展区块链成为各省市的重点规划。据不完全统计，截至2020年12月月底，全国已有22个省（直辖市、自治区）将区块链写入政府工作报告，见表8-1[①]。

表8-1 政府报告区块链主要方向

区块链助力传统产业优化升级	重庆、山东、湖北、湖南、陕西
区块链赋能数字经济	河北、安徽、福建、山西、甘肃、天津、重庆、辽宁、江苏、湖南、海南、青海、内蒙古、宁夏、新疆
加强区块链技术攻关及成果	北京、天津、甘肃、上海、重庆
明确区块链应用场景方向	北京、江西、山东、广东、海南、福建、甘肃
区块链相关产业园建设	重庆、山东、海南、陕西

8.1.2 区块链发展脉络

根据区块链科学研究所（Institute for Blockchain Studies）创始人Melanie Swan（梅兰妮·斯万）的观点，区块链技术发展可分为三个阶段或领域，即区块链1.0、区块链2.0及区块链3.0[②]。

（1）区块链1.0：以比特币为代表的可编程货币。更多是指数字货币领域的创新，如货币转移、兑付和支付系统。

---

① BitTribeLab：《2020国内区块链政策普查报告》。
② 徐明星，田颖，李霁月. 图说区块链［M］. 北京：中信出版社，2017.

（2）区块链 2.0：基于区块链的可编程金融。这方面的应用主要在经济、市场、金融领域等，更多涉及一些合约方面的创新，特别是商业合同及交易方面的创新，如股票、证券、期货、贷款、清算结算和智能合约等。

（3）区块链 3.0：区块链在其他行业的应用。对应的是超越货币、金融、市场以外的应用，包括应用于政府、健康、科学、文化和艺术方面。

8.2 区块链基础知识

8.2.1 区块链的定义

区块链（Blockchain）是一种按照时间顺序将数据区块有序连接，并以密码学方式保证其不可篡改、不可伪造的分布式账本（数据库）技术。通俗地说，区块链是一个共享数据库，但不同于以往任何一种数据库形式，它是一种分布式的、集体维护的、按照时间顺序将事件数据排列的"时间轴数据库"，同时，它可以在无须第三方背书情况下实现系统中所有数据信息的公开透明、不可篡改、不可伪造、可追溯。

区块链本质上是在多个分布式节点间传递账本（价值 / 数据归属权）信息，并通过一定的共识机制（公共 / 联盟）达成一致性，建立信任关系的技术。简单来说，就像支付宝记录账本一样，区块链记录着系统上所有的账本信息，但与支付宝记账方式不同的是，支付宝是由其中心化主体控制的，而区块链系统中的每个人都有机会参与记账，数据库的维护者是集体维护的。系统会在每段时间后创建一个区块（Block），其中包含了这段时间里全网范围内发生的所有交易，由这段时间记账最快的人（节点）记账，系统确认记录正确后，会将这个区块链接在过去账本区块的末尾（Chain）并广播给其他人（节点），然后系统又会寻找下一个记账快的人记录新的区块以延长该链条，而系统中的其他所有人都会获得整个账本的副本，也就是每个人的账本都是一模一样的。

因此，系统所有的数据都是公开透明的，也不会因为某一节点停止工作而影响系统整体的运作。同时，所有的单一节点的数据都无法篡改，因为篡改一个记录需要同时控制整个网络超过 51% 的节点或计算能力才可以，系统也会自动比较，会认为相同数量最多的账单是真账本，而区块链中的节点随着时间在不断增加，篡改的成本也非常高，这基本上是无法完成的事情，所以，区块链的数据是安全的，系统的交易可以在无信任的情况下进行。

区块链并没有使用较为前沿的技术，而是从经济学和数学角度提出一个伟大的设想，将一些技术构建成一套可持续、高安全、低维护的系统，奠定了"信任"的

全国房地产优秀案例❸
QUANGUO FANGDICHAN YOUXIU ANLI 3

坚实基础，建立了可靠的"合作"机制。这些技术几乎都是现有的，如非对称加密、数字签名、P2P 等。因为区块链附加上了包括金融属性在内的其他特征才引起了人们对区块链的重视，在数字化转型背景下具有广阔的应用前景。

基于区块链的定义，有六个明显的特性，即去中心化，可溯源、不可篡改，去信任，集体维护，公开透明，匿名保护。①

（1）去中心化：区块链技术可以实现去中心化的共识机制，整个系统没有中心化的硬件或管理机构，所有节点的权利和义务都相等，且任一节点的损坏或停止工作都不会影响系统整体的运作。

目前大部分计算机系统都是中心化的，如图 8-1 所示，所有的交易和信息交换都跟中心的计算机（服务器）请求并处理。而去中心化则是所有的计算机之间彼此点对点进行通信传递信息。

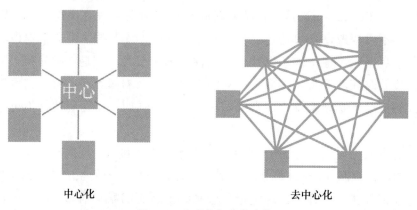

中心化   去中心化

图 8-1　中心化与去中心化

（2）可溯源、不可篡改：独特的遗传式链状数据结构从本质上保证数据不会被更改。数据块不会被以追溯方式更改以前的时间戳，一旦数据写入不可更改（无论现在发生什么，都不会影响以前发生过的事实）。系统中每个节点都拥有最新的完整数据库拷贝，修改单个节点的数据库是无效的，因为系统只会认为最多次出现的相同数据记录为真。因此，参与系统中的节点越多和计算能力越强，该系统中的数据安全性越高。

（3）去信任：系统中所有节点之间进行数据交换无须信任，因为整个系统的数据和运作规则是公开透明的，在系统的规则范围和时间范围内，节点之间无法欺骗彼此。所以，区块链技术是在彼此不信任的节点间建立信任关系的技术，也是让完全没有信任机制的人们不需要通过集权方式的权威中心授权就可以建立信任并能高效协同达成一致。

（4）集体维护：系统中的数据块是由其中所有具有维护功能的节点共同维护

---

① 如何理解区块链，https://mp.weixin.qq.com/s/PODHLCVp2EfVJpDOnF9pvw.

244

的，系统中具有维护功能的节点是任何人都可以参与的，且每个节点的权利和义务是相等的。

（5）公开透明：整个系统是开源的，系统的运作规则是公开透明的，除交易各方的私有信息被加密外，区块链的数据对所有人公开，任何人都可以通过公开的接口查询数据和开发相关应用，因此，整个系统信息高度公开透明。

（6）匿名保护：由于区块链的技术解决了信任问题，交易各方数据交互时无须信任（区块链中的程序规则会自行判断活动是否有效），因此交易各方无须通过公开身份的方式让各方产生信任，交易在匿名的情况下进行，每个参与的节点的隐私都受到了保护。

基于区块链的特性，表 8-2 将区块链网络与传统互联网进行了比较，其主要从对等性、真实性和安全性三个方面来分析差异。

表 8-2　区块链与传统互联网的特性对比表

比较项	传统互联网	区块链
对等性	中心化 信息交换不对等	分布式记账与去中心化打破信息孤岛
真实性	记录可被篡改 无有效的措施防范	数据存储节点同步复制整个账本 信息透明且难以篡改
安全性	有单点故障 数据泄露 易受攻击	共识机制 加密算法 保证数据安全

（1）对等性：区块链的对等性体现在区块链分布式记账和去中心化的特点，打破了信息孤岛，提升数据价值；而传统的互联网是中心化的，所有的请求需要在一个中心处理器处理后才有回应，且信息是不对等的，无法确认信息的真实性。

（2）真实性：区块链数据存储节点后同步复制到整个账本，信息透明，可溯源，且难以篡改；而传统互联网的信息可以被篡改，且没有有效的措施防范。

（3）安全性：区块链系统的共识机制和加密算法，拥有严格的权限设置，保证数据安全；而传统的互联网容易受到攻击，导致数据泄露和单点故障。

8.2.2　区块链的原理

区块链以区块为单位组织数据。区块是一种记录交易的数据结构。每个区块由区块头和区块主体组成。区块主体只负责记录前一段时间内的所有交易信息。区块链的大部分功能都由区块头实现（图 8-2）。

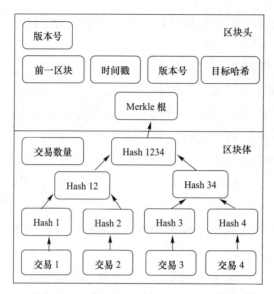

图 8-2　区块结构图

区块头包含以下三组元数据。

（1）用于连接前面的区块、索引自父区块哈希值的数据，通过哈希值将每个区块首尾相连组成区块链，并对安全起到至关重要的作用。

（2）难度（该区块相关数学题的难度目标）、Nonce（随机数，用于工作量证明算法的计数器）、时间戳。

（3）能够总结并快速归纳校验区块中所有交易数据的 Merkle 树根数据（用于检验一笔交易是否在这个区块中存在）。

区块链实现了交易及区块两种记录。交易是被存储在区块链上的实际数据；而区块则是记录确认某些交易是在何时，以及以何种顺序成为区块链数据库的一部分。交易是由参与者在正常过程中使用系统所创建的（如在加密数字货币中，一笔交易是由 A 将代币发送给 B 所创建的），而区块则是由人们称之为矿工（Miners）的单位负责创建。

假设 A 和 B 之间要发起一笔交易，每个节点都尝试生成一个新的区块。将交易信息记录到区块主体中，生成此区块中所有交易信息的 Merkle 树。Merkle 树根的值保存在区块头中，然后将上一个生成的区块的区块头的数据通过 SHA256 算法生成一个哈希值填入到当前区块的父哈希值中，将当前生成区块的时间保存在时间戳字段中。最快记录完成的节点会将该区块广播到网络中所有的节点，该区块被其他节点认同并接受后，被添加到主链上，提供永久透明的交易记录。然后在这区块的末尾又会有新的区块链接以延长，以此类推（图 8-3）。

在区块链系统中，以下四个核心技术发挥着关键作用。

（1）哈希算法：是区块链中保证交易信息不被篡改的单向密码机制。

图8-3 区块链工作流程

哈希函数能将任意长度的数据映射为固定长度的数据的函数，主要应用于信息安全领域中的加密算法。简单地说，哈希算法是一种只能加密、不能解密的密码学算法，在区块链中通常使用SHA256（安全散列算法）对一个交易区块中的交易信息进行加密，将任意长度的信息转换成一段固定长度的由一串数字和字母组成的散列字符串。将消息压缩得到的消息摘要就是哈希值（HASH），区块链的哈希值可以看作原信息数据存储的逻辑位置，能够唯一而精准地标识一个区块，是用于保护原数据的指纹。这意味着没有人可以通过哈希函数加密后拿到的密码结果反向计算出加密前的密码，但可以校对。区块链上任何节点通过简单的哈希计算都可以获得这个区块的哈希值，计算出的哈希值没有变化也就意味着区块中的信息没有被篡改。

区块链通过使用哈希指针连接数据区块。哈希指针将数据本身通过加密产生的特征值指向在特定的时间产生的唯一的下一个链接数据块。同时，Merkle树中所有的数据块按配对存储，然后通过哈希指针存储在树结构上的父节点。父节点的哈希指针又再配对作为输入产生新的哈希指针作为父节点，这样一直到将所有叶节点的数据都能存储在这个树结构里。如果攻击者篡改了区块链上的任何数据，篡改过的数据都无法产生正确的（唯一的）指向下一个数据块的哈希指针，而任何试图入侵篡改区块链数据信息的行为很容易被追溯，导致网络上所有的节点都会探测到这样的篡改企图，也会被其他节点排斥，从而保证哈希指针链接的数据链一旦产生将不可更改（图8-4）。[①]

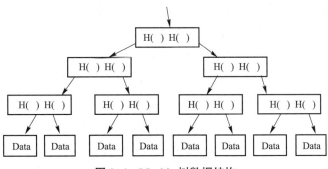

图8-4 Merkle树数据结构

---

① 区块链的概念和核心原理，https://mp.weixin.qq.com/s/hm2V130bXZRh2Ab6Rl5VXQ。

（2）非对称数字签名：意味只有自己可以签名，任何人可校验但是又没有人能修改、移动或删除。

非对称加密算法的两个密钥，一个称为公钥（用来加密／校验），另一个称为私钥（加密／解密）。公钥就像一个地址，所有人都能使用；私钥由个人拥有。公钥和地址的生成依赖私钥，用私钥可以生成公钥和地址，加密和解密所用的密钥是不同的，所以称为"非对称"。简单来说，信息发送者用私钥对信息进行签名，使用信息接受方的公钥对信息加密，而信息接受方用信息发送者的公钥验证信息发送者的身份，使用私钥对加密信息解密。

在区块链中使用公钥和私钥来标识身份，假设 A 与 B 在区块链上进行交易，A 想向 B 证明自己的身份，则 A 只需要使用私钥对文件进行签名并发送给 B，B 使用 A 的公钥对文件进行签名验证，如果验证 A 的数字签名真实，则证明 A 用私钥对文件加密，而私钥只有 A 知道，因此可以证明 A 的身份是真实的（图 8-5）。[①]

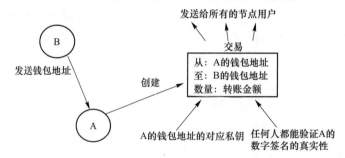

图 8-5　使用公钥和私钥完成一笔交易

（3）共识机制：所有节点同意全网校验过的交易记录。

所谓共识，是指多方参与的节点在预设规则下，通过多个节点交互对某些数据、行为或流程达成一致的过程。共识机制是指定义共识过程的算法、协议和规则。因为区块链分布式记账，且每个节点的对等性，需要一套共识制度来维护系统的运行与公平，所以共识协议得具备五个要素，即谁维护（存储／交换）交易记录账本，谁有权限决定一笔交易是合法的，谁是初始数字资产的产生者，谁可以修改系统规则，记账一个区块有什么奖励，或者谁意图危害系统有什么惩罚。

常见的共识机制有工作量证明机制（Proof of Work，PoW）、权益证明机制（Proof of Stake，PoS）、股份授权证明机制（Delegated Proof Of Stake，DPOS）、实用拜占庭容错机制（Practical Byzantine Fault Tolerance，PBFT）。

1）工作量证明机制（PoW）。PoW 是最熟知的一种共识机制。区块链区块头包含一个随机数，使得区块链的哈希值由 N 个前导零构成，节点需要反复计算来找到合理的随机数。PoW 机制的引入将记账权分配给全网所有节点，节点通过竞争算力

---

① 徐明星，田颖，李霁月 . 图说区块链［M］. 北京：中信出版社，2017.

来获得记账权，获得记账权的节点会被给予一定的数字货币作为贡献算力等资源的奖励，有助于实现区块链的去中心化。若有人想要篡改区块链数据则需要拥有超过全网 51% 的算力，这几乎无法实现，因此保证了交易的安全性。

PoW 的优点：算法简单，容易实现；节点间无须交换额外的信息即可达成共识；破坏系统需要投入极大的成本。

PoW 的缺点：浪费大量的算力和电力资源；共识达成的周期较长，不适合商业应用。

PoW 应用案例：比特币、以太坊前三个阶段（前沿、家园、大都会）。

2）权益证明机制（PoS）。PoS 也称股权证明，类似于财产储存在银行，这种模式会根据持有数字货币的量和时间，分配相应的利息。简单来说，就是一个根据持有货币的量和时间，发利息的一个制度，在股权证明 PoS 模式下引入了"币龄"的概念，币龄 = 持有货币数量 × 持有时间，投入的币龄越多挖矿的难度越低，即节点记账权的获得难度与节点持有的权益成反比。

PoS 的优点：在一定程度上缩短了共识达成的时间；不再需要大量消耗能源挖矿。

PoS 的缺点：还是需要挖矿，本质上没有解决商业应用的痛点；所有的确认都只是一个概率上的表达，而不是一个确定的事情，理论上有可能存在其他攻击的影响。

PoS 应用案例：未来币、以太坊宁静阶段。

3）授权股权证明机制（DPOS）。DPOS 又称受托人机制，其原理是让节点通过投票选择出 N 个代理人，节点拥有代币数量越多则投票权重越大。选择出的代理人按既定时间轮流负责验证和记账，生成新的区块。如果代理人不能履行他们的职责，则会选择出新的代理人。代理人会在一段时间后更新，通过新的投票产生。

DPOS 优点：大幅缩小参与验证和记账节点的数量，可以达到秒级的共识验证。

DPOS 缺点：整个共识机制还是依赖于代币，很多商业应用是不需要代币存在的；不可避免会带来一定程度的中心化。

DPOS 应用案例：比特股。

4）实用拜占庭容错机制（PBFT）。PBFT 也是一种常见的共识证明。其与之前几种都不相同，PBFT 以计算为基础，也没有代币奖励。PBFT 是一种采用"许可投票、少数服从多数"来选举领导者并进行记账的共识机制。该机制允许拜占庭容错，由链上所有人参与投票，少于 $(N-1)/3$ 个节点反对时就获得公示信息的权利，允许强监管节点参与，具备权限分级能力，性能更高，耗能更低。

PBFT 的优点：系统运转可以脱离币的存在，PBFT 共识各节点由业务的参与方或监管方组成，安全性与稳定性由业务相关方保证；共识的时延在 2 ～ 5 秒，基本达到商用实时处理的要求；共识效率高，可满足高频交易量的需求。

PBFT 的缺点：区块数限制；当有 1/3 或以上记账人停止工作后，系统将无法提供服务。

PBFT 的应用案例：央行的数字货币、布萌区块链、蚂蚁区块链平台。

8.2.3　区块链的功能

1．人人记账的超级账本

通过区块链的技术模式建立一个相互信任的机制，在这个信任机制下交换金钱，形成交易体系。一个区块相当于一个账页，区块链相当于一个首尾相连的分布式超级账本，每个人均有机会参与记账过程。在区块链记账的交易系统中，不存在传统的交易中心，而是同时由系统中的每个参与者共同掌管，每次交易都直接发生在交易双方之间并将交易信息广播到整个交易系统里，这些交易信息被记录下来后形成一个账目分明的账本，再被广播回系统。因此，区块链就是一种去中心化、数据对等、公开透明、不可篡改、全程留痕可以追溯的不同于传统记账方式的分布式超级账本。

2．自动履约的智能合约

智能合约是一套以数字形式指定的承诺，包括合约参与方可以在上面执行这些承诺的计算机化交易协议[1]。基于区块链的智能合约将纸质合约写成代码存储在区块链上形成智能合约，一旦合约成立的条件得到满足，便会自动触发合约的执行，将纸质合同程序化，不需要第三方监督和干预，自动履约，也不会存在系统性的问题，不仅提高了执行效率，而且降低了执行成本，还可以防止违约行为。在现实社会中，执行合约需要耗费大量的监督成本。同时，区块链技术的特性保障了存储、读取、执行整个过程透明可跟踪、不可篡改，使智能合约能够高效地运行，很大程度地解决了传统合约会受到各种维度——自动化维度、主客观维度、成本维度、违约惩罚维度等影响的问题[2]。

8.2.4　区块链的分类[3]

区块链按准入机制可分为公有链、联盟链和私有链三类。其特点见表 8-3。

（1）公有链公开透明，完全对外开放。技术门槛低，任何个体或者团体都可以在公有链发送交易，交易能够获得该区块链的有效确认，且发生的所有数据都可以任意查看。每个人都可以参与该区块链的数据维护与计算竞争。它利用密码学来保证交易的不可篡改，又通过代币机制来鼓励参与者竞争记账，确保数据的更新与安

---

① 1994 年，计算机科学家和密码学家 Nick Szabo 首次提出"智能合约"的概念。
② https: //3g.163.com/news/article_so/F83JB4OC0545B8T7.html.
③ https: //www.chainnews.com/articles/711092250406.htm.

全。这使得公有链是三种区块链系统中去中心化程度最高的一种，可以有效解决陌生环境下的信任问题与安全问题。公有链的典型代表有比特币区块链、以太坊区块链等。

（2）联盟链半公开。准入门槛较高，是某个群体或组织内部使用的区块链，需要预先指定几个节点为记账人，每个区块的生成由所有预选记账人共同决定，其他节点可以交易，但是没有记账权。参与对象仅限于联盟成员参与。联盟链是相对较弱的一种去中心化区块链，能解决结算问题，降低结算的成本和时间。联盟链的典型代表有 R3 联盟、Hyperledger Fabric 等。

（3）私有链完全封闭，不对外开放。仅采用区块链技术进行记账，记账权并不公开，且只记录内部的交易，其写入权限仅由公司或个人独享，仅限于企业、国家机构或单独个体内部使用，也因其节点全部掌握在公司或个人手中，私有链的去中心化最弱。私有链节点数量有限，具有很高的信任度，并不需要每个节点都来验证一个交易，交易速度最快，交易成本低，安全性较高，可以用来解决金融机构、政府、大型企业的数据管理和审计。私有链的典型代表有 MultiChain、JPMCoin 等。

表 8-3　区块链的分类

类型	公有链	联盟链	私有链
参与者	任何人自由进出	联盟成员	个体或公司内部
共识机制	PoW/PoS/DPOS	分布式一致性算法	分布式一致性算法
记账人	所有参与者	联盟成员协商确定	自定义
激励机制	需要	可选	不需要
中心化程度	去中心化	多中心化	（多）中心化
突出特点	信用的自建立	效率和成本优化	透明可追溯
承载能力	3 ～ 20 笔 / 秒	0.1 万～ 1 万笔 / 秒	0.1 万～ 10 万笔 / 秒
典型场景	虚拟货币	支付、结算	审计、发行
代表项目	比特币、以太坊	R3、Hyperledger	MultiChain、JPMCoin

8.2.5　区块链应用领域简析

1. 应用场景整体梳理

近两年来，区块链技术的研究与应用呈现出爆发式增长态势，应用落地场景已不再局限于金融领域，逐渐凭借其安全性和透明度赋能多领域多行业（表 8-4）。

表 8-4 区块链应用场景及典型建设模式梳理①

领域	细分行业	区块链核心作用	应用场景	应用效果
金融	数字资产	存证 + 价值转移	权属登记	身份认证，提高信用透明度
	保险	存证 + 自动化协作	保险理赔	简化损失评估流程，缩短索赔时限
	证券	存证 + 价值转移	股权分割、派息、负债管理	简化转移流程
	供应链金融	存证 + 自动化协作 + 价值转移	智能化流程	实时监督、保障回款
实体经济	物流供应链	存证 + 自动化协作	汽车智造、电子产品、运输、批发	优化商品交易流程，促进实时状态更新
	房地产业	存证 + 自动化协作	代理中介、土地交易	多方验证保证信息来源，全流程透明化
	溯源	存证	农产品溯源、食品溯源、药品溯源	提高产品全流程透明度，产品标识管理的安全性
	能源	存证 + 自动化协作	分布式能源、能源互联网	提高交易效率、能源交易记录精准管理
	互联网内服务内容	存证	版权、电子商务、游戏、广告、资讯	降低版权维权成本
	跨境贸易	存证 + 价值转移	跨境支付、清结算	提高交易效率，增强过程透明度
政务民生	发票 / 票据	存证	税务、电子票据	提高开票报销效率，降低管理成本
	电子证照	存证	电子合同、电子证据、身份认证	提高可信度及管理效率
	政务	存证 + 自动化协作	政务数据共享、投票、捐款	提高数据共享时效性、可用性与一致性
	公共服务	存证 + 自动化协作	精准扶贫、征信、公共慈善、医疗	解决融资问题，保障数据安全，简化业务流程

2. 部分应用领域简析

（1）数字货币。从诞生之初，区块链便是以数字货币的概念进入大众视野，而后人们才将注意力转移至技术本身。相比实体货币，数字货币具有易携带、易存储、低流通成本、使用便利、易于防伪和管理、打破地域限制、能更好整合等特点。

比特币技术上实现了无须第三方中转或仲裁，交易双方可以直接相互转账的电

---

① 资料来源：中国信通院《区块链白皮书（2020 年）》，根据内容需要进行补充和调整。

子现金系统。2019 年 6 月，互联网巨头 Facebook 也发布了其加密货币天秤币（Libra）白皮书。无论是比特币还是 Libra 其依托的底层技术正是区块链技术。

我国早在 2014 年就开始了央行数字货币的研制。我国的数字货币 DC/EP 采取双层运营体系：央行不直接向社会公众发放数字货币，而是由央行把数字货币兑付给各个商业银行或其他合法运营机构，再由这些机构兑换给社会公众供其使用。2019 年 8 月初，央行召开下半年工作电视会议，要求加快推进国家法定数字货币研发步伐[①]。

（2）金融资产交易结算。金融领域应该是区块链技术落地最为"天然"的领域。2019 年以来，区块链在金融领域的应用中，以跨境支付为主的跨境服务，以及面向中小微企业的具有普惠性质的金融产品，是落地重点。

支付结算方面，在区块链分布式账本体系下，市场多个参与者共同维护并实时同步一份"总账"，降低了跨行跨境交易的复杂性和成本。同时，区块链的底层加密技术保证了参与者无法篡改账本，确保交易记录透明安全，监管部门方便地追踪链上交易。证券发行交易方面，传统股票发行流程长、成本高、环节复杂，区块链技术能够弱化承销机构作用，帮助各方建立快速准确的信息交互共享通道，发行人通过智能合约自行办理发行，监管部门统一审查核对，投资者也可以绕过中介机构进行直接操作。数字票据和供应链金融方面，区块链技术可以有效解决中小企业融资难问题。基于区块链技术，可以建立一种联盟链网络，涵盖核心企业、上下游供应商、金融机构等，核心企业发放应收账款凭证给其供应商，票据数字化上链后可在供应商之间流转，每级供应商可凭数字票据证明实现对应额度的融资[②]。

（3）数字政务。区块链在政府工作方面的广泛落地，基于一个简单的技术原理，即区块链能够打破数据壁垒，解决信任问题，极大地提升办事效率。区块链的分布式技术可以让政府部门集中到一个链上，所有办事流程交付智能合约，办事人只要在一个部门通过身份认证及电子签章，智能合约就可以自动处理并流转，顺序完成后续所有审批和签章。在国外，日本、百慕大开发了基于区块链的国民身份证系统；马来西亚的商业登记处引入了区块链技术；巴西圣保罗市政府计划通过区块链登记公共工程项目。

在中国，由政府支持的区块链解决方案持续、迅速发展。据悉，北京市所有政府部门的数据目录都将通过区块链形式，进行锁定和共享，形成"目录链"。同时，在 2019 年 6 月，重庆上线了区块链政务服务平台，实现了注册公司的时间从过去的十余天缩短到三天。扶贫是区块链技术的另一个落地应用。利用区块链技术的

---

① 资料来源：中华人民共和国国家互联网信息办公室。

② 十大区块链应用领域：http://www.elecfans.com/d/1158406.htm.

公开透明、可溯源、不可篡改等特性，实现扶贫资金的透明使用、精准投放和高效管理①。

（4）溯源防伪。溯源防伪历来是商品流通领域的重要一环，区块链技术正成为各大平台"防伪溯源"的标配。阿里巴巴旗下的蚂蚁金服实验室将区块链技术应用在食品安全与正品溯源，让商品具有了区块链"身份证"，消费者购买时可以通过扫描二维码获取商品的产地、日期、物流、检验等信息鉴定。另外，国内专业的数字化品牌保护解决方案服务商——量子云码全面上线迅雷链，将业务全流程的数据上链公开，为全产业提供专业防伪溯源解决方案。来自京东的数据显示，截至 2019 年 9 月月底，京东区块链防伪溯源平台也已经与 700 多家品牌开展溯源合作，累计有超过 13 亿条上链数据，为消费者提供产品流通数据的全程溯源②。

通过供应链跟踪区块链技术可以被广泛应用于食品医药、农产品、酒类、奢侈品等各领域。

（5）数据服务。首先，未来互联网、人工智能、物联网都将产生海量数据，现有中心化数据存储（计算模式）将面临巨大挑战，基于区块链技术的边缘存储（计算）有望成为未来解决方案。其次，基于全网共识为基础的数据可信的区块链数据，是不可篡改的、全历史的，也使数据的质量获得前所未有的强信任背书，这成为大数据、深度学习、人工智能等一切数据应用的基础。最后，区块链可以在保护数据隐私的前提下实现多方协作的数据计算，有望解决"数据垄断"和"数据孤岛"问题，实现数据流通价值。针对当前的区块链发展阶段，为了满足一般商业用户区块链开发和应用需求，众多传统云服务商开始部署自己的 BaaS（"区块链即服务"）解决方案。未来区块链技术还会在慈善公益、保险、能源、物流、物联网等诸多领域发挥重要的作用③。

8.2.6　未来发展展望

区块链正在逐步扩大其影响力，越来越多的企业和机构开始认识到区块链的潜在价值，比如区块链在促进数据共享、优化业务流程、降低运营成本、提升协同效率、建设可信体系等方面的作用。区块链是可以打通各个技术领域将其连接的基础技术模式，可推动"互联网＋"的横向发展，未来将涌现大批区块链应用场景，区块链应用终将走向大众服务于大众日常生活。世界经济论坛更是大胆预测，到 2027 年世界 GDP 的 10％将被存储在区块链网络上④。

（1）区块链将引领全球新一轮技术和产业变革，成为国际竞争中的新焦点。

---

① 十大区块链应用领域，http://www.elecfans.com/d/1158406.htm.
② 十大区块链应用领域，http://www.elecfans.com/d/1158406.htm.
③ 资料来源：中华人民共和国国家互联网信息办公室。
④ 世界经济论坛预测区块链，http://www.coindesk.com/world-economic-forum-governments-blockchain/.

"区块链＋"将成为全球技术创新和模式创新的前沿阵地，引领全球新一轮技术变革和产业变革。区块链将成为进一步提速数字经济发展的新型关键基础设施，以联盟链为主流的区块链技术继续稳步突破，不断提升区块链技术研发能力，为数字中国建设提供有力支撑。世界主要发达国家也将进一步提高对区块链技术的关注度，密集出台相关政策规划，加大产业扶持力度与引导，提升本国区块链技术和产业的竞争力。

（2）区块链技术进一步加快跨领域集成创新，为高质量跨越式发展注入新动能。随着应用场景拓展落地，在区块链关键核心技术不断演变的基础之上，区块链技术将加快与云计算、大数据、人工智能等前沿技术的融合发展与集成创新，将进一步加快物流、信息流、资金流融合，切实发挥出推进实体经济转型升级和创新发展的巨大作用。

（3）区块链将成为重塑生产关系的基础设施，改变信息互联网的价值分配模型。区块链可以建立一个人人参与、多中心化的信任机制，并且在此基础上，实现数据的共享。越来越多的经济社会事务和中介机构将会被程序代码和算法所替代，人们将更愿意以共同参与、公平可见、基于技术的机制来构建信任、传递价值、开展合作。人与人之间、产业上下游之间将形成更加平等的生产合作关系，共建、共享、共治的平台经济将更好地解决多元主体之间的共赢合作和利益分成等问题。

（4）区块链产业应用将赋能数字化生态构建，助推数字经济与实体经济深度融合。"数据"正式成为国家五大生产要素之一，以全新的动能成为"未来的新石油"。在数字化转型过程中，区块链技术将成为建立跨企业数字生态系统的核心能力。区块链在产业上的应用也相同，它也会催生一个围绕数据流动循环、相互作用的社会经济生态系统。打造理想的数字生态，是推动数字经济与实体经济深度融合的必由之路。

8.3 区块链在房地产领域的应用

8.3.1 行业价值

1. 房地产行业特性

（1）房地产行业具有产业链长、参与方众多的特征。房地产行业涉及教育、医疗、金融等各行各业，与钢材建材、家电照明、设计装修等密切相关，关系到生产、消费、流通的环节，项目规模相较20年前也有了量级的提升，因此越来越多的房地产项目由众多参与方参与，纵向分工，横向合作。在此基础上，缺乏信任和效率低下是房地产业当下亟待解决的难题，精细化协作挑战严峻。

（2）房地产是资金密集型产业。房地产项目规模空前，单个资产的价值较高，而如今，各地各种"限购限贷限售"政策使房地产行业资金受到承压，融资成本也居高不下，房地产行业处于高压政策资金管控阶段。

（3）房地产行业的项目周期长。房地产项目涉及策划、拿地、招标投标、设计、建设、销售、运营等阶段，项目的开发周期长，规模较大的项目采取分期开发、建设和销售，从而资产交易周期长，资管物管周期长。

房地产行业特性及现状见表8-5。

表8-5　房地产行业特性及现状

行业特性	行业现状
参与方多	纵向分工，横向合作，参与方众多，精细化协作挑战严峻
资金密集	项目规模空前，单个资产价值高，高压政策资金管控
项目周期长	项目开发周期长，资产交易周期长，资管物管周期长

2. 区块链技术的应对方案

（1）开放对等。为了能够信任彼此并开展高效协作，参与联合开发的开发商需要利用区块链技术构建一个开放对等的行业协作联盟。一个开放对等的行业协作联盟可以将数据进行统一化之后存储在一个行业可触达的公共账本内并发挥其价值。这样不仅可以解决房地产行业信息的不对等，还可以帮助开发商和利益相关者做出准确的决策，也让共享信息有了可验证和具有抗审查能力的选择，使房地产行业整个市场都变得高效、透明、精准、可信，增强了利益相关者之间的信任，对企业和政府来说都是非常有意义的事情。

（2）数据共享。区块链的数据共享保障了参与方的真实性和数据安全性。不动产的超长生命周期赋予了数据极高的挖掘价值。通过区块链打破数据孤岛，房地产流程将受益于安全和防篡改的共享数据库。数据共享使得数据无法篡改，保证了数据的安全性，能够更好维护任何资产所有权及房地产企业管理。地产本身具有金融属性，金融成本的小幅度降低便可带来巨大的收益。金融机构以节点方式加入交易过程，基于区块链的交易可以实现简化流程，提升金融机构的风控能力，进而降低不动产融资成本。另外，区块链确保信息透明且不可篡改的特点让微小企业能够取得融资主体的信任，将为优质的、具有充分市场前景的微小企业带来机遇，也降低了融资难度和融资成本。

（3）智能协作。区块链的智能合约技术，使房地产行业参与方达成共识的交易规则公开透明，提高了参与方之间的协作效率，减少了各参与方之间的文件和表格签署递送，也避免了双重支出、欺诈、滥用和操纵等违规行为，解决了多方协作过程中数据共享和协作效率问题。同时，智能合约将使房地产合同、第三方托管的契约、财产记录得以完成，并且无须产权公司或律师即可进行分配。智能合约还有助于加快交易前的尽职调查，帮助核实身份，更快地完成背景审查流程。合同各方可用个人数字私钥访问，从而减少了欺诈的可能性。

区块链技术的应对方案见表 8-6。

表 8-6　区块链技术的应对方案

开放对等	构建行业协作联盟
数据共享	保证参与方真实性、数据安全性 打破信息孤岛、提升数据价值 降低金融风控及资本成本
智能协作	规则公开透明 达成共识 提升协作效率 减少欺诈等违规行为

8.3.2　国内外应用实践

随着区块链不断的发展，越来越多来自世界各地的区块链项目落地在每个行业内，房地产行业也不例外。房地产公司和政府相关部门在不断探索区块链在房地产行业的应用。目前区块链技术已应用在越来越多的房地产项目。结合国内外的应用实践，区块链在房地产行业的应用可以归纳为以下 4 个方面。

（1）构建房地产交易信息平台，简化程序，降低成本。由于参与方众多，房地产交易往往伴随着复杂烦琐的流程和各种文件合同，需要浪费大量时间和交易成本，虚假宣传、合同纠纷、欺诈隐瞒行为等问题也纷至沓来。区块链技术的点对点和智能合约能够直接杜绝中间商赚差价，通过信息平台能够查阅房源流转信息，保证房屋可溯源性，简化程序，大大降低了交易的时间和金钱成本，同时，还可以防止交易的欺诈和纷争。国内首个区块链技术在租房领域的应用落地于雄安，蚂蚁金服提供平台核心区块链技术，中国建设银行和链家则提供房源租赁信息等服务。通过这一平台挂牌的房源信息、房东房客的身份信息及房屋租赁合同信息都将得到多方验证，且这些信息具有无法篡改的特性，区块链技术核实身份信息后，租赁协议将自动生成和执行且公开透明，最大限度上避免了纠纷。[①]

（2）应用于产权登记，便于产权管理。区块链技术可以大幅减少传统记录

---

① 黄俊鹏.区块链对房地产行业影响几何？［J］.城市开发，2019（12）：80-82.

和转让所有权冗长的过程，并且公开透明。区块链的超级账本可安全可靠地跟踪房地产项目中个人产权的规模和价值。目前已有许多政府寻求应用安全总账作为存储和访问所有权历史记录的方法。2018年，英国政府宣布将在2022年之前完成本国土地登记向区块链技术过渡的计划。瑞典、乌克兰等国家都在进行类似的计划[①]。

（3）降低房地产投资门槛，提高投资流动性。由于房地产投资资金投入大、周期长且资产流动性差，通常普通投资者无法参与到投资中。因此越来越多的房地产公司开始结合区块链技术将不动产代币化，房地产信息、产权、收益权情况记录到区块链上确保信息公开透明，普通投资者可以购买代币以获得相应产权。当前瑞士、日本、美国等国家已经开始进行区块链房地产注册试点项目。2012年美国《乔布斯法案》的新法规为房地产众筹提供了更多的机会，使美国房地产市场可以有个人参与的机会。未来一旦政策明朗化，房地产投资的"共享经济"模式和"众筹地产"模式很可能变得普及[②]。

（4）区块链还可以应用于物业管理，记录资金的使用情况和结余情况，并将物业服务、社区决策等事项转变成统一的数字化的权益证明，提高物业服务水平，改善物业管理问题。区块链技术还能简化现金流管理，实现结算方式的创新，实时跟踪、记录交易记录，使所有参与的利益相关者都公开透明，极大降低了管理中可能存在的风险。除此之外，区块链在房地产行业的应用还有许多方面还在探索和摸索中。

8.3.3　区块链应用利弊分析

从区块链在房地产行业的应用实践上可以看出，房地产产业链复杂，导致出现诸多问题，如产权不明、利益纠纷、欺诈行为等，而区块链的分布式账本、去中心化、不可篡改等特点使其在房地产租赁、交易、确权、管理等方面发挥着技术优势。房地产行业十分依赖行业信息，但遭受着数据的碎片化、不完整性等问题，首先，区块链技术的去中心化可以将数据去中心化并利用平台共享房地产各参与方的数据，包括区块链分类账记录所有交易和数据，达到提高工作效率、降低成本的作用，保障市场诚信运转。其次，区块链智能合约使交易流程和管理更简单便捷。协议会自动生成，并且可以帮助调查和核实信息，合同各方需用数字密钥访问，确保了安全性和可靠性，降低了欺诈的可能性。另外，区块链可用于记录土地所有权，实现信息的线上查询和完整性，大幅减少传统记录和转让所有权冗长的过程，并且信息公开透明，便于更好地管理资产和产权。

---

① 黄俊鹏.区块链对房地产行业影响几何？[J].城市开发，2019（12）：80-82.
② 区块链在房地产行业中的几大应用：https://www.sohu.com/a/421059205_120845342.

但是从理论到实践还需要漫长的过程，区块链技术现如今处于初级阶段，很多问题仍难以克服，如隐私、身份、监管及跨链互操作性等。同时，房地产行业本身是一个强监管、周期性强的行业，监管部门对代币的态度严厉，房地产代币化等概念难以进入现有区块链平台①，并且各地区的交易政策各不相同，房屋产权登记和管理在区块链上推广也受到很大阻力。不可篡改是区块链的特色之一，如果实施不当，记录信息时出现人工错误，区块链技术反而会增加更多的成本。

目前，区块链在房地产行业的发展还处于初级阶段。随着区块链技术的不断尝试与努力，未来会有更多房地产和区块链的探索及融合，各种问题也会相继得到很好的解决。

8.4 易居区块链实践

8.4.1 易居区块链简史

易居中国对区块链技术的应用开始于 2017 年。2017 年 3 月，易居首次将区块链智能合约技术运用在乐居阳光买房平台的公开摇号，真正实现公开透明。

2018 年 1 月，易楼 1.0 上线，易居正式介入存量资产领域。

2018 年 6 月，易居打造出以某酒店为样本、区块链为核心技术的资产管理系统，命名为"秋实链"。

2019 年 1 月 8 日，"丁祖昱评楼市"发布会上宣布基于联盟链的存量资产管理平台 CAIC 平台正式上线。同年 6 月 1 日，资管云正式上线。9 月，易居确定以投管云、资管云、资产数据库三大产品形成 CAIC 云。投管云于 2019 年 12 月 1 日正式上线。

2020 年 3 月，社区巡更链、案场智控链、楼宇智控链上线。易居将区块链防伪追溯的功能运用到了社区、楼宇、案场的巡更安保、防疫的工作中，助力社会抗击新冠疫情，成为国内首个基于区块链技术的不动产行业防疫应用。2020 年 3 月 10 日，公盘链上线。易居使用区块链技术中的智能合约、数据加密等技术，帮助房友业务上链，在链上完成房地产交易撮合、佣金分配等业务，是国内首个运用区块链技术的二手房中介公盘解决方案。2020 年 3 月 20 日，房企测评链、物协测评链上线。易居使用区块链技术中的数据加密、定向授权、防伪追溯的特性，帮助中房协、中物协实现链上行业数据提交测评，也是国内首个地产测评链。2020 年 3 月 30 日，国内首个以联盟链为底层技术的，且垂直应用于不动产行业各细分领域的创新开放平台

---

① 黄俊鹏.区块链对房地产行业影响几何？［J］.城市开发，2019（12）：80-82.

EBaaS 不动产联盟链上线。

2020 年 6 月，国内首个基于区块链技术的不动产数据资产交易平台添玑数据商城上线。

2020 年 9 月，易居携手阿里推出不动产交易协议机制（ETC），实现数字科技与区块链技术结合，促进全行业的高效协作。

2020 年 10 月，易居推出企业级区块链运维管理工具，帮助企业轻松构建联盟应用场景。

8.4.2　EBaaS 不动产联盟平台

1. EBaaS 平台简介

EBaaS（Estate Blockchain as a Service）不动产联盟链是国内唯一将区块链技术深度整合且垂直应用于不动产行业各细分领域的创新应用平台，帮助不动产企业及专业人士轻松构建业务联盟。其基于区块链的去中心化和智能合约达成协作，赋能各交易主体服务价值，为不动产行业构建一个开放、协作、公平、自主的交易新机制，助力交易降本、增效、提速，科技赋能助力不动产行业的数字化升级。

EBaaS 由易居（中国）旗下添玑网络自主研发，依托易居中国二十年深耕不动产行业的优势资源、强大的整合能力和先进技术，贯彻"不动产区块链即服务"的理念，可为企业提供区块链方案咨询与指导、技术开发与整合、联盟组建与管理、部署运维等一站式服务，致力于帮助不动产行业实现轻松快捷的构建业务联盟。方案咨询与指导是以易居二十年不动产经验、专业技术团队为依托，凭借其成熟的项目经验为企业上链提供全流程化服务；技术开发与整合是通过链上应用开发，提供开发包并可代为构建，实现统一证书与支付服务，保证可信数据上链；联盟组建与管理是以轻松邀请同行参与联盟的方式，精准获取联盟流量快速引流客户；部署运维是指支持自建系统，提供云服务与界面运维，实现一键部署节点。

2021 年 3 月，EBaaS 不动产联盟链已通过全球最大企业级开源区块链项目 Hyperledger（超级账本）官方认证，成为超级账本认证服务商（HCSP）之一，这也是全球服务商中首个加入的不动产领域的企业。

2. EBaaS 基础框架

底层技术介绍——Hyperledger Fabric。

EBaaS 不动产联盟链是以 Hyperledger Fabric 为底层核心技术的创新应用平台。超级账本（Hyperledger）项目是首个面向企业应用场景的开源分布式账本平台。Hyperledger Fabric 是 Hyperledger 中的区块链项目之一，与其他区块链技术相同，它有一个分类账，使用智能合约，其最大的不同在于 Fabric 是私有的，而且是被许可的。Hyperledger Fabric 组织的成员通过可信赖的成员服务提供者（MSP）注册，而不是允许未知身份参与网络的开放式无权限系统（需要诸如"工作证明"之类的协议来验证交易并保护网络安全）。

Fabric 具有高度模块化和可配置的架构，可以通过插拔的方式开启不同的功能，更可能多地满足多种行业场景的不同解决方案要求，包括供应链、银行、金融、保险、医疗、人力资源等。

Fabric 内置了权限系统，该权限系统将视情况限制特定组或某些个人中的信息流。与公有区块链不同，Fabric 系统的管理员可以选择谁能访问共享的信息，以及访问的方式。如图 8-6 所示，图中（P1、PN）、（P1、P2、PN）、（P2、PN）组成了三个相互独立的链，Peer 节点只需维护自己加入的链的账本信息，感应不到其他链的存在。

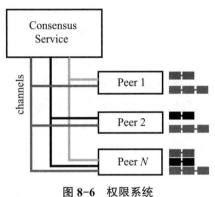

图 8-6　权限系统

Fabric 为交易引入了一种新的 Execute-Order-Validate 架构，更好地解决了订单执行模型架构所面临的弹性、灵活性、扩展性、性能和机密性挑战。在 Fabric 中，每个应用程序特定的认可策略指定了需要哪些节点，每个交易只需要由满足交易认可策略所必需的节点的执行（背书）。这允许并行执行，从而提高了系统的整体性能和规模。将该交易的流程分为以下三个步骤。

（1）执行交易并检查其正确性，从而为该交易背书。

（2）通过（可插入）共识协议给交易排序。

（3）根据特定的背书策略验证交易后，将交易提交到账本。

正是基于 Hyperledger Fabric 核心底层技术，EBaaS 实现了以下特性：一证通行能力，以数据证书保证权威性和不可抵赖性，并为用户每次上链提供临时身份，操作更加安全；数据私有化，谁的数据谁拥有，数字证书、私钥授权、多级证书体系保证了合法合理情况下的数据私有化；强大的整合能力，像智能合约、楼盘字典这类服务都可以成为平台的基础服务。

平台由接入层、服务层、基础层组成。接入层提供多种类型的接入方式，以帮助业务应用轻松上链；基础层是深度定制的区块链底层架构，能够满足业务场景下数十条联盟链、上千个节点的高效处理、并行协作的技术要求；服务层预先集成基础性公共服务，以满足业务应用快速构建的需求（图 8-7）。

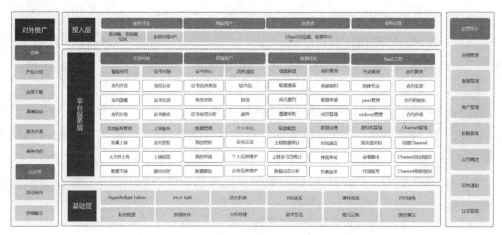

图 8-7　EBaaS 整体架构

　　EBaaS 不是易居为自己做了一个联盟链的应用产品，而是为整个不动产行业搭建了一个应用服务基础平台，行业里所有的小伙伴都可以在这个平台上构建自己的业务联盟。就好比 iOS 系统和安卓系统提供了一个 App 开放平台，每个企业可以依据自己的场景需求搭建自己的产品，随着更多的不动产同行上链，EBaaS 上会形成"应用生态效应"，这就是开放平台的价值。

　　3．产品系列

　　（1）EBaaS 区块链浏览器。EBaaS 区块链浏览器是 EBaaS 的应用整合平台，提供了大量的行业区块链应用，可以一键选择进入所需要的应用，免去搜索、查找、安装的烦恼。区块链应用需要证书来代表个人身份，传统浏览器并不支持区块链证书；为了更好地掌控数据，需要对数据进行加密存储，而传统浏览器只有显示功能，并不支持加密计算。基于传统浏览器的功能，结合区块链中 App 的技术特点，区块链浏览器可以让业务直接与区块链交互，真正做到上链；EBaaS 浏览器作为独立的第三方，将真正保证用户上传的每条数据真实加密上链，不会明文传至任何中心化机构数据库，保障数据隐私及安全；同时，还提供可以跨越多个业务平台、绑定不同账户的强大功能，免去管理多个区块链应用账户的烦恼。

　　（2）EBaaS 区块链底层服务。基于 Fabric 框架的联盟链底层服务提供 Java、Golang、Nodejs 等多语音开发包，可实现统一的证书体系、整合的外接服务、可信数据上链，数据透视、节点管理、链上运营全掌控，最终服务于 EBaaS 区块链浏览器的证书管理系统、链上数据加密等功能，帮助区块链应用的用户直接与区块链进行交互。

　　（3）EBaaS 联盟中心。EBaaS 联盟中心是 EBaaS 浏览器内置的一款区块链运营管理工具，帮助行业机构加入及新建链上业务联盟，并且管理数据、节点，数据透视、节点管理、链上运营全掌控，支持在线联盟协作与管理。为了直观、有效地传达数据信息的特征与细节，EBaaS 联盟中心通过平衡简洁舒适的视觉设计与功能实用性，将数据按照上链数、参与方、账本使用情况、实时请求等常用维度类别设计了不同的展现方式，使用户可以在最短的时间内找到所需信息，助力决策判断。

4. 落地应用

EBaaS 业务上链中搭建完成了 1 个基础平台 +4 大业务品类 +21 条应用链的联盟体系。截至 2021 年 4 月，EBaaS 平台已经拥有 21 个上线联盟链，覆盖不动产交易、行业存证、数据资产、金融服务四大领域，175 个节点，账本容量超 1.5T，参与用户超 11 万人，上链资产总数达 79 万余个，上链交易 10 万余条，上链房源数 113 万，上链房企 / 案场 / 社区 / 楼宇 300 多家（图 8-8、图 8-9）。

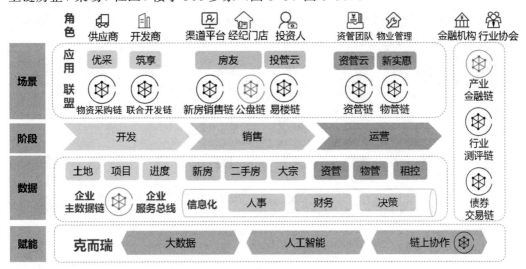

图 8-8　EBaaS 应用全景图

图 8-9　EBaaS 联盟链体系

这一系列的成功数据和实践成果显示，易居中国推进新十年愿景——做不动产行业"科技赋能、智慧服务"的整合者、领导者与奋斗者的前进步伐越来越快。

（1）交易。

1）不动产交易协作机制：围绕房地产交易过程中触达客户难、营销成本高等痛点，以 EBaaS 不动产联盟链为底层平台，基于区块链、大数据等技术，给出针对性解决方案。面向新房、二手房、法拍房、特价房等交易场景，通过区块链技术的对等协作能力，打破协作各方的跨主体信任问题。通过智能合约和共享账本技术，实现不同角色参与方的规则共建与数据共享，使各方不必担心有规则垄断或数据独享风险，最终实现整个行业的共建、共享、共赢，打破了基于中心化技术实现的业务垄断与上下游合作压迫现状（图 8-10）。

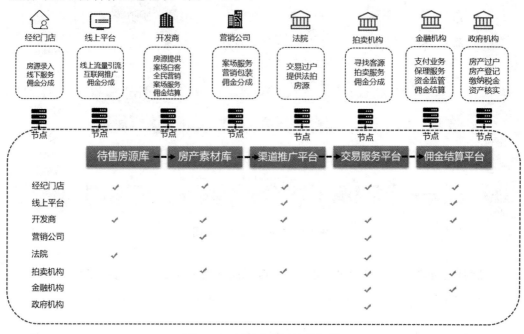

图 8-10 不动产交易协作机制

2）债券交易链：针对中资美元债券交易市场中存在的无统一市场、债券行情不透明、人工操作效率低等痛点，EBaaS 打造的债券交易链利用区块链的对等性特征，将多家券商的买卖信息聚合，减少信息不对称性，同时，债券发布机构信息动态加密带来更高隐私安全性，还可防止券商进行虚假挂单、跳单。联盟内的数据和规则由参与方对等共建，通过共享账本和智能合约消除信任危机，自动匹配和交易，简化交易过程，最大化实现供需匹配构建统一市场，提升交易效率。易居 EBaaS 联合易居克而瑞证券推出的债券交易链，重新定义了金融债券的交易流程，使其更安全、透明、高效，加快了债券市场的数字化变革（图 8-11）。

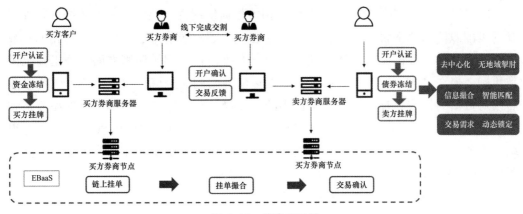

图 8-11　债券交易链

（2）数据。

1）添玑数据商城：2020 年 6 月，正式推出的基于 EBaaS 为区块链底层技术的数据资产交易平台，聚焦不动产领域，汇集全域链的数据信息，为不动产行业客户提供数据、报告、数据定制等服务。利用区块链技术存证、加密、授权、溯源等特性，平台数据种类全面、质量可靠且交易安全，有效促进了不动产行业数据资产流通。在添玑数据商城的交易模式下，提供数据资产的可以是任意一个有数据生产能力的企业、个人、金融机构或政府机构，只要通过标准的商城入驻流程，就可以实现数据资产化的交易服务。同时，任何达成一致的买方和卖方都可以直接交易，交易基于密码学原理而不基于信任，无须第三方参与，节省了买家和卖家的费用（图 8-12）。

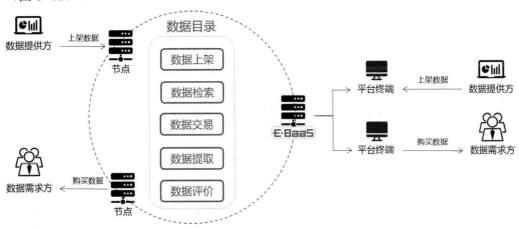

图 8-12　添玑数据商城交易图

截至目前，商品覆盖数据类、报告类、系统类和服务类四大形态，涵盖土地、商业、住宅、建材、家装、金融、投资等八大领域、30+ 品类，合计 4 000 多种数据商品。

2）房协/物协测评链：为开发商及相关数据使用方，提供了一个数据可管理、查询可溯源的系统平台。在过去企业数据通过私下发送给第三方机构的情况下，数据的安全和私密性都无法保证，同时，第三方机构在评测排序等方面的公正性也遭到质疑。但在"测评链"上链后，从数据传输开始的一刻就被留下痕迹，包括企业后续对数据的修改等过程，也是可追溯的，让测评和由此获得的排序都更加公正和公开。届时，将通过开发商企业、测评机构、金融机构、政府监管部门、协会组织，多节点、多维度对房地产行业进行测评。实名上链防抵赖、修改历史可追溯、测评数据可溯源，打造了真正可信评价体系（图 8-13）。

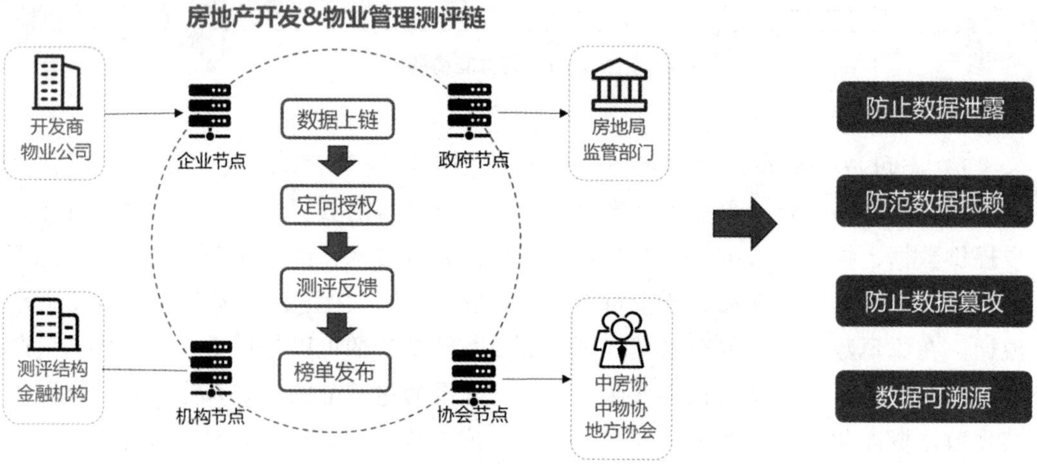

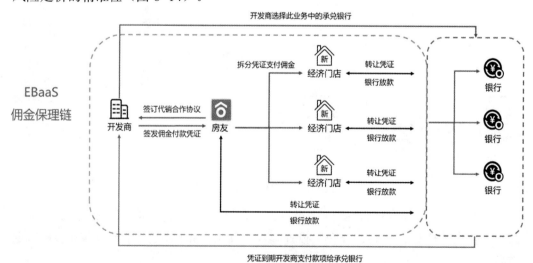

图 8-13　房协/物协测评链

（3）金融。

1）佣金保理链：通过流程场景介入，有效降低各主体之间信息不对称性，提高风险定价的精准性（图 8-14）。

图 8-14　佣金保理链

2）钜派财富链：针对理财行业频频爆雷的事情，让项目方、基金产品运营方等将数据放在链上，投资人是否明确投资风险也放在链上，运用区块链不可篡改的特性，支持理财的存证维权。通过数据存证可有效防止信息篡改，提高风控能力，也可在互联网案件中作为举证材料（图8-15）。

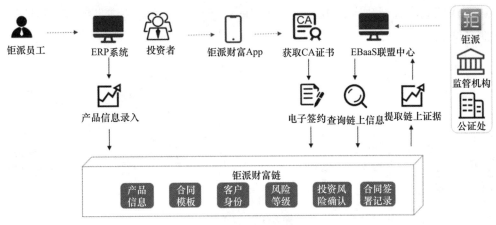

图8-15　钜派财富链

（4）行业存证。

1）物管巡更链：主要服务于社区住宅、经营场所和商业楼宇等的物业管理公司，通过电子通行证、个人信息溯源、实时监测等功能模块，采用无接触+区块链互联网技术实现出入通行、巡更、巡检、保洁等的智能管理打造公共基础设施，助力社区管理升级。社区巡更链通过社区出入信息动态管理，并以智慧巡更的方式对动态进行跟进，以社区档案和智慧排班作为管理支撑，形成了三位一体的社区安全防控闭环（图8-16）。

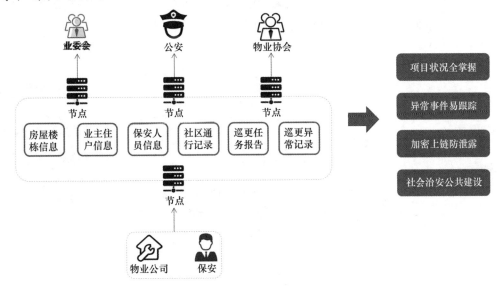

图8-16　物管巡更链

在抗"疫"期间，响应中央号召，积极打造链上防疫。针对不动产行业抗击疫情、复工复产中面临的巡查、控流、安保、疏导等难题，易居推出将区块链技术应用于社区、楼宇及案场安全防控管理的智控链系统，这是国内区块链技术应用于不动产行业防疫实战的首个领先的应用系统。同时，数据的定向授权功能，可以帮助企业更快地响应区域政府或相关管理部门的访问需求，更好地满足疫情防控监管的需要（图8-17）。

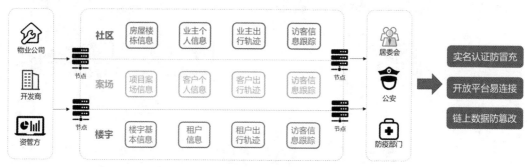

图8-17　智控链

2）资管秋实链：基于区块链的数据加密技术，实现不动产资产运营的数据保密、授权决策、健康诊断、实时监测及价值评估等管理，为资管数据增信赋能，改变长久以来资产管理简单粗放的局面，可应用于租控管理、经营分析、资产诊断等多种场景。其具有四大优势，能实时将分散在不同部门或公司的资产数据进行快速统计，并从资方实际需要的角度，呈现相关数据；实现动态管理的同时做到竞品监测，了解自己在行业中的地位和运营效率；运用区块链的私钥机制及数据部署在私有云，保证数据可溯源，同时，外部及平台的投放必须通过自身管理者的授权；通过对上链数据的审核，才能获取作为第三方联盟的认证，同时，如果要交易或融资，只要授权，联盟里面的其他成员就能获得该数据，减少了数据再次整理、收集的时间和成本（图8-18）。

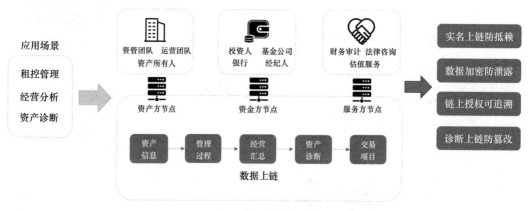

图8-18　资管秋实链

8.4.3 未来发展

区块链作为触发社会生产关系变革的关键技术，已经被中央明确为国家战略方向，而房地产具有超高附加值，且拥有超长产业链，最适合以联盟方式串联产业价值，促进生产关系变革。EBaaS 将致力于成为不动产及相关行业的开放平台、区块链行业应用的人才聚集区，响应国家推广区块链技术与产业结合落地政策，凭借易居中国在行业中的场景优势，助推不动产行业的产业升级。未来易居还将持续以开放的态度做 EBaaS 的技术输出，主要围绕两个方向主题展开：一是易居自己在不动产时代运用区块链技术做更多的深度场景应用，对产业全面智慧服务；二是易居EBaaS 开放给其他应用开发者，赋能全行业技术创新。

在 EBaaS 平台基础上，易居将继续深耕不动产交易、物管、资管、数据资产、金融服务等板块业务，贯彻"不动产区块链即服务"的理念，未来将实现更多应用上线。

创新基地服务项目：2020 年 8 月，上海市经济和信息化委员会批准同意易居成立"不动产—大数据 & 区块链基地"，希望易居作为龙头企业，按照大数据和区块链基地计划，抓紧推进和落实相关工作，广泛利用行业内、外部资源，加速与行业应用场景融合，推动该技术在行业的落地，完成从产业创新到经济转型，为上海大数据和区块链技术产业发展贡献力量，助力上海数据经济产业发展。

易居将凭借其自身资源为不动产联盟链应用创业者提供全方位的创业指导；通过在行业内丰富的落地应用经验，为不动产联盟链创业项目对接不动产行业资源和提供开发、测试、运维全流程的技术支持与指导；以不动产联盟链创业团队拎包入驻式服务理念，提供云服务、节点搭建、节点运维等硬件服务及办公场地和一切团队办公所需要的必要设施。

8.5 案例总结

基于区块链数据防篡改、信息加密、授权交互及追踪溯源的特性，"区块链＋"正在成为全球技术创新和模式创新的前沿阵地，引领全球新一轮技术变革和产业变革。区块链是可以打通各个技术领域将其连接的基础技术模式。随着行业规范化和制度化，区块链正逐步脱虚向实，加速与实体产业的融合。目前，区块链已经在金融、政务、司法、医疗、工业和民生等行业广泛应用。2020 年，中央把加快推进"新基建"提升到了新的高度，区块链技术与云计算、5G 通信和人工智能等信息技术正在有机融合，构成数字经济和智慧社会的重要基础设施。时代赋予了新的机遇，不动产领域进入了"通过大数据驱动精准交易与运营"的时代，整个行业都在拥抱数字化、拥抱高科技。房地产行业的产业链长、参与方众多、资金密集、项目周期长等特征，也在区块链开放对等、数据共享、智能协作的技术基础上得以有效应对和融合发展。

易居基于自身核心优势，立足于行业的未来发展，紧抓时代机遇，以科技赋能、智慧服务的发展战略，积极推动区块链在房地产领域的落地应用。其自主研发基于 Hyperledger Fabric 为底层核心技术的 EBaaS 不动产联盟链，是国内唯一将区块链技术深度整合且垂直应用于不动产行业各细分领域的创新应用平台。目前，EBaaS 业务上链中搭建完成了 1 个基础平台（EBaaS 浏览器）+4 大业务品类（交易、行业存证、数据资产、金融服务）+21 条应用链的联盟体系，达 175 个节点，账本容量超 1.5T，参与用户超 11 万人，上链资产总数达 79 万余个，上链交易 10 万余条。

未来将涌现大批区块链应用场景，区块链应用终将走向大众，服务于大众日常生活。易居也将持续以开放的态度，依托 EBaaS 的技术输出，扩大其应用广度和影响深度，积极响应国家推广区块链技术与产业结合落地政策，助推不动产行业的数字化进程。

1. 简述区块链的概念及区块链的特点。
2. 区块链有哪些类型？分别具备哪些特点？
3. 区块链在房地产行业的应用可以解决行业哪些问题？
4. 易居区块链主要应用在房地产行业的哪些方面？
5. 基于本案例的介绍，你认为区块链还可以应用在房地产行业的哪些方面？

参 考 文 献

[1] 单伟. 传统文化元素在城市建筑设计上的应用——以北京香山饭店为例 [J].
艺术与设计（理论），2013，2（11）：69-70.

[2] 黄曼姝，陶垠颖. 国美象山校区对中国传统园林空间的继承与思辨 [J]. 城市
建筑，2020，17（20）：52-53.

[3] 彭一刚. 传统建筑文化与当代建筑创新 [J]. 中国科学院院刊，1997（02）：
85-87.

[4] 李梦蛟. 地域建筑大师张锦秋之新唐风探析 [J]. 新西部（理论版），2015
（09）：29+5.

[5] 齐康. 建筑与文化的研究 [J]. 建筑与文化，2006（10）：26-27.

[6] 何镜堂. 文化传承与建筑创新——何镜堂院士同济大学大师讲坛简介及访谈
[J]. 时代建筑，2012（02）：126-129.

[7] 姜秀娟. 现代建筑设计中传统建筑语言的传承与交融 [J]. 智能城市，2020，
6（04）：31-32.

[8] 仲东慧，张伯坤. 创新与传承——谈新中式建筑创作 [J]. 工程建设与设计，
2020（18）：32-33+75.

[9] 薛美珏，许沁乔. 特色文旅小镇的文化内涵挖掘 [J]. 现代商业，2018（10）：
152-153.

[10] 芦楚屹，钟永恒，刘佳，等. 特色小镇信息服务平台构建研究 [J]. 科技管
理研究，2 019，39（06）：86-92.

[11] 范玉刚. 特色小镇可持续发展的文化密码 [J]. 学术交流，2020（01）：
140-153.

后　记

　　面对校企双方人才供给需求的"两张皮"问题，为响应党中央、国务院出台的一系列深化产教融合的政策及大力发展案例教学的倡导，由中国房地产业协会指导，房教中国发起并筹划，重庆大学编撰的《全国房地产优秀案例》和《全国房地产优秀案例2》分别于2019年3月和2020年9月正式出版。编写团队在广泛搜集对两本教材的相关意见建议之后，结合典型房地产企业的创新实践，组织编撰了《全国房地产优秀案例3》。

　　本书的主题是"房地产行业的创新实践"，不只局限于狭义的房地产开发企业，更涉及社区运营、建筑工业化及区块链等前沿领域。本书聚焦前沿、聚焦创新、聚焦标杆，甄选了8个典型企业的创新实践，对不同的案例项目进行了深度解析，以期为广大房地产相关专业师生提供一个能贴近行业前沿的视角。

　　本书的编撰案例得到了融创中国、星河湾集团、荣盛发展、建业集团、金茂集团、东原集团、远大住工、易居中国等企业的倾力支持，企业为编撰团队提供了丰富的素材，也提供了企业对于行业发展和创新实践的独特视角。同时，编撰团队在与上述企业交流时也发现，我国的房地产企业已经建构起了根植于内的创新动力，它们的努力将为整个房地产行业带来新的发展契机。

　　编撰团队和相关企业工作人员精诚合作，保证了本书能够按时保质完成，在此向为本书付出过心血汗水的人士表示诚挚的谢意。

　　由于时间仓促，本书难免存在疏漏乃至谬误之处，恳请广大读者批评指正。

2021年5月24日